회상

나남
nanam

나남신서 1508

회 상

2011년 8월 15일 발행
2011년 8월 15일 1쇄

지은이_ 마르틴 하이데거
옮긴이_ 신상희 · 이강희
발행자_ 趙相浩
발행처_ (주) 나남
주소_ 413-756 경기도 파주시 교하읍
        출판도시 518-4
전화_ (031) 955-4600 (代)
FAX_ (031) 955-4555
등록_ 제 1-71호(1979.5.12)
홈페이지_ http://www.nanam.net
전자우편_ post@nanam.net

ISBN 978-89-300-8508-3
ISBN 978-89-300-8001-9 (세트)
책값은 뒤표지에 있습니다.

회 상

횔덜린의 송가 〈회상〉
프라이부르크 대학 1941/42년 강의록

마르틴 하이데거 지음

신상희 · 이강희 옮김

나남
nanam

《회상》은 1982년에 독일 비토리오 클로스터만 출판사에서 펴낸 하이데거의 전집 제52권(제2판)을 완역한 책이다. 이 책의 원제목은 《횔덜린의 송가 '회상'》이다. 이 글은 원래 하이데거가 1941/42년에 프라이부르크 대학에서 강의한 강의록이다. 하이데거는 이 강의록을 바탕으로 삼아, 1943년 횔덜린 서거 백주년을 기리기 위한 《횔덜린 기념논문집》에 〈회상〉이라는 제목으로 글을 기고했는데, 이 글은 《횔덜린 시의 해명》(전집 4권, 신상희 옮김, 아카넷, 2009)에 실려 있다.

《회상》은 하이데거의 횔덜린 시론의 핵심을 보여주는 매우 귀중한 통찰을 담고 있다. 그의 통찰에 따르면, 횔덜린의 시는 존재의 시원 속으로 다가오는 성스러운 것을 말 안에 수립함으로써 세상의 근원 가까이에 머무르려는 귀향의 시이다. 이러한 귀향의 시 안에서는 세계의 역사적 운명이 존재의 역사로서 자신을 나타내고 있다고 그는 생각한다. 오늘날 세계의 운명이 되고 만 '고향상실'은 존재의 역사적 운명으로부터 서구 형이상학에 의해 초래된 것이기에, 그것의 뿌리는 형이상학의 시작만큼이나 오래된 것이다. 따라서 현대인이 겪고 있는 고향상실은 단순히 이 시대의 일면적 현상이 아니다. 그것은 실은 존재의 성스러움이 사라져 버려 니힐리즘의 그림자가 세계에 드리워져 어둠을 몰고 오면서 초래된 기나긴 존재의 역사적 산물이다. 단적으로 말해서, 존재가 존재자에게서 떠나가 버림으로써 고향상실이 초래된 것이고, 이러한 고향상실이 존재망각의 강력한 징표라고 한다면, 하이데거는 횔덜린 시론을 통해서 현대인의 고향상실을 극복하여 고향을 회복하기 위한 본질적인 사유공간을 열어 놓고자 시도한 것이다. 그래서 그는 《회상》에서 멀리서 다가오는 성스러운 것을 앞서 사유하면서, 있어왔던 축제의 본질을 회상한다. 그는 이렇게 되돌아보면서 앞서 사유하는 가운데, 고유한 것, 즉 고향적인 것을 자유롭게 사용하기 위한 숙고의 길을 마련해 간다. 이것이 회상하는 사유의 시원적 본질이다.

이러한 통찰을 담고 있는 하이데거의 횔덜린 시론은 그의 존재사유의 도상에서 매우 중요한 위상을 차지한다. 1933년 하이데거의 정치참여가 실패로 끝난 후, 그는 존재의 시원을 찾아 새롭게 도약하는 가운데 생기-사유의 근본구조를 형성해 나간다. 1936~1938년에 집필한 《철학에의 기여》(전집 65권)에서 그는 그의 후기사유의 모든 궤적과 지평을 열어 보이는 생기-사유의 근본구조를 체계적으로 구성한다. 그런데 이러한 구성과정에서 결정적으로 중요한 사유의 동인을 제공하는 것이 바로 1930년대 중반부터 그가 본격적으로 관심을 갖기 시작한 예술과 시의 본질에 대한 깊은 통찰이었다. 하이데거는 일찍이 1934/ 35년 겨울학기에 프라이부르크 대학에서 "횔덜린의 송가 '게르마니엔'과 '라인 강'"이라는 제목으로 횔덜린에 관한 강의를 처음으로 개최하였고, 그의 예술론의 정수를 보여주는 《예술작품의 근원》을 1935년에 발표하였다. 또한 횔덜린 시론의 핵심을 보여주는 《횔덜린과 시의 본질》을 다음 해인 1936년에 발표한다. 예술의 본

질과 시의 본질에 대한 그의 놀라운 통찰은 특히 《철학에의 기여》에
서 체계화된 생기-사유의 여섯 가지 근본구조를 형성함에 있어서 결
정적인 역할을 하고 있다. 이러한 통찰이 이루어진 1930년대 중반 이
후부터 그가 걸어가는 존재사유의 근본지형은 더 이상 본질적으로 바
뀌지 않을 만큼, 횔덜린에 대한 하이데거의 관심은 매우 각별한 것이
었다. 횔덜린에 대한 그의 뜨거운 관심은 1940년대에 진행된 일련의
횔덜린-강의들(《회상》, 《이스터》)로 이어질 뿐만 아니라, 그의 말년
의 사유에서도 지속적으로 이어지고 있다.

하이데거는 횔덜린을 통해서 수없이 많은 영감과 자극을 받았다.
땅과 하늘, 죽을 자들과 신적인 것들이 하나로 어우러져 펼쳐지는
'사방세계'에 대한 그의 통찰은 전적으로 횔덜린의 시세계에서 발원된
것이다. 그가 후기사유에서 사유함과 시지음의 상보적 관계에 관해
끊임없이 논의하는 것도 그에 대한 횔덜린의 영향 속에서 개진되는
것이요, 또한 시원과 성스러운 존재 그리고 더 나아가 신과 신들에
대해서 그가 부단히 물음을 제기하면서 사유의 세계를 펼쳐나간 것도
성스러운 자연과 고향으로의 귀환을 노래하는 횔덜린의 시에서 언제
나 부단히 자극을 받아 창조적으로 승화시켜 나가는 사색의 노정 속
에서 이루어진 것이었다. 이렇듯 하이데거의 횔덜린 시론은 그의 생
기-사유의 근본구조를 형성함에 있어서 결정적으로 중요한 역할을
하고 있기에, 하이데거의 후기사유를 제대로 이해하고 싶은 독자라
면, 반드시 이 책을 정독해 읽으면서 숙고해 나가지 않으면 아니 될
것이다.

이 책의 초벌번역은 경남 양산의 형주 정신병원에 근무하고 있는
이강희 원장선생님이 맡았다. 그는 2009년 6월경, 이 책을 번역하여
초면인 나를 찾아왔고, 나의 조언을 듣길 원했다. 대한민국에 이런

훌륭한 독자가 있다는 것이 무척 기뻤고 자랑스럽게 여겨졌으며 희망의 별을 보는 것 같아 좋았다. 그래서 나는 기꺼이 그의 초벌번역을 손질해 주기로 약속하였고, 원전을 처음부터 새롭게 정독하였다. 나는 번역의 과정에서 생길 수 있는 예기치 못한 오역의 가능성을 말끔히 소거하고자 많은 노력을 기울였다. 나로서는 최선을 다하여 이루어낸 번역서이지만, 그럼에도 불구하고 미진한 부분들이 적지 않게 있으리라 생각된다. 이에 대한 독자의 따가운 질책이 있길 바란다.

끝으로 우리 두 사람의 노력의 결과가 독자들에게 친근하게 그리고 폭넓게 다가갈 수 있도록, 철저한 장인정신으로 이 글을 더욱 세심히 가다듬고 편집하여 한 권의 훌륭한 책으로 탄생시킨 나남출판 편집부 모든 분들에게도 충심으로 감사하다는 인사를 전하고 싶다.

2009년 10월 수유동 서재에서
신 상 희

나남신서 1482

회 상

차 례

본 론

부 록

예비고찰

시의 말을 듣기 위한 준비

이 강의는 단지 하나의 가리킴일 뿐이다.

이 강의는 횔덜린의 약간의 詩를 참조할 것이다. 1) 여기에서는 다음의 詩들이 선택되었다.

〈회상〉 제 4권, 61쪽 이하. 2)
〈이스터 강〉 제 4권, 220쪽 이하.
〈거인족〉 제 4권, 208쪽 이하. (215쪽 이하.)
〈므네모쉬네〉(Mnemosyne) 제 4권, 225쪽 이하.
〈무르익고…〉 제 4권, 71쪽.

이 詩들의 선택에 관해서는 몇 가지가, 즉 우리의 사유가 주의를 기울여야 할 그런 것이 말해져야 하리라. 이것은 겉으로 보기에 본질적인 것을 이미 선취한 것처럼 보이는 예비고찰을 요구한다. 그러나 실

---

1) 독일어 Gedicht와 Dichtung을 구분하기 위해, Gedicht는 詩로, Dichtung은 시 또는 시〔짓기〕로 옮긴다. Gedicht는 일반적으로 완결된 개개의 시를 가리키는 반면에, Dichtung은 시짓는 창작과정에 그 무게가 실려 있다. 물론 Dichtung도 개개의 시를 가리키기도 한다.

2) 〔원주〕 여기서 일관되게 인용된, 노르베르트 폰 헬링그라트 판《횔덜린 전집》에 대해서는 원문 16쪽(이 책 36쪽 - 옮긴이)을 참조하라.
   * 〔원주〕라고 표기되지 않은 모든 각주는 옮긴이가 붙여놓은 것이다.

은 서언의 말들(*Vorworte*)은 공허함 속에서 길을 잃기 쉽다. 왜냐하면 그 말들은 아직 시의 말에 귀를 기울여 듣고 있지 않기 때문이다. 시의 말에 귀 기울여 듣는 것만이 중요하다. 그러나 우리가 언젠가 귀 기울여 듣는 자가 되어 있다고 한다면, 그때 상세한 '서언'은 자칫하면 방해물이 되기 쉬울 것이다.

우리가 언젠가 귀 기울여 듣는 자가 된다고 한다면, 물론 거기에 이르기까지는 하나의 기나긴 길이다. 이러한 길은 걸어간다는 것은, 익숙한 많은 것 그리고 이른바 명백한 것이라고 잘못 생각되는 것을 자기 뒤에 남겨놓는 것을 뜻하고, 또한 성급한 목표와 값싼 희망을 포기하는 것을 뜻한다. 그러나 통상적인 것 안에는 통상적이지 않은 〔비범한〕 것이 보관되어 있기에, 우리가 통상적인 것으로부터 떨어져 나온다는 것은 가장 어려운 일이다. 또한 우리는, 그것을 모르고 있다고 해도, 어디에서나 가장 통상적인 것을 모든 것에 대한 피난처로 가지고 있다. 바로 그렇기 때문에 여기에서는 우선 시의 '작업'에 대한 통상적인 관계를 떠나야만 한다. 그러므로 우리는 곧 어떤 다른 길을 준비해야만 한다. 그러나 횔덜린의 말에 이르는 이러한 길을 시작하면서 이미 어떤 하나의 태도가 일깨워질 필요가 있는데, 이러한 태도 안에서 우리는 언젠가 아마도 이러한 말을 귀 기울여 듣는 자가 될 것이다. 그렇지만 이제 이러한 준비는 어쩔 수 없이 흔히 아무런 성과도 없이 제자리로 되돌아가곤 한다. 거기서 우리는 이 강의가 의도하지 않는 것을 말할 것이다. 이러한 과정을 통해 이 강의가 의도하는 것을 우리는 어느 정도 명료하게 할 것이다.

1. 이 강의가 멀리하려는 것[3] : 시의 문학사적 연구와 자의적 해석

이 강의는 마치 자연과학적인 작업의 표본처럼 횔덜린의 '생애와 작품'에 대한 '문학사적' 연구들과 경쟁하는 가운데 '올바른' 횔덜린을 혹은 심지어 '최종적인' 횔덜린을 제시하려고 하는 것이 아니다. 역사학자들은 이상한 의견을 고집하고 있는데, 말하자면 역사적 삶과 역사적 사건 그리고 역사적 행위는 '시대적 조건들'에 입각해서 그때그때 설명될 때에만 그리고 이러한 조건들 안으로 세워질 때에 비로소 그리고 오로지 그때에만 '올바로' 파악될 수 있다는 것이다. 역사학적 인식의 이렇듯 명백하면서도 널리 인정받고 있는 이러한 이상(理想)은 얼마나 이상(異常)한가? 이러한 의견의 이상함은 동시대의 '환경'이 그 자체로부터 그리고 그 자체에 있어서 역사학자에게 자기를 설명해 주고 있다고 믿는 데에서 존립하고 있다. 그는 다만 설명해야 할 작품을, 이 작품이 자신의 조건들로 되돌아감으로써 마치 하나의 즉자적 대상처럼 역사학적으로 객관적으로 거기에 서 있을 수 있도록, 〔그 작품에〕해당하는 '시대'와 그 시대의 '사정' 안으로 세워나갈 필요가 있을 뿐이다.

그러나 작품이 속해 있는 그 시대는 역사학적 파악에는 설명해야 할 작품〔이 알려져 있는 것〕만큼 바로 그 정도로만 알려져 있고 또 바로 그 정도로만 닫혀 있다. 어째서 역사적 조건들은 역사적으로 조건 지어진 것보다도 역사학적으로 더욱 접근하기 쉽다고 말해지는 것일까? 어떤 것을 설명해 준다고 말해지는 동시대의 조건들과 사실들을 증거로 들이미는 것은 잘못된 곳으로 유인하는 하나의 오도(誤導)이다. 왜냐하면 이러한 동시대의 조건들은 이른바 이러한 조건들에 의해 조건 지어진 채 변경된 것, 예컨대 작품처럼 이와 똑같은 방식으로 설명을 필요로 하기 때문이다.

---

3) 원문을 직역하면, '이 강의가 의도하지 않는 것'이나, 위와 같이 의역한다.

　게다가 아마도 작품이 생긴 시대에 관해, 그리고 동시대의 '조건들'에 관해 작품을 해석하는 것은 거꾸로 작품에 관해 이러한 조건들을 말하는 것보다 오히려 무언가를 더 많이 말해줄 수 있을 것이다. 그러나 '문학사적 사실들'이 그것들의 측면에서 이미 충분히 해석될 때, 그때 비로소 그 사실들의 완전한 해소가 무언가를 말해 준다고 가정한다면, 이 경우에 작품은 어떻게 파악되어야 하는가? 문학사적 연구, 즉 〔이에 관한〕 모든 역사학과 모든 학문은, 자기 자신이 거의 지배할 수 없는 조건들 아래 놓여 있기에, 자신의 고유한 인식수단들을 가지고서 전혀 이러한 조건들의 근거를 해명할 수 없을 뿐만 아니라 파악할 수도 없다.

　그러한 숙고에 의해 문학사적 연구는 무너지는가? 그렇지 않다. 그것은 자신의 한계 안에서 없어서는 아니 될 것으로 여전히 남아 있다. 이러한 한계 내에서 그것은 작품을 안전하게 보전하고 알려주는 역할을 하면서, 시인과 작가의 인생사를 탐색한다.

　그러나 겉으로 보기에 이렇게 완전히 표피적이고 수작업적인 행동은 '시', 시인, 작품, 예술작품, 예술, 언어, 세계, 역사 등에 관한 확실한 표상의 토대 위에서 언제나 이미 움직이고 있다. 그렇기 때문에 아주 사소하지만 진정한 연구기여는, 그것이 본질적인 것을 시야에 가지고 있다면, 한갓된 수작업으로는 결코 가능하지 않을 것이다. 문학사적 연구가 자신의 연구양식 안에서 그때마다 역사의 진리를 열어 놓는다고 생각한다면, 자만의 모든 역사가 그렇듯 그 연구는 그릇된 길에 빠져 몰락하게 될 것이다.

　역사만이 역사에게 자신을 열어 놓는다. 스스로 역사를 수립하는 시인만이 시〔짓기〕가 무엇이고, 또 아마도 무엇으로 존재해야만 하는지를 알게 될 것이다. 오로지 역사를 근거 짓는 사상가만이 지금까지 있어온 사상가들을 언어로 데려올 수 있다. 오로지 역사를 건축하는 건축가들만이 길들을 가리킬 수 있다. 엄청나게 박식하나 공허함만을 내놓을 뿐인, 절뚝거리며 뒤따르는 역사학은 기껏해야 역사의 의미를 혼란스럽게 뒤섞어 놓을 뿐이다.

그러나 역사가 무엇인지를 우리는 아마도 이 강의를 지탱해 주는 어떤 관점(*Haltepunkt*)에 따라 예감하기를 배울 수 있을 것이다. 그것은 문학사적 의도를 뒤따르지 않는다. 따라서 이 강의는 '역사학적으로 올바른 횔덜린'을 알려 주려고 하는 요구를 포기한다. 아마도 이러한 포기는 처음에 언뜻 보이듯이 그렇게 대단한 것은 결코 아닐 것이다.

하지만 이러한 포기는 숙고할 만한 결과를 초래하지 않을까? 만약 우리가 '역사학적으로 올바른' 횔덜린을 묘사하려고 노력하지 않는다면, 정말로 그와 같은 것이 '주어지지' 않는다면, 모든 것을 자의에 맡겨 버리는 것이 되지 않을까? 각자 자신의 머리에서 떠오르는 것을 자신의 취향과 기분 그리고 욕구에 따라 시인으로부터 그리고 시인에게서 읽어내게 되지는 않을까? 객관적으로 실제적인 횔덜린의 작품을 문학사적으로 올바르게 묘사해 내려는 노력이 아마도 가장 총명한 해석의 자의적인 헤맴보다는 우월한 것이 아닐까?

그러나 이러한 해석과 저 연구는 전혀 서로 대립하지 않는다. 오히려 그것들은 서로 상응한다. 사람들이 이러한 문학사적 연구 외에 다른 것을 알지 못할 때에만, 자의적으로 해석해 나가는 다른 종류의 온갖 시도도 인증받게 된다. 사람들이 이러한 해석을 굳건히 견지할 때에만, 횔덜린 시의 역사적 본질로 접근해 가려는 모든 시도는 문학사적 대상화와 대등해지고 이러한 대상화의 척도에 따라 측정된다. 문학사적 연구와 임의적 해석, 이 둘은 모두 자기가 무엇을 하고 있는지, 또 자신이 무엇을 할 수 있는지 그리고 자신이 어떤 법칙 아래 서 있는지를 거의 알지 못한다.

우리는 역사학적으로 올바른 횔덜린을 밝히려는 요구를 포기한다. 그러나 우리는 또한 횔덜린의 시로부터 어떤 '부분들'과 '구절들'을 수집하여, 그것들의 도움으로 지금의 이 시대를 확증하고 밝힘으로써 횔덜린을 '현재화하는' 그런 권리를 가지고 있지 않다. '역사학적으로

22

사실적인' '올바른' 횔덜린과 '현재화하는' 횔덜린은 이 둘 모두가 무엇보다도 시인이 말하는 그것을 귀 기울여 듣지 않으려고 하는 그런 취급태도의 물리쳐 버려야 할 '산물들'이다. 오히려 사람들은 현재의 역사학적 의식과 현재의 '경험'을 '참된 것' 자체라고 간주하면서, 시인과 그의 말을 — 잘 알려져 있기 때문에 참이라고 말해지는 — 이러한 척도 아래로 던져 버린다.

2. 여기서 시도되는 것: 횔덜린에 의해 시로 지어진 말을 사유하는 것

이 강의가 시도하는 최초의 것이자 유일한 것은 횔덜린이 시로 지은 것을 사유하고, 또 이렇게 사유하면서 그것을 앎으로 가져오는 일에 한정된다. 그러나 이 시에서 시로 지어진 것은 이미 있는 그런 것 안에서 고요히 머물고 있다. 그렇지만 우리가 단지 우리에게 익숙한 현실적인 것을 이에 상응하는 〔또 다른〕 어떤 현실적인 것에 따라 찾아 나서는 한, 우리는 이미 있는 그것을 결코 어디에서도 만날 수 없다.

그러나 우리가 횔덜린의 말 안에서 시로 지어진 것을 사유하기를 감행한다면, 그때 우리는 시를 개념으로 고문하는 것이 아닐까? 사람들은 '詩'를 '체험해야' 하는데, 이러한 '체험'에는 우선 '감정'이나 혹은 동물학적으로 표현된 '본능'이 속한다. 여기서는 어느 누구도 자신의 '체험'이 방해받아서는 아니 된다. 그러나 우리는 그것을 한 번쯤 '사유'해 보기로 시도한다.

아마도 '사유함'은 자주 칭송되는 '체험'보다 '시지음'에 더욱 가까울 것이다. 물론 시지음과 사유함 사이의 친밀한 본질연관은 어둠 속에 놓여 있을 것이다. 그렇기 때문에 우리의 시도는 이내 곧 잘못 해석될 수 있는 위험에 빠지기도 한다. 횔덜린에 의해 시로 지어진 말을 사유하려는 시도는 횔덜린의 시를 다른 관점에서 그 품위를 떨어뜨리는 것처럼 보인다. 이러한 것은 물론 시기적절한 '인용문들'을 위한 하나의 보고(寶庫, *Fundgrube*)로 떨어뜨리는 것이 아니라, 자기가 설계하여 만든 '철학의 체계'를 위한 주춧돌들이 거기로부터 긁어모아지게 되는 하나의 습득장소(*Fundstelle*)로 떨어뜨린다. 시 작품을 이런 식으로 착취하듯 다루는 것은 앞에서 언급한 것보다 더 나쁠 수도 있다. 그러나 우리가 사유하기를 목적으로 삼는다면, 그것은 우리에게는 어떤 '철학의 체계'라든지 혹은 '철학'이라는 것 자체가 전혀 중요하지 않다는 것을 뜻한다. 여기에서 중요한 것은 '철학'도 '운문'(*Poesie*, 詩歌)도 아니다.

횔덜린의 시 안에서 시로 지어진 것, 시로 지어진 것 자체, 그리고 오로지 이것만을 사유하려는 시도가 중요하다.[4] 여기서 중요한 것은 횔덜린도 아니고, 이 시인이 이루어낸 업적이라는 의미에서의 '작품'도 아니고, 또한 시와 예술의 일반적 본질에 대한 하나의 '범례'로서의 횔덜린의 작품도 아니다. 이 작품이 작품 속으로 정립하고 있는 그것, 다시 말해 작품이 자신 안에 숨겨놓아 간직하고 있는 그것만이 중요하다. 시짓는 말 속에서 이렇게 불리고 있어 부름받고 있는 것이 그 자신으로부터 우리와의 어떤 연관을 수용하고, 그리하여 우리에게 말을 걸어오고 있는지 그 여부가 중요한 것이며, 또한 우리에게 말을 걸어오는 것(*Anspruch*)이 말하고 있을 경우에, 이러한 것이 우리 개개인의 '주관적' '체험'이나 혹은 눈앞에 현존하는 '공동사회'의 '체험'에 다가와 관계하는 것이 아니라 우리의 본질에 다가와 관계하고 있는지 그 여부만이 오로지 중요할 따름이다. 〔이제는〕 비역사적으로 되어버린 지구인의 본질이 흔들림으로써 숙고에 이르게 될 것인지 그 여부가 중요한 것이다.

---

4) 횔덜린에게서 '시로 지어진 것'은 성스러운 존재로서의 퓌시스(자연)를 가리키는데, 이러한 자연 안에는 신들의 눈짓과 존재의 시원적 비밀이 비호되어 있기에, 그것은 이미 시인을 넘어서 있는 것이라고 하이데거는 말하고 있다.

24

3. 본질적인 시의 말 안에서 시로 지어진 것은
시인과 그것을 듣는 자들을 '넘어서 시를 짓는다'

우리가 횔덜린의 시 안에서 시로 지어진 것을 사유하려고 시도한다면, 그때 우리는 이러한 시도에서 횔덜린이 그의 시를 최초로 말하는 가운데 자기 자신에게서 표상했던 것을 직관하기 위해 노력하는 것이 아니다. 그 어떤 연구도 이러한 것을 탐색할 수 없고, 그 어떤 사유도 이러한 것을 생각해낼 수 없다. 게다가 이렇게 불가능한 것이 가능해질 수 있다고 가정하더라도, 더욱이 우리가 그 당시 횔덜린이 생각했던 그 범위로 정확하게 돌아갈 수 있다고 가정한다 하더라도, 그때 횔덜린의 말이 시로 지은 그것을 우리가 여기서 사유하는 것은 결코 어떤 식으로도 보증될 수 없다. 왜냐하면 진정한 시인의 말은 그때마다 시인의 고유한 생각과 표상을 넘어서 시를 짓기 때문이다.

시짓는 말은 시인을 넘어서 다가오는 것, 그리고 그가 창작해낸 귀속성(*Zugehörigkeit*)이 아니라 그 자신이 따를 수밖에 없는 어떤 귀속성5) 속으로 그를 옮겨놓고 있는 것을 명명한다. 시짓는 말 안에서 명명되는 것은 한눈에 개관할 수 있는 어떤 대상처럼 그렇게 시인 앞에 서 있는 것이 아니다. 시로 지어진 것은 시인의 본질을 변화시키는 귀속성 속으로 시인을 받아들일 뿐만 아니라, 심지어 말의 위력을 넘어서 있는 모종의 굳게 닫혀 있는 것6)을 자기 안에 비호(간직)하고 있다. 시인의 말과 그 말 안에서 시로 지어진 것은 시인과 그의 말함을 넘어서 시를 짓는다. 우리가 '시'에 관해 이런 것을 주장할 때, 우리는 어디에서나 오로지 본질적인 시만을 생각한다. 이것만이 시원적인 것을 시짓는다. 이것만이 근원적인 것을, 그것7)이 고유하게 도래하여 안착하도록 풀어 놓는다.

---

5) 존재의 성스러움 속으로의 귀속성을 가리킨다.
6) 존재의 비밀을 가리킨다.
7) 근원적인 것을 가리킨다.

인간이 할 수 있는 모든 행위가 그러하듯, 물론 시지음도 자신의 변종과 짓궂은 양식을 가지고 있다. 우리는 이것을 비난하거나 단적으로 쓸데없는 것으로 여길 필요가 없다. 3백 명의 작가 — 이들은 좋은 작가이나 그다지 저명하지 않은 작가들이다 — 가 모여 있는 '시인의 광장'에 단 한 사람의 유일한 시인8)이 없을 수도 있다. 아마도 수백 년에 단 한 사람의 유일한 시인이 출현한다는 것을 생각해 본다면, 그리고 그러한 시인이 출현한다 하더라도 사람들이 그를 거의 알아보지 못한다는 것을 생각해 본다면, 이러한 것은 그리 놀랄 만한 일이 아닐 것이다.

우리의 길 위에서 우리는 본질적인 시의 말을 찾고 있다. 시인의 말은 결코 그 자신의 소유물이 아니다. 말이 열어 놓기도 하고 동시에 닫아 놓기도 하는 그런 영역 가까이에 다가가고자 시도하는 자라면 누구나 그러하듯이, 시인은 단지 겉으로 그렇게 보일 뿐인 그 자신의 고유한 말의 비밀 안에서 그렇게 경이로워하면서 고독하게 머무르고 있다. 더욱이 시짓는 말은 그것에 귀 기울여야 할 자들을 넘어서 시짓는다.

우리가 횔덜린의 시 안에서 시로 지어진 것을 사유하려고 시도한다면, 그때 우리는 횔덜린이 그 당시 일찍이 획득한 그의 '표상세계'와 그의 심정상태를 다시 복원하여 나중에 그것을 완성하려고 하는 그런 불가능한 일을 추진하려는 것이 아니다. 그 대신에 우리는 시인 자체를 넘어서 시를 짓는 것을 예감하고, 이러한 예감에 입각해서 본질적인 앎을 펼쳐가고, 이렇게 펼쳐지는 그 앎의 범위 내에서 우리가 지금까지 획득한 모든 지식이 비로소 그 뿌리와 입지를 발견하는 하나의 길을 찾아야만 한다.

---

8) 신들의 언어와 눈짓, 그리고 존재의 성스러운 비밀을 찰지하여 민중에게 전해 줌으로써 한 민족의 역사적 삶의 세계를 열어 나가는 역사적 운명의 존재로서의 시인을 가리킨다. 고대 그리스 시대에 이러한 시인은 신들과 인간들 사이에 있는 반신의 존재로서 신들의 전령이라고 여겨졌다.

4. 횔덜린의 시의 본질적 유일성은
어떠한 증명요구와도 관련이 없다

그러나 심지어 시인을 넘어 시를 짓는 그런 것을 사유해 보겠다는 것은 지나친 자만이 아닐까? 어째서 나중에 온 자가 시인에게 도래하여 다가왔던 것에 이르는 어떤 좁은 길을 꼭 알아야만 하겠는가? 게다가 이 시인 자신마저 정신착란의 보호 아래로 끌고 가버린 저 영역을 견디어낼 수 있는 그런 능력을 아무런 부름도 받지 않은 이가 어디로부터 얻을 수 있겠는가? 그러나 무엇보다도 우리는 지금까지, 우리가 그에게 바치려고 생각한 저 유일성을 전혀 증명하지 않고, 비범한 방식으로 횔덜린의 시를 특징지으려고 시도하고 있다는 것을 망각하고 있다. 왜냐하면 우리가 어떤 다른 사람의 '작품'이 아니라 바로 이 시인의 말에 귀를 기울이려고 하는 것에 대해서, 그 어떤 '예술적 취향'이나 애매모호한 어떤 '미적' 애호도 명백하게 결정을 내릴 수 없기 때문이다. 횔덜린의 말이 시원적인 어떤 것을 시로 짓고 있다는 것을 우리는 어떻게 증명할 수 있겠는가?

우리가 냉철하게 우리의 의도를 곰곰이 숙고해 본다면, 우리가 도처에서 다른 작품들에 대해 어떻게 무례함을 쌓아가고 있는지가 곧 드러날 것이다. 제아무리 지고한 작품이라 하더라도, 모든 것은 단지 한 개인의 사적 견해에 머무를 따름이다. (클롭슈토크, 레싱, 헤르더, 괴테, 실러, 클라이스트 등) 역사적으로 열거될 수 있는 여러 시인들 중에서 단지 이 한 사람만이 자의적으로 선택된 것처럼 보일 것이다. 아마도 사람들이 말했듯이 요즘엔 횔덜린이 하나의 '유행'이기 때문에 그런 것일지도 모른다. 유행은 자신의 본질에 따라 짧은 기간 동안 새로움과 변화에 열광하기 마련이다. 그러나 횔덜린은 이미 제1차 세계대전 이전에 우리에게는 '유행'이었다.[9] 더러 몇몇 사람들은 많

---

9) 하이데거는 김나지움 졸업 후 프라이부르크 대학에서 신학을 공부하던 학생시절에 이미 횔덜린과 트라클의 시에 매료되어 있었다.

시의 말을 듣기 위한 준비 27

은 사람들처럼 '괴테의 《파우스트》'를 넣고 다닌 것이 아니라 횔덜린의 詩를 배낭에 넣고 다녔다. 이러한 유행은 30년 넘게 이어졌으니, 참으로 주목해볼 만한 진기한 유행이 아닐 수 없다. 다시 말해서 여기서는 '유행'이 작용하고 있는 것이 아니다. 그러나 또한 이 시인을 다른 시인들보다 우호적으로 선택함에 있어서 어떤 역사학적 고려가 작용하고 있는 것도 아니다.

그럼에도 불구하고 우선 우리의 의도는 횔덜린의 말을 가리켜 보이려는 이런 시도를 감행하는 가운데 생긴 한낱 우연한 의견에 불과한 것처럼 겉으로는 보일 것이다. 따라서 이러한 가리킴이 앞으로 제시해 놓으려는 것은, 말의 입장에서 볼 때는 모든 구속력이 결여되어 있다. 이러한 구속력이 다가오게 된다면, 그것은 오로지 횔덜린의 시의 시짓는 말로부터만 다가올 수 있을 뿐이다.

따라서 우리가 횔덜린의 말에 이르는 길을 내려고 시도할 때, 우리는 잘못된 길에 빠질 수도 있다는 전망을 동반하지 않을 수 없다. 그러나 단지 이러한 가리킴만이 아니라, '증명'에 대한 요구도 또한 부당한 것인데, 이러한 증명은 무엇보다도 먼저 '설명'을 통해서, 여기서 하나의 말이 본질적인 것을 말하고 있다는 것을 우리에게 확신시켜 주어야만 하는 그런 것이다. 게다가 우리가 무엇보다 먼저 여기에서는 하나의 본질적인 시가 말하고 있다는 것을 증명하도록 요구한다면, 그것은 냉철함과 숙고의 징표처럼 보일 것이다. 그러나 실은 횔덜린의 말의 시짓는 능력에 대해 앞선 증명을 요구하는 것은 이 말의 품격을 떨어뜨리는 것이다. 또한 이러한 요구는 실은, 그 앞에서 이 말이 이제 비로소 자신을 증명해야 하는 권위적인 법정으로 우리 자신의 자아를 끌어올리는 것이다. 이 시의 본질성에 대해 앞선 증명을 요구한다면, 그것은 아마도 이 시의 '아름다움'에 대해 '심미적으로는' 존중한다고 하더라도 근본적으로는 이 〔시의〕 말이 〔우리에게〕 말을 건네지 못하도록 막아 버리는 행위가 되고 말 것이다. 그 말을 배워서 알고 싶어 하는 모든 열망 속에서 이 시의 말에 다가가는 걸음은 아무것도 모험에 내맡기고 싶어 하지 않는다. 그래서 횔덜린의 말에 다가가는 우리의 길은 그 첫걸음부터 정해져 있는 것이 아무것도 없다. 왜냐하면 우리 가운데 어느 누구도 자신을 소명받은 해석자라고 증명할 수 있는 어떤 증명서를 전혀 가지고 있지 않기 때문이다.

그렇기 때문에 여기에서 시도되는 가리킴은 이제 비로소 이 시인의 말에 이르려는 하나의 길을, 다시 말해 그 길이 아닌 하나의 길을 걸어가 보도록 격려해 주는 것일 뿐이다. 어느 누구도 그 길을 알고 있다고 생각해서는 아니 될 것이다.[10] 여기에서 시도되는 그 하나의 길은 또한 종종 하나의 에움길로 여전히 남아 있어야만 할 것이다.

5. 시짓는 말과 소통수단으로서의 언어.
   말에 대한 범지구적 소외

횔덜린의 몇몇 시에 대한 다음의 가리킴(*Hinweis*, 지적)은 이제 〔시의〕 원문에 따르면 '詩' 안에 담겨 있지 않은 약간의 것, 더욱이 '詩' 안에서 시로 지어졌다고 주장되지 않는 그런 것을 말한다. 그럼에도 불구하고 이러한 가리킴은 시짓는 말을 더욱 잘 받아들이도록 도와줄 것이다.[11]

시짓는 말은 독특하게 모인 다의성 안에서 흔들린다고 하는 고유함을 갖는다. 진정한 말이 시를 짓는 한에서, 시짓는 말은 말의 본질에 가장 먼저 충실하게 남아 있다. 이러한 것을 통찰하기 위해서, 우리는 물론 언어에 대한 이미 오래전부터 준비된 파악에 의존할 필요가

---

10) '그 길'은 정해진 길을 가리키고, '하나의 길'은 여러 가지 길 중의 정해지지 않은 하나의 길이로되, 시인의 말에 이르는 '그 하나의 길'은 존재의 성스러운 시원을 가리키는 유일무이한 길로 머무를 것이다.

11) 하이데거의 통찰에 따르면, 언어의 근원은 '시짓는 말'에 놓여 있고, 이 '시짓는 말' 안에서는 우리에게 말 걸어오는 존재의 시원적 언어가 현성하고 있다는 것이다.

없다. 그러한 파악에 따르면 언어는 증대되는 소통에 상응해서 하나
의 소통수단이 되고, 이러한 특성에 따라야만 하는 의사소통의 도구
이다. 언어사용은 소통을 위해 일의성과 간결함을 요구한다. 예컨대
사람들은 더 이상 'das Auswärtige Amt'(외무부)라고 말하지 않고
'A-A'라고 말한다. 그리고 이렇게 말하는 사람들은 스스로를 전문가
라고 여긴다. 그러나 현대적이면서 미국적인 이러한 표기인 'A-A'는
이미 양의적이다. 그것은 또한 'Aufklärungs-Abteilung'(보도국)을
의미할 수도 있다. 예전에 독일문학사 교수였던 어떤 중대장은 자신
이 새로운 'A-As'의 설립에 몰두해 있다고 최근에 나에게 말했다.

사람들이 이제 'Uni'라고 말하고 쓰고 있는 그것은 Universität(대
학)를 뜻한다. 이런 표기에 대한 혐오감은 아마도 사람들이 이렇게
언급된 것에 대해 이해하려고 애쓰는 그 정도의 이해력에 상응할 것
이다.

언어의 이러한 미국화와 나날이 증대해 가는 소통기술적 도구로의
언어의 이러한 마모는 개인이나 혹은 직업사회 전체와 각종 조직기관
들의 우연한 나태성과 피상성에서 발원하는 것이 아니다. 이러한 진
행과정은 형이상학적 근거를 가지고 있기에 '멈춰질' 수 없는데, 멈춰
세우려고 하는 것도 하나의 기술적 조작에 지나지 않는다.

우리는 이러한 진행과정에서 무엇이 고유하게 생기하는지를 숙고
해야만 한다. 현금의 범지구적(planetarisch) 인간은 말에 대해(즉 말
의 본질의 최고의 탁월성에 대해) 더 이상의 여분의 '시간'을 가지고 있
지 않다. 이러한 모든 것은 언어를 부수어 순화시키는 것과는 아무런
관련이 없다. 말에서 시간이 거부되고 표기가 간소화되는 이러한 진
행과정은 서양의 역사와 유럽의 역사 그리고 근대의 범지구적 '역사'
가 거기에 기인하고 있는 그런 근거들로 다시 소급된다.

'시'가 하나의 '문화정치적' '도구'로 변해가는 이런 진행과정은 말에
대한 이러한 소외에 상응하는데, 이런 진행과정은 유럽, 아메리카,
동양, 러시아에서 동시에 작동하고 있다. 이런 진행과정은 사람들이

30

이에 대해 외람되게 '문화의 퇴락'이라고 특징짓고 있는 것으로는 적중되지 않는다. 우리의 경우에 말에 대한 이러한 범지구적 소외는 말에 이르는 길을 독특하게 방해하면서 오해로 이끌어 가는 여러 현상들 가운데 단지 하나의 현상에 불과하다.

반 복

1) 시로 지어진 것을 '사유함'

이 강의는 횔덜린의 몇몇 시에 대한 가리킴을 주려고 시도한다. 〔이러한 것을 위해〕 '〈회상〉, 〈이스터 강〉, 〈거인족〉, 〈므네모쉬네〉, 〈무르익고…〉'가 선택되었다. 선택은 우선 근거 지어지지 않은 채로 머무른다. 이 詩들 자체의 내적 연관만이 그 안에 이러한 선택의 정당한 근거가 놓여 있는 저 통일성을 분명하게 보여줄 수 있다. 그러나 이 詩들 각각이 자기 안에서 순수하게 말을 할 때에만, 그 詩들의 연관은 드러난다. 우리가 이제 겉으로 '연관'이라고 부르는 것은, 그러나 실은 고유한 방식으로 있는 하나의 '통일성'이다.

우선 아직은 규정되지 않은 것 안에서 이리저리 움직이는 위험에 직면하여, 이 강의가 멀리하려는 것이 먼저 말해졌다. 이 강의는 횔덜린의 '생애와 작품'을 연구하기 위해 어떤 것을 기여해 놓으라는 요구를 받아들이지 않는다. 이 강의는 결코 역사학적이기를 의도하지 않는다. 즉 이미 지나간 것을 지나가 버린 다른 것 안으로 다시 세워놓아 설명하고, 그러한 설명을 통해 지나간 것을 이른바 명백히 세우고 올바른 것으로 표상하려고 탐색하지 않는다. 이 강의는 또한 역사학적으로 '올바른' 횔덜린을 목표로 삼지 않는다.

적절한 인용문에 의해 '현대적인' 횔덜린을 함께 세우는 것도 중요하지 않다. 창조된 모든 것, 언젠가 어떠한 모습으로 공공성으로 데

려와야만 하는 것, 이러한 것은 또한 임의적으로 완전히 낯선 목표로
이용되는 것을 견뎌 내야만 한다. 그러나 여기에서는 또한, 가령 횔
덜린의 하나의 詩가 진지한 노력에 의해 많은 사람들에게 안정감이나
혹은 위안을 가져다줄 수도 있다. 그러나 많은 이들이 횔덜린의 송가
안에서 기껏해야 지나친 열광을 발견하고는 거기에서 다시 등을 돌려
버릴 수도 있다. 왜냐하면 그러한 수고는 강인한 종족에게는 알맞지
않기 때문이다. 이렇게 수년에 걸쳐 흔들리면서도 종종 거친 대립 속
으로 이리저리 내던져져 버리기도 하지만 그때마다 현대적인 횔덜린
의 시와 교섭하는 그런 '교제' 속으로 이 강의는 관여해 들어가려고
하지 않는다. 그렇다면 이 강의는 무엇을 하려고 하는가?

이 강의는 횔덜린의 송가 안에서 시로 지어진 것을 사유하려고 시
도한다. 시로 지어진 것을 사유한다고? 그것은 횔덜린의 시를 철학으
로 바꾸거나 혹은 어떤 철학을 위해 봉사하도록 만드는 것을 뜻하는
것이 아닐까? 아니다. 시로 지어진 것을 사유한다는 것은 여기서, 그
스스로 존재하고 있되 이제 비로소 존재하게 되는 그것,12) 즉 이 시
안에서 시로 지어진 것을 우리가 거기로부터13) 존재하게 하는 그런
앎을 획득한다는 것을 의미한다. 시인이 아닌 우리의 경우에 시로 지
어진 것은 오로지 우리가 시짓는 말을 사유함으로써 시적으로 존재할
수 있다. 여기서 '사유한다'는 것이 무엇을 의미하는지는 오로지 실행
을 통해서만 밝혀질 수 있다. 횔덜린의 송시(Hymnendichtung)에서
시로 지어진 것을 사유하는 것이 중요하다.

그러나 시짓는 말은 자기 자신과 시인을 넘어서 시짓는다. 시짓는
말은, 그것이 시원적인 것, 다시 말해 단순하고 소박한 것(das
Einfache)의 양식을 가지고 있기 때문에, 다 길어낼 수 없는 풍요로움
을 열어 놓기도 하고 닫아 놓기도 한다.14) 따라서 사람들이 횔덜린

---

12) 시 안에서 시로 지어진 것을 가리킨다.
13) 즉 시짓는 말의 본질에 대한 앎으로부터.
14) 즉 시짓는 말은 단순하고 소박한 존재의 풍요로움을 간직하고 드러내는 말이

32

의 마음상태로 자신의 입장을 바꿔놓기 위해서 언젠가 일찍이 횔덜린이 '체험했던' 표상세계를 뒤따라 특징지으려고 노력함으로써 시짓는 말에 접근하려고 시도한다면, 그때 사람들은 말이 시를 지으면서 열어놓고 있는 그 영역에서 완전히 벗어나 어떤 다양한 의미 속에 머물게 될 것이다. 시로 지어진 것은 결코 횔덜린이 그 스스로 자신의 표상 안에서 생각했던 그런 것이 아니라, 오히려 그것은 — 그것이 그를 이러한 시인의 본분 속으로 불러들였을 때 — 그를 생각했던 그런 것이다. 엄밀히 말해서, 시인은 그가 시로 지어 내야만 하는 그것에 의해서 그 자신이 맨 먼저 시로 지어진 것이다.[15]

그러나 그것의 도움으로 우리가 시로 지어진 것의 이러한 영역 속으로 모험할 수 있는 그런 지팡이와 막대기는 어디에 있을까? 사실상 우리가 그때 찾고자 하는 것은 불가능한 것의 경계에 놓여 있다. 여기서는 모든 것이 실패로 끝날 수 있다. 모든 가리킴은 하나의 추측으로 머무르고 있다. 어디에서도 우리는 구속력이 있는 것을 만나지 못하고 있다. 게다가 감히 시의 말 위에 군림하려고 하기 때문에 우리가 굴복하지 않을 수 없는 그런 모종의 절대명령을 가지고 있는 권위는 여기에는 전혀 존재하지 않는다. 오로지 시의 말만이 그 스스로 그리고 홀로 말로 존재할 수 있고, 따라서 '발언할' 수 있을 뿐이다.

2) 시로 지어진 것을 듣는다는 것은 경청하는 것이다:
　시원적인 말의 다가옴을 기다림

그러나 우리가 말이 말해지고 있다는 것을 곰곰이 숙고해 본다면, 그때 우리는 공허 안에서 완전히 헤매고 있는 것이 아니다. 그러나 우리는 어떻게 그것을 들을 수 있을까? 말에서 시짓는 것은 무엇인

다. 이러한 것으로서 시짓는 말은 그 본질에 있어서 존재를 개시하고 수립하는 말이다.
15) 다시 말해 시인의 시짓는 말은 존재의 부름에 의해 시로 지어진 것이다.

가? 우리 자신이 시지음의 본질에 가까이 다가가 그것을 앞서 규정하고 있는 것을 모험해야만 하지 않을까? 듣는다는 것은 말을 단지 받아들이기만 하는 것이 아니다. 듣는다는 것은 우선 경청하는 것[16]이다. 경청한다는 것은 이전의 모든 받아들임과 함께 안에 머무는 것이다. 경청한다는 것은 다가오는 것과 함께 완전히 홀로 있음이다. 경청한다는 것은 어떤 도래의 아직은 친숙하지 않은 구역 속으로 유일하게 나아가고자 집중하는 것이다. 듣는 자는 먼저 귀 기울여 듣는 자여야만 한다. 귀 기울여 듣는 자는 모험하는 자인 동시에 기다리는 자이다. 시짓는 말이 자기 자신과 시인을 넘어서 시를 짓는다고 말했을 때, 우리는 이미 모험을 한 것이다. 그것은 우선은 하나의 주장에 불과하다. 그 주장은 말 안에서 시원적인 것이 스스로 고유하게 생기하고 있다는 것을 인정하고 있다.

우리는 모험을 하였다. 우리는 또한 기다리는 자인가? 우리가 시의 말을 귀 기울여 듣기를 원할 경우에, 우리는 기다리는 자여야만 한다. 왜냐하면 오로지 시 자체만이 시가 어느 정도로—그 주장이 그것[17]을 생각하고 있듯—그러한 본질로 존재하는지를 우리에게 알려줄 수 있기 때문이다. 여기에서는 말의 본질과 언어의 본질이 동시에 전적으로 우리에게 밝혀져야만 한다.[18] 그러나 여기에서는 또한, 우리가 처음으로 '언어'와 말의 통상적 현상에, 즉 말의 '다의성'에 더욱 정확하게 주의한다면, 우리는 다시금 우리 자신의 입장에서 약간의 것을 할 수 있을 것이다.

우리는 대개 그러한 다의성을 하나의 결함으로 받아들인다. 왜냐하면 다의성은 쉽게 오해의 근거와 오도의 수단이 되기 때문이다. 따

---

16) 다시 말해 존재의 소박한 명령에 귀 기울여 듣는 것.

17) 시의 본질을 가리킨다.

18) 말의 본질은 사태의 존재를 가리켜 나타나게 하는 것이요, 언어의 본질은 정적의 은은한 울림으로서 우리에게 말 걸어오는 존재의 말없는 소리에 고요히 머물고 있다.

라서 우리는 다의성 안에 놓여 있는 결함을 제거하려고 애쓴다. 말함의 명확성과 말의 적중성이 요구된다. 언어가 소통수단이 되어버릴 때, 그것은 소통수단과 소통규칙의 특성에 맞아야만 한다. 말은 시간을 절약하고 적중력을 높이기 위해 한데 모여들어 문자들의 집합으로 나타난다. 말은 화살 혹은 원 혹은 삼각형과 같은 소통표지가 된다.

그러나 오래전부터, 즉 정확하게는 플라톤의 사유에서 형이상학이 등장한 이래로, 이른바 사람들이 그 안에서 명확한 말의 의미와 '개념들'의 작성을 배운다고 말해지는 하나의 고유한 학문분과가 있으니, 그것은 오늘날 여전히 '논리학'이라고 불리고 있다.

6. '논리학'의 명확성과 도저히 다 길어낼 수 없는 시원으로부터의 진정한 말의 풍요로움

'논리학'이 말의 의미로부터 명확성을 요구한다는 것, 그리고 이와 마찬가지로 소통수단으로서의 언어를 실천적으로, 기술적으로 그리고 학문적으로 사용하는 태도가 완전히 다른 방식으로 명확성을 재촉하고 있다는 것, 이것은 단지 말과 말함이 그 스스로 얼마나 결정적으로 다의적으로 있는지를 증언해 주고 있을 뿐이다. 그러나 이러한 다의성과 우리가 이렇게 언급하는 것은 근본적으로는 말의 사용의 나태함에서 기인하는 것이 아니라, 오히려 그것은 말의 본질적인 풍요로움을 오해함으로써 나타나기 시작하는 하나의 반영이다. 우리가 단지 언어의 '명확성'과 '다의성'에 관해 다루자마자, 우리는 말을 이미 '논리학'의 척도에 따라 파악하는 것이다.

그러나 실로 각각의 진정한 말은 다양하게 진동하는 자신의 숨겨진 공간을 가지고 있다. 시로 지어진 것이 오로지 이렇게 스스로 진동하는 공간의 영역[19] 안에 머무르면서 이 영역으로부터 말을 하고 있다는 점에서 본질적인 시는 우선 자기를 증언하고 있는 것이다. 하지만

진정한 말의 풍요로움은 결코 그저 뿔뿔이 흩어져 있는 가지각색의
어의들이 아니라, 본질적인 것의 단순소박한 통일성이다. 이러한 것
으로서의 진정한 말의 풍요로움은 자신이 시원적인 것을 명명하되,
그 시원은 다 길어낼 수 없을 정도로 유일무이한 것이라는 점에서 자
신의 근거를 가지고 있다. 그렇기 때문에 시는 유일무이한 것이라고
하는 고유한 규정성을 가지고 있다. 시는 의미의 풍부함을 포함하고
있기 때문에, 사유에 더 높은 법칙과 엄격함을 요구한다. 이에 반해
수학적 혹은 물리학적 개념의 사유는 단지 정밀한 것(*das Exakte*)의
명확성에 묶여 있다. 정밀한 것은 '궁핍하고' 그 궁핍함은 양적인 것
에서 하나의 버팀목을 발견하기 때문에, 오로지 이러한 이유에서만
정밀한 것은 자신의 방식에서 규정될 수 있다. 이에 반해 시짓는 말
에 관여해 들어가는 사유의 신중함은 스스로 '정의'(定義)에 만족해할
수 없고 또한 규정되지 않는 대략의 우연한 의견 속에서 상실될 수도
없다. 그래서 시로 지어진 것의 규정성 안에 고요히 쉬고 있는 시짓
는 말의 풍요로움은 언어적 전달과 묘사의 진술과 문장들에 대한 습
관적 이해와는 근본적으로 구별되는 그런 길[20]에 도달할 수 있는 것
이다.

　우리가 휠덜린의 시에서 시로 지어진 것에 이르는 길을 하나의 사
유로 파악한다면, 이것은 우선은 순수한 자의처럼 보일 것이다. 그렇
지만 이러한 길이 좀더 적합한 길이라는 가정을 받아들인다면, 이러
한 길의 선택은, 휠덜린의 시지음은 그 자체가 하나의 사유함이라는
것을 전제하고 있는 것이다. 이것이 맞는다고 한다면, 우리는 다른
모든 것에 앞서 이러한 방식의 사유를 함께 수행하기 위해 힘써야만
할 것이다. 이러한 사유가 시지음 안에서 말로 표현되지 않은 채 수
행되어 시짓는 말과 관련된다면, 그리고 이 시 자체가 이러한 것 이

---

19)　참말의 영역(*Sage-Bereich*)이자, 사이-나눔(*Unter-Schied*)의 친밀한 영역이다.
20)　단순하고 소박한 것에 이르는 길이다.

상으로 고유하게 이러한 사유에 '대해' 말하고 있다면, 그때 이러한
사유는 오로지 시 자체 안에서 스스로를 드러낼 수 있을 것이다. 이
것은 사실상 그러하다. 횔덜린의 송시 중에는 〈회상〉이라는 제목이
붙어 있는 하나의 詩가 있다.

7. 작품의 판본에 대한 지적

이 강의가 기초로 삼고 있는 텍스트는 1916년에 28세의 나이로 베
르됭(Verdun)[21] 전투에서 전사한 노르베르트 폰 헬링그라트(Norbert
von Hellingrath)가 편집해낸 뛰어난 작품(전집 1권, 4권, 5권)의 판본
에서 발췌한 것이다. 횔덜린의 송가들은 헬링그라트 판본[22]의 제4
권 안에 들어 있다. 이와 아울러 친커나겔(Zinkernagel)의 판본(인젤
출판사)[23]도 함께 사용되었다. 이 강의에서 해명된 詩는 친커나겔의
판본의 제1권과 제4권에 실려 있다.

아주 아름답고 세심하게 주의를 기울인 송가 별쇄본[24]이 비토리오
클로스터만 출판사(프랑크푸르트)에서 몇 년 전(1938)에 출간되었는
데, 지금은 절판된 상태이다.

시인의 말에 언제나 다시 가까이 다가가고자 시도하지 않는 한, 아
무리 이 강의를 찾아온들, 그것은 불필요한 일이 될 것이다.

---

21) 프랑스 동북부의 요새도시로 1916년에 치열한 전투가 벌어진 곳이다.

22) 〔원주〕《횔덜린 전집》, 역사적-비판적 판본, 베를린, 제3권, 1922, 제1권,
제2권, 제4권, 제5권, 1923. 이 판본은 노르베르트 폰 헬링그라트에 의해
제작되기 시작한 후, 프리드리히 제바스(Friedrich Seebass)와 루드비히 폰
피게노트(Ludwig v. Pigenot)에 의해 완결되었다.

23) 〔원주〕《횔덜린 전집과 서신》(5권), 비판적-역사적 판본, 프란츠 친커나겔 편
집, 라이프치히, 제1권, 1922, 제2권, 1914, 제3권, 1915, 제4권, 1921,
제5권, 1926.

24) 〔원주〕《프리드리히 횔덜린 송가》, 에두아르드 라흐만(Eduard Lachmann)
편집. 프랑크푸르트, 1938, 1943(제2판).

본론

〈회상〉

이 詩(제4권, 61쪽 이하 참조)는 1808년, 젝켄도르프(Seckendorf)
의 연간시집에 실려 처음 발표되었다. 그것은 아마도 1803~1804년
경에 지어졌을 것이다. 〔이 시의〕 자필원고는 마지막 연만이 보존되
어 있다.

회상

북동풍이 분다,
그 바람은 불타는 정신과
순항을 사공들에게 기약해 주기에,
내겐, 바람 중에서 가장 사랑스러운 것이리.
그러나 이제 가거라, 그리고
아름다운 가롱 강과
보르도의 정원에게 인사하여라.
가파른 강가를 따라
오솔길이 뻗어 있는 그곳에서, 강물 속으로
여울물이 깊이 떨어지니, 허나 그 위에서
우아한 한 쌍의
떡갈나무와 은백양나무가 내려다보고 있구나.

아직도 내겐 기억이 생생하구나,
느릅나무 숲이 물방앗간 위로
넓은 산마루를 고개 숙이고, 1)
그러나 앞뜰에는 무화과나무가 자라고 있다.
축제일엔
갈색 피부의 여인들이 바로 그곳에서
비단 같은 땅 위로 걸어다니고,
삼월의 어느 날,
밤과 낮이 같아지면,
요람 속에 잠재우는 미풍은
황금빛 꿈에 깊이 젖어
느릿한 오솔길을 넘어간다네.

허나 내가 휴식하도록,
어두운 빛으로 가득 채워진
향기로운 술잔을
누군가 나에게 건네다오, 그늘 아래서
잠자는 것은 달콤하니까.
죽을 생각으로 인해
넋을 잃고 사는 것은
좋지 않으리. 그러나
하나의 대화가 있어,
마음속 생각을 말하고,
사랑의 나날과 일어난 일들에 관해
많이 듣는 것은 좋으리라.

---

1) 원문은 이렇다. "Die breiten Gipfel neigt/Der Ulmwald, über die Mühl'..." 이 문장의 주어는 Der Ulmwald(느릅나무 숲)이고, 목적어는 Die breiten Gipfel(넓은 산마루 정상)이다. 동사 neigen과 관련된 독일 관용어 중에는, den Kopf neigen이라는 말이 있다. "머리를 숙이다"라는 뜻이다. 이 문장도 이런 관용어에 따라 시적으로 표현된 것이다. 즉, 숲의 머리는 산마루 정상이기에, 느릅나무 숲이 머리를 숙이듯, 넓은 산마루를 물방앗간 위로 숙이고 있다는 뜻이다.

그러나 친구들은 어디 있는가? 벨라르민은[2]
동행하는 이와 함께 있을까? 많은 이들이
원천으로 가는 것을 경외한다.
풍요로움은 말하자면
바다에서 시작한다. 그들은
화가처럼 대지의 아름다움을 모아들이고,
날개 돋친 싸움[3]을 마다하지 않는다, 또한
도시의 축제일이
밤하늘을 환히 비추지도 않고,
현악기 연주와 토속적인 춤도 없는 그곳,
내려진 돛대 아래서
몇 해이고 고독하게 사는 것을 마다하지 않는다.

그러나 이제 남자들은
인도인들에게로[4] 가버렸다.
그곳, 맑은 공기 가득한
포도나무 숲 산정,
그곳으로부터 도르도뉴 강이 흘러나와,
장려한 가롱 강과 합류하여
강물은 넓은 대양으로 흘러간다. 그러나
바다는 기억을 앗아가거나
주기도 하나니,
사랑도 또한 부지런히 눈길을 부여잡는다.
상주(常住)하는 것을 그러나, 시인들은 수립하노라.

---

2) '벨라르민'은 횔덜린의 소설 《휘페리온》에 나오는 친구 이름이다.
3) 돛을 펼쳐놓고 바람과 싸워가며 항해하는 모습을 가리킨다.
4) 초고에는 nach Indien (인도로)라고 되어 있으나, 이 판본에서는 zu Indiern이
   라고 되어 있기에, 위와 같이 옮긴다.

8. 詩의 아름다움에 단순히 경탄하는 것에 대한 경계

우리는 이제 단지 놀라서 경탄에 거의 압도될 수도 있다. 왜냐하면 이 詩의 경이로움과 '아름다움'은 명백하기 때문이다. 그러나 우리가 그저 그런 기분 안에 머무르고 있다면, 겉으로 보이는 아찔함에도 불구하고 아직 제대로 정곡을 찔린 것이 아니다. 우리는 그 詩를 시인이 창작한 하나의 대상으로 받아들일 수도 있다. 우리는 잘 성취된 것에 경탄할 수도 있다. 우리는 시적(詩的)으로 산출된 것의 역사 내에서 일어난 하나의 사건 옆에 머물 수도 있다. 우리는 하나의 소유물5)에 놀라고 '문화'의 보물에 기뻐할 수 있다.

이전에 어떤 하나의 독일 시가 이러한 '위대함'을 만들어 냈다고 확인하면서, 이러한 확인 자체가 이미 위대함이라고 생각할 수도 있기에, 우리는 잘못에 빠진다. 우리가 어떤 것을 '위대하다'고 부를 때, 그것이 본래 무엇을 뜻하는지는 여전히 열려 있을 수 있다. 자주 언급되는 '위대한 것'의 비밀은 그것이 측정될 수 없다는 데에 놓여 있다. 6) 그렇기 때문에 바로 '위대하다'는 언급은 적절하지 않은 것이다. 게다가 이러한 언급은 그렇게 언급된 것을 위대함 자체에 입각해서 그리고 위대함의 본질에 따라 이제 비로소 위대하다고 부를 수 있는 그런 것에 입각해서 사유하지 않고 있다. 우리가 단지 위대한 것 혹은 '전적으로 위대한 것'을 생각할 때, ─ 우리가 일반적으로 어떤 것을 생각할 경우에 ─ 우리는 늘 작은 것에 입각해서 그것을 생각한다. 여기에는 하나의 속임수가 작용하고 있는데, 그 속임수는 역사학적 표상행위의 고삐 풀림과 관련되어 있다. 사람들은 어떤 것을 위대한 것이라고 부를 때, 이러한 칭송에 의해 이미 그 자신이 위대한 것

---

5) 우리가 소유하고 있는 것, 즉 횔덜린의 시를 가리킨다.

6) 천지만물을 조화롭게 감싸고 있는 단순하고 소박한 것, 눈에 보이지 않아 미미하게 여겨지는 것, 이러한 소박한 존재야말로 상주하는 위대한 것의 원천이요, 따라서 위대한 것의 비밀을 자기 안에 감싸 간직하고 있다.

에 참여하고 있고 스스로 위대한 것처럼 생각한다.

이 詩의 '아름다움'에 놀라워하는 것은 진정일 수 있다. 그럼에도 불구하고, 우리는 이 詩에 대한 모든 경탄과 함께 시짓는 말의 영역 바깥에 머무르고 있다. 이 시에서 시로 지어진 것은 그렇게 우리의 본질을 건드리지 않고 있다. 아주 감격해서 맛에 중독되어 이 詩를 받아들이는 것과 그러한 '체험'을 겉으로 표현하는 것은 향유를 즐기는 상태에 머무르는 것이다. 우리는 기껏해야 우리의 감정상태 주변을 맴돌 뿐이며, 시로 지어진 것 자체에게 우리의 본질을 거부하고 있다.

그러나 시로 지어진 것 자체란 무엇인가?

9. '내용'과 詩 안에서 시로 지어진 것에 대한 앞선 양해

그러나 시로 지어진 것은 말 안에서 말해진 것이다. 말이 포함하고 있는 것을 우리는 '내용'이라고 부른다. 우리는 말이 포함하고 있는 것을 '내용진술'에 의해 파악한다. 학술적 논문의 '내용'이나 '사실보고'의 '내용'처럼, 詩가 진술되거나 제시될 수 있는 하나의 '내용'을 가질 때에만, 비로소 이러한 詩(Gedicht)의 내용이 시(Dichtung)가 시짓는 것과 일치하는지 그 여부에 관해 물어볼 수 있을 것이다. 우리는 '내용진술'에 의해 詩에서 시로 지어진 것과의 연관을 이미 획득하고 있는가? 우리는 이 질문을 열린 채로 놓아둔다. 그러나 우리가 詩 안에서 명백히 화젯거리가 되고 있는 모든 것을, 따라서 무엇보다도 사실적으로 눈앞에 있는 것의 영역에 속하는 그런 것을 넘어설 수 없다는 것을 우리는 또한 인정해야만 한다.

이 詩에서는 보르도와 가롱 강 그리고 도르도뉴 강이 호명되고 있고, 또한 프랑스의 남부지역과 사람들이 서술되고 있다. 우리는 횔덜린이 1801년 말경에 가정교사직을 얻기 위해 슈트라스부르크와 리용을 거처 보르도로 여행하였다는 것을 알고 있다. 그는 1801년 12월 4일, 여행을 떠나가기에 앞서 자신의 친구인 뵐렌도르프(Böhlendorf)에게 다음과 같은 편지를 썼다(제5권, 321쪽 이하 참조).

> "나의 소중한 벗이여, 먼 훗날까지 잘 살길 바라네. 나는 이제 완전히 작별 중이네. 울어본 지도 참으로 오래되었구먼. 조국을 이제 어쩌면 영원히 떠나고자 결심하고 나니 쓰라린 눈물이 흘러내리네. 조국보다 더 사랑스러운 것이 세상에 또 무엇이 있겠는가? 그러나 조국은 나를 필요로 하지 않나 보네. 오타하이티(Otaheiti)를 향한 번민과 생계의 고민이 나를 휘젓는다고 해도, 나는 독일인이길 원하고 여하튼 간에 마땅히 그렇게 머무를 것이라네."

"그러나 조국은 나를 필요로 하지 않나 보네"라는 말은 그가 보르도에서 체류하던 시절에 해당되는 말일 것이다. 추정컨대 1802년 5월 초순경에 횔덜린은 파리를 거쳐 독일로 돌아왔고, 6월 두 번째 주에는 다시 뉘르팅엔에 있는 어머니 집에 도착했다. "그러나 조국은 나를 필요로 하지 않나 보네."

그해 말경인 1802년 12월 2일에 횔덜린은 다시 뵐렌도르프에게 한 통의 편지를 썼다(제5권, 327쪽).

> "나의 소중한 벗이여! 오랫동안 그대에게 소식을 띄우지 못하였구려. 나는 그동안 프랑스에 살면서 슬프고 고독한 대지를 보았네. 남프랑스의 목동들과 여기저기 흩어져 있는 아름다운 것들과, 또한 애국심에 대한 회의와 굶주림의 불안 속에서 성장한 남정네들과 여인네들을 말이네. 강력한 요소, 즉 하늘의 불과 인간들의 평온, 자연 속에 살아가는 그들의 삶, 그리고 그들의 절제된 만족, 이러한 것에 나는 줄곧 사로잡혀 있었네. 그리고 사람들이 영웅들의 말을 따라 하듯, 아폴론 신이 나를 내리쳤노라고 나는 분명히 말할 수 있네."

여기서 언급된 뷜렌도르프에게 띄운 두 통의 편지는 이 결정적인 시기에 거의 알려지지 않은 시인의 사유에 대한 가장 풍부한 통찰을 허락해 주고 있다. 우선 이 서신에서는, 우리에게 남프랑스에서의 횔덜린의 체류를 증언해 주는 구절들이 인용될 수 있을 것이다. 따라서 우리가 앞에서 읽어본 이 詩는 분명히 프랑스에서의 체류에 대한 회상이다. 그것은 지나가 버린 '체험'에 대한 회상으로부터 보고하고 있기에, 따라서 〈회상〉이라는 제목은 이와 잘 어울린다. N. v. 헬링그라트는 이 詩가 '그의 송가들과는 대조적으로 (시인이 아닌) 인간 횔덜린의 개인적 체험을 대상으로 삼고 있다'고 생각한다(제4권, 300쪽). 비록 이 시가 '송가의 양식에 가깝기는' 하더라도, 헬링그라트는 횔덜린의 작품을 안전하게 확보하기 위한 그의 기초판본에서 이 詩를 '서정적인' 詩로 분류해 두었다.

　그러나 〈회상〉이라는 이 시가 단지 개인적 체험을 회상하고 있는 것인지, 그것이 도대체 개인적 체험을 뜻하는 것인지, 그리고 〈회상〉이 여기에서 단지 지나간 것에 대한 기억과 같은 그런 것을 의미하는 것인지, 우리는 이런 것에 관해 물어보아야 한다. 아마도 이 詩는 '서정적인' 것도 아니고, '송가적인' 것도 아닐 것이다. 아마도 우리는 이렇게 특징지음으로써 처음부터 우리의 시선과 내적인 귀가 옆길로 빠져나가지 않도록, 우리가 특징지은 모든 것을 한쪽으로 치워 놓아야만 할 것이다. 왜냐하면 이미 그런 경우에는, 詩의 말이 우리에게 말하는 대신에 우리가 詩에 '관해' 말하는 식으로, 우리가 〔우리의 말함에〕 붙들려 버리기 때문이다.

　이 詩는 분명히 보르도를 명명하고 있고, 그곳의 풍경과 바다와 그곳의 사람들에 대해 '보고하고 있다'. 그러나 우리가 단지 완전히 겉으로만 그것을 '살펴보면', 우리는 이 詩에서 하나의 물음을 만나게 된다. 넷째 연은 다음과 같이 시작한다. "그러나 친구들은 어디 있는가?" 그리고 셋째 연은 "그러나 하나의 대화가 있어 … 좋으리라"라고 말하고 있다. 마지막 연은 바다가 "기억"을 앗아가거나 주기도 한다고 말하고 있다. 순수한 투명성과 단순하고 소박한 매혹의 부분들과 구절들, 그리고 완전한 어둠과 숨겨진 공포의 부분들과 구절들이 서로 교차하고 있다. 이 시의 변화무쌍함과 광활함을 그저 피상적으로나마 암시하기 위해서라도, 〈회상〉이라는 제목이 붙어 있는 이 詩는 다음과 같은 마지막 행을 가지고 있다는 것이 인지되어야 하리라.

    상주(常住)하는 것을 그러나, 시인들은 수립하노라.

지나간 것에 대한 기억이 아니라, 수립에 대해, 그리고 도래할 장래적인 것의 터닦음(*Gründung*, 근거 지음)에 대해 말해지고 있다. 지나가는 것과 지나가 버린 것에 대해서가 아니라, 상주하는 것(*das Bleibende*, 머무르는 것)에 대해 말해지고 있다. 횔덜린의 시의 결구에서 비로소 모든 것이 집결되고, 이제 비로소 본질적인 것이 종종 충분할 정도로 직접적으로 출현하고 있다는 것을 우리가 이제 곰곰이 숙고해 본다면, '시의 결구'와 '전체를 특징짓고 있는 제목' 사이의 연관은 더욱더 수수께끼가 된다.

    詩의 '내용'에서 인용될 수 있는 이러한 모든 것을 넘어서 그리고 이러한 모든 것에 앞서, 우선은 숨겨진 채로 머무르고 있는 하나의 맥락이 존립하고 있다. 다섯 개 연들의 내적인 연관성은 어둡게 남아 있다. 詩의 처음과 끝은 그것들의 연관에 있어서 투명하지 않다. 사람들은 이 詩가 '쉽게 이해되지' 않는다는 것을 알기 위해 억지로 이 詩 안에서 '비밀을 찾아보려고 노력할' 필요가 없다. 우리가 이 詩 전체를 하나[의 맥락] 안에서 귀 기울여 듣되 개별적인 '상(像)들'에 매혹되지 않고 여분의 것을 어떤 기분에 대충 내맡겨 버린다고 가정한다면, 이 시는 이해될 수 없을 것이다. 왜 이 詩는 어두운가? 우리가 이 詩 안에서 시로 지어진 것을 알지 못하고, 또한 우선은 그것에 이르는 길을 전혀 모르고 있기 때문이다. 그렇기 때문에 우리는 에움길을 두려워해서는 안 된다. 따라서 우리는 하나의 '내용'을 찾고 그것

을 진술함으로써 우리를 안심시켜 주려는 것으로부터 천천히 떠나가
야만 한다.

이 詩가 자신의 숨겨진 맥락을 힘입고 있는 이 하나의 통일적인 것
을 우리는 우선은 다만 연들과 행들의 투명하지 않은 관계의 모습 속에
서만 알고 있을 뿐이다. 이 詩를 지탱하고 규정해 주는 것은 오로지
시로 지어진 것일 뿐이다. 아마도 어떤 이는 거꾸로, 시로 지어진 것
은 이렇게 앞에 놓여 있는 언어형성물로서의 詩에 걸려 있고 이러한
형성물로부터 지탱된다고 생각할 수도 있을 것이다. 그러나 이 경우에
우리는 이미 다시 시로 지어진 것을 詩의 내용과 동등하게 취급하는
것이다. 우리는 이미 이렇게 동등하게 취급함을 물음에 부친 바 있다.

반 복

1) 시짓는 말의 풍요로움

우리는 횔덜린의 송시의 말 안에서 시로 지어진 것을 찾고 있다.
우리는 다음과 같이 주장했다. 시짓는 말은 자기 자신과 시인을 넘어
서 시를 짓는다고. 그리고 모든 진정한 말[7]은 말로서 이미 시를 짓
고 있기 때문에, 시짓는 말은 말의 근원적 본질을 성취하고 있다고
우리는 지적하였다. 시짓는 말은 고유한 양식과 법칙의 풍부함을 참
답게 보존하고 있다. 우리가 그것을 한낱 다의성에 불과한 것이라고
말하면서 언어형성물의 일의성에 견주어 가늠한다면, 우리는 말의
풍요로움을 아주 그릇되게 파악하거나 혹은 전혀 파악하지 못할 것이
다. 기술적으로 실천적인 모든 말, 법률적이고 도덕적으로 실천적인
모든 말, 그리고 학문적인 모든 진술은 그때마다 저 나름의 방식으로

---

7) 천지만물의 근저에서 은은히 울려오는 존재의 언어를 가리킨다.

그러한 일의성(*Eindeutigkeit*, 명확성)을 요구한다.

그러나 시짓는 말의 풍요로움은 자신의 단순소박함(*Einfachheit*)에 저항하지 않는다. 풍요로움은 언제나 단순소박함의 완성일 뿐이다. 단순하고 소박한 것은 물론 여러 겹의 모습을 갖는다. 단순하고 소박한 것의 하나의 변종은 궁핍한 것(*das Dürftige*)이고 간단한 것(*das Simple*)이다. 그러나 궁핍한 것은 가치 없는 것이 아니다. 그 반대로 그것은 본질적으로 유용한 것(*das Nützliche*)이고 이용할 수 있는 것(*das Nutzhafte*)이다. 이에 반해 단순하고 소박한 것은 시적인 것이라는 의미에서 무용한 것(*das Nutzlose*)이다. 시적인 말의 풍요로움은 자신의 고유한 얼개(*Gefüge*)를 가지며, 자신을 '정의'(定義)에게로 끌어내리지 않는다.

그러나 우리가 시짓는 말을 사유하고 그것의 마법에 관여해 들어간다고 해도, 우리는 '부-정밀하게' 사유하지는 않는다. 왜냐하면 정밀한 것(*das Exakte*)의 구역 내부에서 그것의 법칙을 놓치는 한에서만, 사람들은 부-정밀하게 사유할 수 있기 때문이다. 시짓는 말의 사유는 '정밀한' 것과 '부-정밀한' 것의 대립을 벗어나 완전히 그 바깥에 서 있으나 자신의 고유한 엄격함(*Strenge*)을 갖고 있다. 그렇기 때문에 그것은 언제나 이러한 엄격함을 놓쳐버릴 위험에 휩싸일 수 있다. 〔엄격함을 놓쳐버린〕이러한 과오(*Verfehlung*)는 그 고유한 결과를 갖는다. 본질적인 말 곁에서 이러한 과오의 희생양이 된 자들은 자신들이 저지른 과오와 그것의 결과를 그들의 생애 동안 대개는 '알아채지' 못하고 살아간다는 특성을 가지고 있다. 이에 반해 기계제작의 오류는 곧바로 매우 눈에 띄게 드러난다. 횔덜린의 詩를 해석할 경우에 이러한 해석이 본질적인 점에서 실수를 저지른다고 하더라도, 그것은 댐이 무너지거나 다리가 붕괴되거나 디젤엔진이 망가지는 것과 같은 그런 파괴를 초래하지는 않는다. 서양의 사유의 시원에서 나타난 한 사상가에 대한 해석이 곡해된다고 하더라도, 그것은 우리가 흔히 말하듯이 '아무래도 괜찮은' 것이다. '세계'는 그럼에도 흘러간다.

2) 역사적 행동으로서의 시지음과 사유함

그러나 어느 '날', 즉 우리 역사의 어느 날에는, 저 알아채지 못한 오인과 저 인지하지 못한 곡해의 결과로 존재할 뿐인 어떤 것이 고유하게 일어나리라(sichereignen). 시지음과 사유함이 단지 '문화'의 사태로 간주되고, 또한 — 수십 년 전 이래로 '미국인들'이 그 '모범'을 보여주고 있듯이 — '문화'가 휴양과 교화(Erbauung)의 경영으로 간주되는 한, 아무도 〔이렇게 고유하게 일어나는〕 생기-사건(Ereignis)에 주목하지 않을 것이다. 서양의 역사는 아직 열어 밝혀지지 않은 생기-사건의 은닉된 심연에 고요히 머물러 있어서, 독일인들이 앞으로 언젠가 마침내 문화경영을 지구의 다른 '반구'에 넘겨주기로 결심하게 되는 그런 날이 도래할 수 있을지도 모른다.

여기서 역사적 행동의 하나의 고유한 공간이 열리는데, 그 공간은 작용하기 위해 '행위'를 필요로 하지 않으며, 또한 존재하기 위해 '작용'을 필요로 하지 않는다. 이러한 행동이 시지음과 사유함이다. 그리고 〔이 둘의〕 공동의 행동(Mithandeln)은, 우리가 그런 공간을 알지 못하기 때문에 아주 기꺼이 그것[8]이 거기에 없다고 생각하고 있는 그런 어떤 하나의 공간 안에서 서로 눈에 띄지 않는 상응함을 가지고 있다. 그런데 우리가 그런 공간을 알지 못하는 까닭은, 우리가 모든 것을 단지 '결과'와 '외적 범위'에 따라 평가하고 있기 때문이다. 이러한 희망과 바람이 부재할 경우, 세계는 곧 공허하게 보이고, 우리 자신은 스스로 붙잡을 것이 더 이상 아무것도 없다는 것을 알게 된다. 그러나 공허는 우리가 충만을 잘못된 장소에서 찾아왔고, 우리에게 말을 건네주는 풍요로운 본래적 공간을 오인하고 있었다는 것을 알려주고 있을 따름이다. 물론 이렇게 변호되는 이 공간은 그것에 관해 논의하는 것만으로는 결코 도달될 수 없다. 그러나 여기에서는 그곳

---

8) 공간을 가리킨다.

50

에 이르는 하나의 눈짓이 필요하다.

그렇기 때문에 우리는 횔덜린의 詩 〈회상〉에 귀를 기울임으로써 시로 지어진 것을 사유하고자 '배우려고' 시도한다. 자신[9]이 속해 있는 시들의 시지음은 하나의 확실성에서 나오는데, 그 확실성은 다음의 말 안에서 발언되고 있다. "위대한 것을 찾아내는 일, 많이 있으리, 아직도 많이 남아 있구나 …"(〈디오티마에 대한 메논의 탄식〉, 제4권, 87쪽, 제5권, 117쪽).[10]

3) 시로 지어진 것 안에서의 전기적인 것의 변화

詩 〈회상〉은 첫눈에는 단지 횔덜린의 '개인적 체험'을 노래의 울림 속으로 가지고 온 것처럼 보인다. 우리가 횔덜린이 남프랑스로 여행을 떠나기 바로 직전에 쓴 서신과 여행에서 돌아온 뒤 얼마 후에 그의 친구 뵐렌도르프에게 쓴 서신을 참조한다면, 이러한 '서정적' 인상은 심지어 더욱 강화될 것이다. 특히 귀환한 뒤의 서신은 詩 〈회상〉과 글자 그대로 비슷한 울림과 생생한 울림을 가지고 있다. 우리는 이 서신들을 전기적-역사적 증거로 이용할 수 있다. 그것을 막을 수는 없다. 그러나 우리는 그렇게 함으로써 詩뿐만 아니라 두 통의 서신을 전기적인 것으로 되돌릴 위험이 있다. 우리는 더욱이 이 서신들을 전기적인 새로운 사실을 위한 보고(寶庫)로서 남용할 수도 있다. 그러나 그런 경우라고 하더라도 우리는 그 서신들의 요체가 우리에게 숨겨져 있다는 것을 또한 인정해야만 할 것이다. 왜냐하면 시인은 이

---

9) 시지음을 가리킨다.

10) 이 구절은 횔덜린의 시 〈디오티마에 대한 메논의 탄식〉 제9연의 제9행이다. 이 구절 다음에는 다음의 시구가 이어진다. "또한 그렇게 사랑했던 자, 신들에 이르는 길을 가고, 또 가야만 하리." 여기서 '위대한 것'이란 성스러운 것, 그리고 천상의 신들을 가리킨다. 비록 세상에는 탄식할 일이 많이 있으나, 그럼에도 불구하고 위대한 것을 찾아 나서야 할 일도 인간에게는 많이 남아 있다고 시인은 이 구절에서 고백하고 있다.

서신들을 통해서, 전기적인 것이 그것[11]을 위해 동기와 기회로 머무르고 있는 하나의 영역으로부터 말하고 있기 때문이다. 그러나 이러한 것은 단지 전기적인 것이 함께 변화 속으로 이끌려 들어오는 정도로만 그러한 동기와 기회로 머무르는 것인데, 그때 말해진 것은 이러한 변화를 담아내고 있다. 1802년 12월 2일자 서신에서(제5권, 328쪽) 다음과 같은 것을 읽어 본다면, 그때 전기, 심리학 그리고 역사가 우리에게 무엇을 말해줄 수 있겠는가?

> "나는 그 시절 영혼의 많은 충격과 애환을 겪었기에 정주할 필요가 있었고, 그래서 내 조국의 도시로 돌아와 그곳에서 살고 있다네.[12] 내가 고향의 자연을 더 깊이 탐구하면 탐구할수록, 고향의 자연도 나를 더욱더 강력하게 사로잡는다네. 뇌우는 자신의 가장 지고한 현상 속에서 나타날 뿐만 아니라, 바로 그런 모습 속에서 강력한 힘과 형태를 지닌 것으로서 하늘의 그 밖의 형태들 속에 나타나고, 빛은 국가의 원칙과 운명의 방식으로서 활동하면서 우리에게 어떤 것이 성스럽게 존재하도록 만들어 주니, 그 빛의 쇄도가 도래하고 사라지는 가운데 모든 숲들의 특성이 드러나고, 하나의 권역 속에서 자연의 다양한 특성들이 함께 어우러져 상봉하니, 대지의 모든 성스러운 장소들은 그 하나의 장소[13] 주위에 모여 있다네. 철학적인 빛이 나의 창문을 비추니 지금 이 빛이야말로 나의 기쁨이리라. 하여 여태까지 내가 어떻게 존재해 왔는지 나는 마음속에 잘 간직하고 싶네!"

아마도 우리가 서신 안에서 발굴해 내는 '전기적인' 메모는 과거의 '체험'에 대한 단순한 보고와는 다른 것을 말하고 있을 것인데, 이런 말이외에 우리가 달리 과연 무엇을 말할 수 있겠는가?

---

11) 영역을 가리킨다.
12) 횔덜린은 프랑스에서 귀환한 직후에 그가 디오티마라고 부른 여인(수제테 공타르)의 죽음을 경험하였다. 이 구절은 이러한 그의 애환을 고백하고 있다.
13) 천지만물의 근저로서 성스러운 존재의 심연을 가리킨다.

　물론 우선은 詩 〈회상〉의 첫째 연과 둘째 연 그리고 다섯째 연은 사라져간 것을 단순히 다시 사유하는 것처럼 보인다. 여기에서 묘사된 '상들'을 단순히 눈앞에 현재화하는 것은 이러한 상들의 모습 안에서 시의 본래적 '내용'을 찾아보도록 우리를 데리고 갈 수도 있을 것이다. 그러나 이러한 것으로부터 우리는, 둘째 연에서 셋째 연으로의 이행, 혹은 넷째 연의 시작부분에 하나의 물음이 있다는 것, 그리고 전체 詩의 결구에는 '시인들'에 대한 말이 있다는 것을 어떻게 이해할 수 있겠는가? 이러한 모든 것은 고립되어 그것들의 연관은 수수께끼처럼 어둡다. 시로 지어진 것은 상들 안에, 이러한 상들의 '상념'에 덧붙여져 있는 것인가? 혹은 시로 지어진 것은 상들에 의해 곱게 치장된 상념 안에 놓여 있는가? 혹은 '상들'과 '상념' 사이의 구별이 이미 적합하지 않고, 그래서 詩의 본질적 통일성을 전혀 '만나지' 못하기 때문에, 이러한 두 가지 추측 중 어느 것도 유효하지 않은가?

　우리는 시로 지어진 것의 고유한 통일성에 이르는 하나의 길을 찾아야만 한다. 우리는 여기서 에움길을 두려워할 필요가 없다.

10. 시에서 시로 지어진 것과 詩의 '내용'은 동일한 것이 아니다

　마치 시로 지어진 것은 물과 같고 시는 물로 채워지는 유리컵인 것처럼, 시에서 시로 지어진 것은 詩의 '내용'이 아니라고 우리는 주장한다. 또한 마치 시로 지어진 것은 사과이고 시는 과일나무의 가지인 것처럼, 그렇게 시로 지어진 것은 시의 '열매'가 아니다. 우리는 도대체 이러한 연관과 비교할 수 있는 것을 찾을 수 없다. 그러나 말과 언어가 인간의 본질에 속해 있다고 한다면, 이러한 연관은 또한 우리에게 완전히 숨겨져 낯선 것일 수 없다. 이에 반해 어쩌면 인간에 대한 말의 연관과 말에 대한 인간본질의 연관이 파괴되었다는 것은 있

을 수 있다. 14) 우리는 역사학적으로 시에 대해 각양각색의 것을 알
고 있고, 또 이러한 지식이 이미 헤아릴 수 없을 정도로 많아졌지만,
그럼에도 불구하고 우리는 더 이상 이 시의 시짓는 말을 귀 기울여
들을 수 없을 정도로 바깥에 머물고 있다는 것은 또한 있을 수 있는
일이다.

아마도 진술될 수 있는 詩의 내용이 이미 시에서 시로 지어진 것이
아니라고 말하는 우리의 주장은 결코 다음을 주장하려는 것이 아니
다. 즉 우리는 세심히 주의를 기울여 직접 말에 귀 기울여 들어야 하
는데, 이렇게 귀 기울여 들어야 할 우리의 짐을 덜어줄 수 있는 어떤
마법을 마치 우리가 소유하고 있는 양, 이제는 詩의 말이 직접적으로
말해주고 있는 것에 경청할 필요가 우리에게 없어졌다는 것을 주장하
려는 것이 아니다.

詩의 내용과 시에서 시로 지어진 것이 동일한 것이 아니라는 우리
의 주장은, 우리가 애초에 말에 귀 기울여 받아들인 것을 하나의 '내
용'으로 응고시켜서는 안 된다는 것이며, 심지어 이러한 응고를 시의
진리로 간주해서도 안 된다는 것을 말할 뿐이다. 따라서 이제 우리는
하나의 내용을 찾아내려고 하기보다는 올바로 더욱 세심하게 말에 귀
를 기울여 직접적으로 들을 수 있어야만 할 것이다. 그러기 위해서는
우선 한 번쯤 다섯 개의 연을 순차적으로 주의 깊게 따라가 보되, 우
리가 이런 과정에서 '내용진술' 이외의 다른 것에는 전혀 도달하지 못
했다는 외견에 처할 수도 있는 그런 위험을 향해 스스로 걸어가 보는
것이 필요할 것이다. 그 '詩'는 우선은 여전히 그것15)에게서 우리가
어떤 것16)을 추정해 내는 글자와 소리의 형성물로서 우리 앞에 놓여
있다. 우리는 아직도 그것이 말로서 있는 그러한 영역 안에 서 있지
않다.

---

14) 이로 인해 언어의 황폐화가 초래된다.
15) 글자와 소리의 형성물을 가리킨다.
16) 詩의 내용을 가리킨다.

제1부
말로서의 詩의 영역 안으로 들어감

11. 詩의 시작과 끝

> 북동풍이 분다,
> 그 바람은 불타는 정신과
> 순항을 사공들에게 기약해 주기에,
> 내겐, 바람 중에서 가장 사랑스러운 것이리.

"북동풍"—이 바람은 슈바벤 고향의 들판에서 매서운 싸늘함으로 하늘을 맑게 쓸어내고, 하늘의 불, 즉 '태양'에게 그 안에서 자신의 빛남과 작열함이 펼쳐지는 공간을 만들어 주는 그런 것이라고 명명되고 있다. 이 바람은 공기를 맑게 한다. 차갑고 대담하고 청랑한 기운이 이 바람과 함께 열린다. 이러한 대기는 멀리 열려 있는 곳으로 동행한다. 그리하여 이 대기에 의해 시선은 더욱 깨어나 모든 사물이 맑은 모습으로 솟아나 쉬고 있는 것을 보여준다. 이 바람은 차분한 투명성을 세계로 가져오고, 어디로나 자유롭게 이주하여 천후의 날씨를 이루면서 기분을 안정시킨다. 아마도 〈회상〉과 관련이 있는 것으로 보이는 나중의 초안(제4권, 257쪽)도 또한 '북동풍'을 명명하고 있는데, 거기에서는 '찌르레기' 철새들에 관해 말해지고 있다. 1)

그리고 북동풍이 차갑게 불면서
그것들[2]의 눈을 더욱 깨어 있게 한다 …

〈회상〉은 "북동풍이 분다"라는 말로 시작한다. 이것은 비록 그것이 언제 부는지가 직접적으로 말해지고 있지는 않다고 하더라도 하나의 확정처럼 들린다. 또한 그것이 어디에서 부는지도 분명하지 않다. "북동풍이 분다"— 남서풍이 〔부는 것이〕 아니다. 북동풍은 시인이 그것을 시짓기 시작하는 그때 부는가? 첫 행은 횔덜린이 이 詩를 적어놓기 시작하던 그때에 바람의 방향과 같은 것을 확정하고 있는 것일까? 아마도 모든 것은 오히려 그 반대일 것이다. 이 詩의 시적인 영감에 사로잡힌 순간에 북동풍이 불고 있기 때문이 아니라, 이 詩 전체가 이 詩가 시짓고 있는 그것에 입각해서 말해져야만 하기 때문에, 이 詩는 북동풍을 명명하고 있다. 따라서 모든 것에 앞서 이미 단순하고 소박한 앎에 대한 시원한 명료함과 순수한 결단성이 놓여 있다. 그래서 이 詩는 북동풍을 명명하면서 시작하지 않을 수 없다.

"북동풍이 분다." 이것은 바람의 관계를 확정하는 것도 아니고, 우연한 날씨상태를 서술하는 것도 아니며, 나중에 이어지는 '생각'을 위해 '시적으로' 윤곽을 잡고 있는 것도 아니다. "북동풍이 분다"는 이 첫 행과 더불어 비밀은 이미 시작하고 있다. 그렇다, 그것은 詩 전체의 비밀을 포함하고 있다. 이 첫 행은 뒤따르는 모든 시구들에서 함께 울리고 있다. 각각의 연이 다음의 연으로 이행할 때에도 우리는 이 첫 행을 귀 기울여 들어야만 한다. 이 첫 행은 마지막 행에서 비로소 완전하게 울리면서 그친다.

'이성적 인간'에게는 아무런 비밀도 없는 곳에서, 이제 우리가 비밀

---

1) 어떤 단편의 詩(헬링그라트 판, 제4권, 256쪽 이하)는 "올리브 나라에서 영리한 감관을 기르는 찌르레기들, 그것들은 말하자면 고향을 감지하고 있다 …"라고 말하고 있다.
2) 찌르레기 철새들을 가리킨다.

을 찾는 것처럼 그렇게 보일 것이다. 그럼에도 불구하고 "북동풍이 분다"는 것은 말해져야만 한다. 이 말은 그 자체로 보면 바람의 시점과 장소를 규정하지 않고 있다. 그럼에도 불구하고 그것은 거기로부터3) 이제 꼭 필요한 미래의 시지음에게 적합하게 호의를 베풀어 줌으로써 이 시지음이 자신의 본질을 충족하고 그리하여 〔그 안에서〕 시인이 존재할 수 있게 되는 그런 시공간을 명명하고 있다. "북동풍이 분다" ─ 즉 이 詩 안에서 함께 시로 지어지고 있는 시지음의 시공간이 열리고 있다. 우리는 첫 행이 이러한 '상념'을 위한 하나의 '상'(Bild)이라고 말하고 싶지 않다. 첫 행이 명명되는 것을 말하고 있을 때, 이 詩의 시작과 끝 사이에는 이 詩 전체를 포괄하는 하나의 본질적인 연관이 존립하고 있다는 것을 다만 우리는 지적할 따름이다. "북동풍이 분다" ─ "상주하는 것을 그러나, 시인은 수립하노라."

이 詩의 첫 행과 끝 행 사이에 있는 것은 말과 문자에게는 계속되는 연들의 추이 속에서 이어진다. 계속되는 행들은 말들의 축적이다. 그럼에도 불구하고 우리는 말해진 것 전체와 말하는 것을 詩의 '말'(Wort)이라고 명명하는데 ─ 이것은 더욱 정확하게는 말로서의 詩이다. 횔덜린의 詩에 대한 우리의 가리킴은 말의 이러한 영역 안에서 움직이기 때문에, 우리는 첫 행에서부터 이미 말과 언어에 관한 본질적인 것을 숙고해야만 한다.

12. 언어에 관하여: 시짓는 말과 소리 나는 말들

'언어'는 말할 수 있는 능력4)이다. 말함에서 생기는 형성물은 언어의 '낱말들'이라고 불린다. 그러나 낱말들은 말과는 다른 어떤 것이

---

3) 시공간으로부터.
4) 원문은 이렇다. 〉Die Sprache〈 ist das Vermögen zum Wort. 직역하면 다음과 같다. '언어는 말에 이르는 능력이다.'

다. 예컨대 사상가 헤라클레이토스의 진술들은 낱말들로부터 성립하되, 우리는 헤라클레이토스의 '낱말들'을 말하는 것이 아니라, 〔그의〕말을 말한다. 낱말들은 언어가 있는 곳에만 있다. 말은 언어의 근원이다. 그러나 언어의 근원으로서의 '말'이란 무엇인가? 이 강의의 진행과정에서 우리는 이 물음에 대해 유일한 것을 숙고하는 것을 배워야 한다.

언어는 말을 발언하고, 발언된 것은 '낱말들'로 붕괴될 수 있다. 오랜 습관에 따라 우리는 이러한 낱말들로부터 언어와 말의 본질을 규정하려는 경향이 있고, 따라서 또한 이러한 낱말들로부터 시로 지어진 것에 대한 언어적 형성물로서의 詩의 관계를 정돈해 놓으려고 한다. 그래서 우리는 시로 지어진 것인 말해진 것 자체가 詩의 소리 (*Laut*) 와 낱말들의 연속 안에서 자신의 모사를 갖는다고 생각한다.

그러나 낱말들은 결코 그것들이 의미하는 것의 복제물이 아니다. '뻐꾹뻐꾹'(*Kuckuck*), '〔벌들이〕 윙윙거리다'(*summen*), '붕붕거리다' (*schwirren*), '쉬쉬 소리를 내다'(*zischen*) 와 같은 의성어는 위에서 말한 것과는 모순되는 것처럼 보인다. 그러나 우리가 '뻐꾹뻐꾹'이라는 그 소리를 말하고 생각할 때, '뻐꾹뻐꾹'이라는 소리의 형성물 자체는 이미 하나의 말이다. 그 소리가 의미하는 것은, 그리고 '뻐꾹뻐꾹'이라는 소리의 형성물에 앞서 그 근저에 놓여 있는 이러한 모든 것은, 이러한 울림이 아무리 잘 모방하여 울린다고 하더라도, 지저귀는 새소리를 그저 모방한 단순한 울림 안에 놓여 있는 것이 아니다. 그럼에도 불구하고 소리와 울림은 확실히 '말'에 속해 있다. 홀로 소리가 나든 함께 울려 소리가 나든, 이러한 소리들이 이어져서 생기는 그런 양식은 어떤 관점에서는 우리가 '아름다운 소리'라고 부르는 그런 것으로 형성되어 있다.

왜 우리는 이러한 '사물들'을 언급하는가? 말(낱말들과 말)의 본질이 어떤 부분에 있어서는 우리에게 알려져 있으나, 그 진실에 있어서는 완전히 감추어져 있다는 것을 암시하기 위해서이다. 그러나 그렇기 때문에 우리는, 시행들과 연들의 연속 속으로 관여해 들어가 시짓는 말 속에서 시로 지어진 것과 연관을 맺고 있으면서도, 소리 나는 낱말들과 시짓는 말의 통일성을 파악하기 힘든 것이다.

이 경우에 우리는 시의 말 형상과 시로 지어진 것 사이의 대립을 확인하는 것처럼 보인다. 시로 지어진 것은 분리된 '정신적 의미'이고 詩의 말소리(Wortlaut)는 우연한 '의미의 형상'이라고 우리는 생각할 수도 있을 것이다. 플라톤 이래로 서양의 모든 예술고찰은 '초감성적인 것과 감성적인 것'을 구별하는 억압 아래 있었다. '의미의 형상'은 상징으로서 이 둘을 함께 붙잡아 괄호 속에 넣어야 할 과제를 가지고 있다. 또한 사람들은 '언어' 자체를 이러한 도식 안으로 밀어 넣어, 말의 소리형상을 '신체'로 그리고 말의 의미를 '영혼'이나 혹은 '정신'으로 파악한다.

13. 우리의 역사적 순간에서의 언어

언어에 대한, 낱말들과 말에 대한 우리의 연관은 오래전부터 혼란되고 무규정적이고 근거를 잃어버렸다. 언어는 눈앞에 현존하는 사물과 같다. 언어는 왜 인간의 '조직'과 무장의 도구로서 오용되고, 힘의 수단과 지배적인 형태로서 보장되면 안 되는가? 오늘날에는 어느 누구도 개개인의 의향이나 나태 혹은 노력과는 무관하게 '형이상학적인 것'으로 존재하는 이러한 진행과정을 벗어나 그 바깥에 머물러 있을 수 없다.

말하자면 언어의 이러한 '도구화' 과정은 순전히 부정적인 것 안에서 진행될 필요는 없다. 이런 과정은 같은 구역 내에서 최고의 '적중성'(Treffsicherheit)을 부여하기 위해 언어의 새로운 '도구화'를 이룩해 내려는 반대운동을 불러일으킬 수 있다. 예컨대 에른스트 윙어(Ernst Jünger)가 그 안에 서 있는 이러한 언어에 대한 관계는 존재를 힘에의 의지로서 해석한 니체에 의해서 규정된 형이상학적 공간 안에 완전히 속해 있다. 언어는 마치 '영화'에서처럼 하나의 무장형태인데, 이것에 의해 '노동자의 형상'은 '세계'를 지배한다. 가장 신중한 최고의 무장도구로서의 언어는 자신의 음절과 구성요소로부터 첫 글자를 미국식으로 따와 'Auswärtiges Amt'(외무부)와 'Aufklärungs Abteilung'(보도국)을 'A-A'로 표기하는 형태 속에서, 본질에 따라서가 아니라 단지 정도에 따라서만 말과 구분되고 있을 뿐이다.

언어의 본질의 이러한 기술적 도구화는 우리의 역사적 순간을 형성하는 가운데 자신을 함께 형성하고 있다. 그러나 이렇게 형이상학적으로 규정된 역사적 순간에 우리는 언어와 말에 대한 우리의 관계에 혹은 무-관계에 정통해야만 한다. 우리가 시로 지어진 것을 시짓는 것으로서 횔덜린의 詩를 받아들이기 위한 그런 길 위에 이르려고 한다면 오랜 노력이 필요하다는 것이 그때 밝혀질 것이다.

14. 詩의 통일성을 앞서 봄

첫 행 "북동풍이 분다"는 직접적이고 무규정적인 들음을 위해, 감성적으로 경험될 수 있는 '자연'에서의 개별적 사건을 명명하고 있다. 그러나 우리가 일단 '자연'과 '정신'에 대해 이렇게 일반적으로 말해도 괜찮다면, 마지막 행 "상주하는 것을 그러나, 시인들은 수립하노라"는 무상한 숙고를 위해, '정신'의 최고 영역에 〔내재하는〕하나의 본질법칙을 명명하고 있다. 그러나 동시에 첫 행은 자연의 묘사가 아니라 시적인 것의 호의와 시공간을 명명하고 있다는 것이 이미 고지되고 있다. 이와 마찬가지로 다시금 아마도 마지막 행은 시의 본질에 관한 단순히 교훈적인 '문장'이 아니라, 그것이 상주하는 것에 관해 말하고 있다면, 경험가능한 자연을 묘사하고 있는 것이 아니라, '자연'을 명명하고 있다.

우리가 그렇게 미리 시작과 마지막으로부터 이 詩를 아직 숨겨져 있는 자신의 통일성 안에서 추적해 들어간다면, 우리의 내적인 귀는 이미 더욱 잘 집중될 것이다. 우선은 단지 안정적인 묘사로 보이는 것, 즉 "북동풍이 분다"[라는 말] 자체는 앞으로 때로는 더욱더 말을 하고 더욱더 충만해질 것이다.

"북동풍이 분다." 이것은 무조건적으로 고유하게 일어나는 하나의 사건이다. 이러한 사건이 여기에서 직접적으로 말 안에 서 있고, 따라서 존재한다. "북동풍이 분다." 북동풍이 분다는 것은 도착하는 것이며, 또한 다가올 장래의 것을 앞으로 가리키면서 운반해 가는 것이다. 모든 것이 완전히 오고 있다. 〈회상〉이라는 제목은 언제나 그렇게 꼭 적합한 것은 아닐 것이다.

> 북동풍이 분다,
> 〔…〕
> 내겐, 바람 중에서 가장 사랑스러운 것이리.

북동풍은 나머지 다른 바람들보다 선호되고 있다. "내겐, 〔…〕 가장 사랑스러운 것이리." 횔덜린은 그곳에서 자신에 대해 말하고 있다. 이것은 확실하다. 그러나 여기에서는 여러 상이한 바람과 기후관계를 자신의 개인적 상태와 연관시켜 평가하는 자아가 말하고 있는가? 여기서 횔덜린은 바람을 위시한 자연묘사 안에서 '자연을 느끼고 있는' 자신의 감정을 발언하고 있는 것일까? "내겐, 〔…〕 가장 사랑스러운 것이리." "내겐"이라는 말 안에서 횔덜린은 물론 자신을 생각하고 있다. 그러나 거기에서 자신에 관해 말하는 자아는 횔덜린 개인이 아니다. 북동풍을 선호하는 근거는 인간 횔덜린의 개인적 처지나 필요 혹은 역사적 삶의 관계 안에 놓여 있지 않다. 왜냐하면 북동풍을 선호하는 것을 근거 짓는 것은, 바로 다음의 시행들에 뒤따르고 있듯이, 인간 횔덜린의 취향이나 '체험'을, 더구나 한 개인의 마음상태나 신체적인 상태를 증거로 끌어들이고 있지 않기 때문이다. 오히려 북동풍은 바람들 중에서 "내겐" 가장 사랑스럽다, 〔왜냐하면〕

> 그 바람은 불타는 정신과
> 순항을 사공들에게 기약해 주기에.

북동풍은 명명되고 있고, "사공들"과 관련될 경우에 가장 사랑스러운 것이라고 특징지어지고 있다. "사공들"이란 누구인가? 자신에게 북동풍이 기약인 자들은 여하튼 간에 북동풍이 알려주고 안전하게 보증해 주고 무언가를 선사해 주는 것이라고 말할 것이다. 이 모든 것은 이중적이다. 북동풍은 정신이 불타고 있는 곳으로의 방향을 가르쳐 주고, 떠나가는 사람들을 "순항"으로 데리고 간다.

반 복

휠덜린의 시를 해석하면서 우리는 문턱에 첫발을 내딛었다. 문턱은 하나의 구역에서 다른 구역으로 넘어가는 자리를 의미한다. 우리에게 익숙한 구역에서 詩는 마치 눈앞에 놓여 있는 사물, 즉 쓰여 있고, 읽히고, 말해지는 소리형성물과 같다. 그러한 것을 우리는 앞에 가지고 있다. 우리가 그것을 다스리면서 거기에서 무언가를 만들 수 있는 그런 것이다. 사람들은 최근에 '시와의 교제'에 대해 말한다.

다른 구역에서 詩는 말로서 존재한다. 우리가 우리 앞에 말을 가지고 있는 것이 아니라, 말이 그 스스로 자신의 진리의 공간 안에서 우리를 받아들인다. 우리는 결코 말과 '교제할' 수 없다. 오히려 말이 우리에게 '다가오거나' 혹은 우리를 지나쳐 간다.

눈앞에 놓여 있는 언어형성물의 구역과 말의 구역이라는 이 두 구역은, 전자를 외적인 것으로 그리고 후자를 내적인 것으로 파악하려고 한다면, 만날 수 없다. 왜냐하면 그것이 자기 '안에서' 자신의 '내용'으로 가지고 있는 하나의 의미를 언어형성물에게 승인해 주는 한에서, '외적인 것'과 '내적인 것'의 구별은 첫 번째 구역 안으로 떨어져 버리기 때문이다.

그러나 우리는 여기에서 우리에 대한 말의 연관의 변화를 전적으로 포함하고 있는 다른 것을 찾고 있다. 횔덜린의 말의 구역 바깥에서 그런 것이 모험될 수 있을지는 의문스러운 것으로 남아 있다. 왜냐하면 이 말은 송시의 말로서 그 자신이 다시금 유일한 의미에서 유일하기 때문이다. 이 말은 이제 비로소 진리의 다른 공간을 자기 주위에 열고 있는, 아주 절실하게 필요한 고독한 산맥과 같다. 이 시 안에는 미화하여 꾸미는 장식과 같은 것은 전혀 없고, 공허한 장소도 없다. 이 말은 말을 장악할 수 있는 사람에게 무엇에 '관해' 진술하는 언명이 아니다.

우리 자신은 더 이상 '말'에 대한 우리의 연관이 이미 수십 년 전 이래로 방만한 글쓰기와 근거 없는 잡담 그리고 분별없는 읽기를 통해 완전히 파괴되었다고 생각하지 않는다. 그렇기 때문에 우리는 횔덜린의 하나의 詩에 직면하여 이른바 우리의 '직접적 체험'을 개입시킴으로써 한 번의 기습공격으로 이러한 연관을 다시 획득하겠다고 생각해서는 안 된다. 감정이 충만한 느낌과 예술적 직관은 아름다운 사태이다. 그러나 비록 그러한 '체험'의 소비가 진정한 것이라고 하더라도, 이러한 소비가 말에 대한 이미 파괴된 연관의 내부에 아직도 남아 있는지, 또한 이러한 파괴를 인식하여 극복할 수 있는지 그 여부는 물음으로 남아 있다.

이제 횔덜린의 말의 구역의 가장자리에라도 다다르기 위해서는 어떤 다른 좀더 고도의 노고가 필요하다. 이러한 노고는 명료한 하나의 앎을 철저히 관통해야만 한다. 이러한 노고의 하나의 반영은 우리가 장황하게 해석하는 것이다. 당신은 이러한 장황함에 부딪힐 수도 있다. 그것은 좋다. 당신은 이 모든 것을 우선은 '감정'과 '취향'의 분야에 유보되어 있는 '예술적인 것'에 대한 지적 폭력이라고 여길 수도 있다. 그것도 좋다. 그러나 당신은 어느 날 개념적인 장황함에 의해서가 아니라 갑자기 하나의 빛이 당신에게 열리는지를 스스로 시험해볼 수도 있다.

이 해석에서는 오로지 이것만이 중요하다. 이 해석은 자기 자신을 위해 거기에 있는 것이 아니다. 진정한 해석의 목표는 오로지 자기 자신을 불필요한 것으로 만드는 데에 놓여 있다. 해석의 구조가 완전하면 완전할수록, 해석은 종국에는 더욱 결정적으로 자신을 허물어버리고 무화시킴으로써, 그 결과 오로지 시인의 말만이 말을 하게 될 것이다. 이에 반해 우리가 이해한 것과 우리가 '느낀' 것만을, 시인이 말할 수 있고 또 말할 필요가 있는 것을 재기 위한 척도로 받아들인다면, 그때 모든 들음의 첫 번째 조건은 우리에게 결여될 것이다. 그 조건이란 말해지지 않은 것에 대한 조용한 열정이다.

> 북동풍이 분다,
> 그 바람은 불타는 정신과
> 순항을 사공들에게 기약해 주기에,
> 내겐, 바람 중에서 가장 사랑스러운 것이리.

아주 쾌청한 시공간이 스스로 열리며, 시인 자신은 이러한 열린 공간 안에 자기가 있다는 것을 안다. 이 열린 장은 멀리서 다가오고 있는 것의 속삭임을 가리키고 있다. 북동풍은 "불타는 정신"을 기약해 준다.

15. 시지음과 근대적 자연설명.
'상'과 '비유'에 관한 학설에 대하여

"불타는" 것은 우선 우리가 태양이라고 부르는 '불'과 관련되어 있다. 우리가 참조하려고 하는 두 번째 시 〈이스터 강〉(제4권, 220쪽)

은 다음과 같이 시작하고 있다.

> 지금 오라, 불이여!
> 우리는 열망한다
> 그날을 보기를 …

그러나 우리에게 익숙한 통속성으로부터 '우선' 북동풍이라는 바람을
자연사물로 간주하고 있듯이, 우리는 불과 태양도 자연사물로 간주
한다. 그렇게 바라보면서 우리는 태양과 바람은 '자연현상'으로 나타
나고 있되, '또한' 다른 어떤 것을 의미한다고 말하려고 시도할 것이
다. 그것들은 우리에게 '상징'으로 존재한다. 우리가 그렇게 말하고
생각할 때, 우리는 태양과 바람 '그 자체'를 알고 있다고 여긴다. 먼
옛날 민족들과 인류가 '우선' '태양'과 '바람'과 '달'을 알게 되었고, 그
런 다음에는 그 이외에도 이른바 이러한 '자연현상'을 어떠한 배후세
계를 가리키는 '상들'로서 이용하였다고 우리는 생각한다. 하지만 거
꾸로 누가 여기서 시를 짓고 있는지는 열린 채로 놓아두고, 이제 '그'
태양과 '그' 바람이 하나의 '세계'로부터 시로 지어지고 있는 한에서,
이것들이 그때마다 이미 이러한 '세계'로부터 현상하여 자신의 본질로
존재하는 것은 아닐까? (〈방랑자〉, 80행 ; 〈예감하는 사공〉, 106행 ; 비
가 전체, 특히 끝부분 참조.)

우리 현대인들이 더욱 진보적으로 더욱 잘 알고 있다고 망상하는
'천문학적' 태양과 '기상학적' 바람은 시 안에서의 '불'과 거의 같은 것
이고, 이것이 단지 서투르고 비시적으로 시로 지어지고 있는 것이다.
천문학과 기상학의 시지음, 즉 근대적 자연설명의 '시지음'은 계산하
고 계획하는 방식으로 존재한다. 계획도 또한 하나의 시지음인데, 말
하자면 그것은 시의 반대본질이자 시의 부재이다. 현재의 인류와 다
음의 인류가 '전쟁과 평화' 사이의 구별이 사라져 버린 그런 지구의 상
태에서 극도로 기술화되어 무장을 갖추게 된다고 하더라도, 인간은

여전히 이 땅 위에서 '시적으로' 살아갈 것이다. 그러나 그렇기 때문에 그는 시의 반대본질 안에서 시의 본질을 필요로 하지 않게 될 것이요, 이로 인해 시의 본질에 접근할 수조차 없게 될 것이다.

횔덜린이 "불타는 정신"과 "순항"에 관해 말할 때 그가 사유한 것은 앞으로 기회가 주어지면 분명히 명백해질 것이다. 우리는 이제 다만 모든 '미학'의 주요 열쇠인 시에서의 '상'과 '비유'에 관한 학설이 횔덜린의 송시의 영역 안에서는 어떤 유일한 문도 열어주지 못하고, 그 어디에서도 우리를 자유로운 곳 안으로 데려다주지 못한다는 것에 유의해야만 할 것이다. 여기에서는 오직 한 가지 사실만을 숙고하는 것이 필요하다. 즉 '사물 자체'는 그것이 이른바 '상징'이 되기 전에 이미 그때마다 시로 지어지고 있다는 것이다. 어떠한 본질영역에서 그리고 시지음의 어떠한 진리로부터 〔시로 지어지고 있는가라는〕 물음만이 남아 있을 뿐이다.

16. "북동풍이 분다."
시인의 사명에 귀속해 있다는 호의

북동풍은 이 詩의 넷째 연과 다섯째 연에서 말해지는 저 사람들, 즉 사공들에게는 호의이자 은총이다. 여기에서 언급된 사공들이 누구인지를 알기 위해서 우리는 오로지 이 연들에서 말해진 것에만 의거해야 한다. 넷째 연과 다섯째 연은 詩 전체의 시작부분과 이미 명백한 연관을 갖는다. 우리는 우선, '사공들'은 '시인들'이라고 주장할 수 있다. 횔덜린은 북동풍이 "내겐 가장 사랑스러운 것"이라고 말한다. 왜냐하면 그는 여기에서 시인들로서의 사공들에게 그가 귀속해 있다는 사실로부터 말하고 있기 때문이다. 북동풍이 개인적 편안함과 향유를 보증해 주고 편리함을 약속해 주기 때문에 그것이 시인에게 가장 사랑스러운 것은 아니다. 이 "가장 사랑스러운 것"은 진정한 사랑의 총애에 속한다.

우리를 본질적으로 규정하고 철저히 조율해 주고 있는 것, 이렇게 규정하고 있는 본질적 존재자[5]가 함께 의욕하는 것은 이러한 진정한 사랑의 총애에 속한다. '의욕'과 '의지'라는 말과 개념은 여러 가지 의미 안에서 요동친다. 우리를 규정하는 존재자로 존재하려고 의지하는 의지함 안에서 의지는 단지 자신이 기대하는 소망을 스스로 강제로 영위하는 그런 강제력을 의미하지 않는다(본질적 소망에 관해서는 〈시골로 가는 길〉, 19~20행 참조 ; 질적 의지에 관해서는 〈단편 시〉 25, (제 4권, 257쪽), 〈허나 내가 의지하는 것이 오리라〉 참조).

함께 의욕한다는 것은 일찍이 존재 안으로 스스로 관여해 들어가면서 자신을 풀어놓는 행위이다. 함께 의욕한다는 것은 〔마땅히 감당해야 할〕 하나의 의무(Müssen)로되, 이것은 기계적인 강제를 벗어나 스스로 고유하게 생기하면서 존재에게로의 열린 귀속성으로부터 발원하여 이러한 귀속성 속으로 되돌아가야만 하는 그러한 의무이다.[6] 그러나 이러한 귀속성은 자유의 가장 내적인 본질이다.[7]

북동풍에 대한 시인의 총애는, 본질적인 것 속으로의 귀속성이, 즉 여기에서는 시인의 사명 속으로의 귀속성이 시인에게 〔그가 떠맡아야 할 과제로〕 남아 있다는 사실만을 의지한다. 북동풍은 불어오면서, 시인으로 하여금 그가 성취해야만 하는 것의 본질방향으로 향하도록 그를 실어 나른다. 시인은 그에게 비로소 그의 본질을 고유하게 수여해 주는 것[8]의 본질 안에 서 있을 필요가 있고 또한 그렇게 서 있기를 의지하는데, 이 기쁜 소식이 詩의 첫 행에서 울리고 있는 것이다.

---

5) 북동풍을 가리킨다.
6) 이러한 귀속성 속에는 존재의 시원적 부름에 의해 발원되어 존재의 진리 안으로 귀속해 가는 생기의 해석학적 순환이 맴돌고 있다.
7) 자유의 진정한 본질은 진리에의 귀속성으로부터 드러난다.
8) 북동풍을 가리킨다.

17. "인사함." 심리학적-전기적으로 설명하려는 시도의 위험에 대하여

그러나 우리는 우리의 귀를 거의 신뢰할 수 없다.

> 북동풍이 분다,
> 그 바람은 불타는 정신과
> 순항을 사공들에게 기약해 주기에,
> 내겐, 바람 중에서 가장 사랑스러운 것이리.
> 그러나 이제 가거라, 그리고
> 〔…〕 인사하여라.

여기에서 모든 것이 반대로 돌변하지 않는가?

"그러나 이제 가거라, 그리고 〔…〕 인사하여라." 북동풍은 떠나간다. 시인은 뒤에 남아 있다. 그는 먼 해안으로 바다 위에서 순행하는 그런 호의적인 순간을 더 이상 붙잡지 않는다. 그는 "불타는 정신"의 나라와 해안과 바다에게 '다만' 인사할 따름이다. 이렇게 인사하면서, 시인은 그곳에서의 이전의 체류를 다시 회상하고 있다. 지나간 것에 대한 기억이 그에게 밀려온다. 그렇기 때문에 이 시는 〈회상〉이라고 불린다.

"그러나 이제 가거라, 그리고 〔…〕 인사하여라." 시인 자신이 이제는 여행으로 피곤하고 지쳐 있기에, 지나간 것에 대한 단순한 기억으로 도피하는 것일까? "그러나 이제 가거라, 그리고 〔…〕 인사하여라"라는 이 말은 1804년 말에 횔덜린이 《1805년 핸드북, 사랑과 우정에 바쳐》라는 책에 실려 있는 다른 詩들과 함께 출판한 〈가뉘메드〉(Ganymed)라는 詩의 마지막 연과 비슷하게 울리고 있지 않은가?

> 봄이 오리라. 그리고 온갖 것은, 저 나름의 방식으로,
> 꽃피어나리라. 그러나 봄은 멀리 있어, 더 이상 거기에 없다.

봄은 이제 미로에 있으리라. 왜냐하면 수호신은
너무도 착하기에. 이제 천상의 대화가 그의 것이리.

(제4권, 69쪽)

"그러나 봄은 멀리 있다. 더 이상 거기에 없다. 봄은 이제 길을 잃었다." ― 이것은 횔덜린이 프랑스에서 돌아온 연후에 갑자기 나타난 정신병에 의해 휘몰려 시달리게 되는 '전기적' 사실과 섬뜩할 정도로 딱 들어맞지 않는가? 횔덜린 자신이 시인의 사명을 포기하도록 강요되고 있었다는 것을 그가 이 시절에 분명히 경험했다는 것보다 무엇이 더 자연스럽겠는가? 시인이 사공들과 함께 그리고 시의 호의와 본질공간이 북동풍과 함께 생각되고 있다면, 그때 "그러나 이제 가거라, 그리고 〔…〕 인사하여라"라는 말은 이별과 체념을 말하는 것이 아닐까?

우리는 이미 이 구절에서 다른 詩들의 해명을 위해서라도 명료하게 보는 것을 배워야만 한다. 그것은 우리가 아주 완고하고 얼핏 명백해 보이는 이런 종류의 편안한 생각들로부터 우리를 한 걸음씩 자유롭게 해야만 한다는 것을 의미한다. 이런 생각들은 하나의 작품이 그것의 심리학적 생성조건으로부터 설명된다면 그 작품은 이미 다 납득되었거나 이해된 것으로 간주함으로써 해소되고 만다.

1800년에서 1806년까지 시기에 지어진 횔덜린의 詩들은 어둡고, 내적 연관성이 결여된 것처럼 보인다. 다른 한편 사람들은 이 시절에 정신병이 점점 더 가까이 다가오고 있었다는 것을 알고 있다. 횔덜린의 경우는 이것으로 명백하다. 아니다. 그를 그렇게 받아들여야 할지는 전혀 분명하지 않다. 왜냐하면 '미친 자'의 '산물'로서의 작품을 심리학적-생물학적으로 설명하여 밝히려는 관점에서는 작품이 말로 다가오는 것이 아니라, 오히려 단지 이른바 미치지 않은 '정상인'의 외람된 모든 지식만이 시선에 들어오기 때문이다. 시인은 그의 본질이 그의 시대의 밤에서 밀려나와(*herausgerückt*) 다른 곳으로 옮겨졌다(*Ver-rückung*)는 의미에서 미쳤을(*verrückt*) 뿐이다. 이러한 본질적인 이동〔옮겨짐〕은 물론 고유한 방식으로 존재하는 '광기'(*Verrücktheit*)를 그 결과로 가져왔다. 그러나 이런 결과로부터는 근거가 전혀 파악될 수 없다. 우리는 심리학적-전기적으로 설명하려는 시도로부터 한 걸음씩 점차적으로 자유로워져야 한다. '의견'이나 '관점'의 단순한 변화를 통해서는 성취될 수 없기에, 한 걸음씩 자유로워져야 한다. 횔덜린에 대한 여타의 그릇된 생각을 내려놓는 것으로 충분하지 않다.

18. '횔덜린의 광기'에 관한 노르베르트 폰 헬링그라트. 폰 헬링그라트를 회고하며

이러한 방향에서 헬링그라트는 〈횔덜린의 광기〉라는 강연에서 이미 본질적인 것을 말했다. 그는 1915년 3월, 휴가 중에 뮌헨의 어느 소모임에서 이 강연을 발표했다. 이 강연에 앞서 그는 같은 해 2월에 〈횔덜린과 독일인〉이라는 제목으로 첫 번째 강연을 발표했다. 이 두 강연은 1922년에 처음으로 출간되었다. 그 이후, 1936년에 루드비히 폰 피게노트(Ludwig von Pigenot)가 《횔덜린의 유언》(*Hölderlin-Vermächtnis*)이라는 제목으로 펴낸 '회고록'(*Gedenkbuch*)에 실려 다시 출간되었다.

노르베르트 폰 헬링그라트는 〈횔덜린의 광기〉라는 강연에서 이렇게 말하고 있다.

"신들 아래 사는 이의 말을 사람들은 더 이상 이해하지 못합니다. 처음으로 독일에서 시인의 말이 그렇게 있는 그대로 소박하게 모험을 감행한 것입니다. 그의 말은 완전히 고향처럼 친숙한 근거로부터 고향의 대기 안에서 자라났습니다. 그 시인에게 그리스의 시는 이에 버금갈 정도로 위대한 시를 지어 보려는 용기를 북돋아줄 만큼 아주 모범적인 것이었습니다. 그렇기 때문에 독일인들이 이 위대한 송가를 출판하지도 않고, 또한 출판된 것조차 읽지 않고, 소시민들이 공

적인 동의 아래 어떤 섬뜩한 위대한 이를 미쳤다고 말해도 좋다고 한
다면, 그들의 마음을 충족시켜 줄 안도의 기쁨과 함께, 단순히 그
속에서 '광기의 흔적'을 발견하고 이에 대해 즐거워했다는 것은 용서
받을 만합니다."⁹⁾

첫 번째 강연의 청중들 가운데에는 R. M. 릴케(Rilke)도 있었다. 이
강연의 메아리는 릴케가 어느 날 N. v. 헬링그라트의 할머니에게 보낸
서신(1915년 2월 28일)에 보존되어 있다.

"노르베르트의 아주 멋진 감동적인 강연은 저를 묘사할 수 없을 정도
로 사로잡았고 매우 의미심장하였습니다. 어떤 섬뜩한 세계를 그렇
게 두려움 없이 순수하게 비치는 일상의 모습으로 만들어 놓음으로
써, 그는 위대한 현존재의 영역에 자기 자신을 세워놓은 것입니다.
이러한 정신적 장소에서 그는 오로지 위대한 것만을 만날 수 있었겠
지요. 사람들에게 그렇게 안도감을 주는 그런 젊은이가 어디에 있겠
습니까? 어제 그의 말을 경청하면서, 저는 완전히 구원을 받은 아주
고귀한 정신적인 사람 가까이에서 시간을 보내고 있다는 것을 알았
습니다. 횔덜린도 그런 사람이었지만 가장 결정적인 의미에서 어느
고독한 사람이 노르베르트와 같은 이러한 마음을 유지하면서 어떻게
교육자요 참여자요 꾸준한 동역자(Mitwirker)가 될 수 있는지를 저
는 분명히 알게 되었습니다. 완전히 동화되고 매료되어 함께 친밀하
게 거주하고 있다는 느낌을 받았는데, 그것은 파악할 수 없는 아주
머나먼 그의 영원성에서 오는 것이었습니다."¹⁰⁾

그해 12월 14일에 N. v. 헬링그라트가 포병 관측병으로 참전하였다가
베르됭(Verdun) 전투 최전선에서 전사한 지, 이제 25년이라는 세월
이 흘러갔다.

---

9) 〔원주〕N. v. 헬링그라트, 《횔덜린의 유언》, 루드비히 폰 피게노트 서문, 뮌헨,
 1944(2판), 161~162쪽 참조.
10) 〔원주〕R. M. 릴케, 《서간집》(1914~1921), 라이프치히, 1937, 37~38쪽.

N. v. 헬링그라트는 자신이 이룩한 작업에 의해 마침내 횔덜린의 영역 속으로 인수되었다. 그는 어떠한 명성과 찬미도 필요로 하지 않는다. 우리는 이 인물의 조용한 광채 앞에서 눈이 멀지 않도록 조심할 필요가 있다.

우리는 슈테판 게오르게(Stefan George)가 그의 젊은 친구를 회고하기 위해 남겨놓은 말을 여전히 듣고 있다.

노르베르트

일찍이 책을 좋아하던 승려 같은 그대는
전쟁도구를 혐오하였다 …
한때 까칠한 군복을 꽉 조여 입었으나,
그대는 이렇게 제공된 보호를 자랑스럽게 멸시했다.
그대 낙오자는 야수의 춤에 매우 지쳐 보였다
허나 그때 비밀스러운 세계가 그대에게 숨을 불어넣었다
그대는 가장 강한 자처럼 보루 앞으로 걸어가
화염에 휩싸인 채 전사하였다.

19. 다른 본질-장소로 들어감으로서의 횔덜린의 광-기

모든 전기적-심리학적인 것은 詩를 해명하는 데 아무런 도움을 주지 못한다. 왜냐하면 전기적인 것은 거꾸로 작품으로부터 비로소 그것의 의미와 규정을 경험할 수 있기 때문이다. 그러나 그러기 위해서 우리는 작품의 모든 본질적 형태들 속에서 그 작품을 인식해야만 한다. 1800~1806년의 작품에는 비가와 송가뿐만 아니라, 이와 아울러 횔덜린의 핀다로스와 소포클레스 번역서들도 필수적으로 속해 있다. 상식적 이해는 물론 이미 여기에서도 그 즉시 명확한 설명을 준비하고 있다. 사람들은 정신적인 장애로 말미암아 시인의 본질적인 '창조력'이 이완되었기에 그가 다른 시인을 번역하는 일에 '몰두할' 수밖에 없었다고 말한다. 우리가 소포클레스의 《비극》을 숙고해 보고 동시에 휠덜린의 번역을 그것의 엄청난 위력과 내재적인 시적 필연성에서 알게 된다면, 그리고 게다가 여기서 '번역'이라는 것이 무엇을 뜻하는지 알게 된다면, 그것은 매우 주목할 만한 '몰두'일 것이다.

그러나 이 모든 것이 우리에게 여전히 닫혀 있고 또한 이 번역이 단지 외도에 지나지 않고 부수적인 몰두였을 뿐이라고 계속해서 생각한다고 하더라도, 하나의 사실만은 우리에게 다른 것을 가르쳐줄 수 있을 것이다. 그것은 휠덜린이 1804년에 《소포클레스의 비극》이라는 제목으로 출간해 내면서 그의 번역서 앞에 헌정한 글이다(제5권, 91쪽 참조).

"홈부르크의 아우구스테 공주님께

당신은 몇 년 전 친절한 편지로 저를 격려해 주셨습니다. 그리고 저는 그동안 당신에게 답신을 건네지 못하고 살아왔습니다. 시인은 꼭 필요한 것 혹은 수용해야 할 것을 마땅히 해야 하기에, 저는 이 일을 택했습니다. 왜냐하면 그것은 낯설지만 확고한 역사적 법칙에 묶여 있기 때문입니다. 하지만 그 일을 벗어나 저에게 시간이 허락하는 한에서, 저는 우리 영주의 조상들과 그들의 자리 그리고 성스러운 조국의 천사들을 노래할 것입니다.

휠덜린"

우리는 이 헌사에서 이중적인 것을 인식해야만 한다. 하나는 여기서 보고되고 있는 소박한 결단성이고, 다른 하나는 진정한 소박함 안에 배경과 심연을 가리고 있는 보이지 않는 숙고이다.

"하지만 그 일을 벗어나 저에게 시간이 허락하는 한에서, 저는 우리 영주의 조상들과 그들의 자리 그리고 성스러운 조국의 천사들을 노래할 것입니다." 즉 '신들'을 노래하는 것이 아니라 '천사들'을 그는 노래하려고 한다. 눈앞에 현존하는 정치적 조직으로서의 조국을 추후에 시로 담아내는 것이 아니라, '성스러운 조국'을, 즉 성스러운 것 안에 기초하고 있는 그런 조국을 시로 지어 내려고 한다. 또한 단지 이것만이 아니라, '성스러운 조국의 천사들'을 시로 지어 내려고 한다. 영주가 아니라, '조상'을, 즉 영주의 시조를 시지을 것이며, 또한 그들의 '자리'를, 즉 횔덜린이 그의 詩 〈자연과 예술〉에서 말한 그런 의미에서의 진정한 지배와 힘의 시원을 시로 지어 내려고 한다.

········· 그리고 오래된
기쁨으로부터 온갖 힘이 자라난다.

뵐렌도르프에게 보낸 두 통의 서신의 양식에 전적으로 따르면, 소포클레스의 비극을 번역하면서 헌정한 그의 글은 도저히 건드릴 수 없는 본질확실성을 알려주고 있다. 이 시인의 경우에 시인의 본분은 이러한 확실성 안에 서 있다. 그럼에도 불구하고 이러한 확실성은 맹목적인 천박한 광신주의와는 아주 멀리 동떨어져 있다.

이러한 헌사가, 즉 도저히 측정할 수 없는 단순성과 고독한 확실성으로부터 말해진 이러한 헌사가 미친 것인가? 물론이다. 시인이 이제 광-기〔옮겨짐〕를 통해 다른 시공간 속으로 들어갔다는 의미에서 그 헌사는 미친 것이다. 다른 본질장소로 이렇게 들어감은 동시에 이전의 장소를 떠나감이다. 이러한 것에 관해 그리고 오로지 이러한 것에 관해서만 "그러나 이제는 가거라, 그리고 〔…〕 인사하여라"〔라는 시구〕는 말하고 있다.

20. 북동풍의 '감'. 시인의 '인사하며' 함께 감

바람 자체가 '불어올' 때, 북동풍은 말 건네진다. 바람이 '간다'고 우리가 흔히 말하듯이, 바람은 불면서 지나간다. 바람은 불어오다가 지나가 버린다. "북동풍이 분다"는 것은 그것이 도착했다는 것을 말한다. 그러나 "그러나 이제 가거라"라는 말은 아마도 더 멀리 계속 불어가라는 것을 뜻한다. 그러나 그것은 우선 '불어라, 바람아, 그리고 있어라'를 의미한다. "그러나 이제 가거라"는 바람이 불기를 그치라는 것을 뜻하지 않는다. "그러나 이제 가거라"는 바람을 앞으로 보내지 않는다. 그것은 북동풍이 '가는 것'을 허용한다. '감'(Gehen)은 이중적 의미를 지닌다. 즉 바람이 가면서 바람은 불고, 바람이 불면서 바람은 머문다. 바람의 말 건넴은 바람을 앞으로 나아가게 하고 멈추지 않는다. 이 멈추지 않음이 북동풍을 바람 자체로 존재하게 한다. 이에 반해 바람이 멈춘다는 것은 고요해지고 사라지는 것이다. 바람이 자신의 고유한 본질로 풀려나서 자신의 본질의 풍요로움 속으로 자신을 높이도록 허용하는 대신에, 우리가 우리에게 단순히 굴복하도록 강요하거나 혹은 단순히 향유하도록 강요하는 모든 것은, 우리에게서 빠져나가 언제나 사라지고 만다.

"그러나 이제 가거라"는 '물러가라 그리고 사라져라'라는 것을 뜻하지 않고, 오히려 북동풍이 "가장 사랑스러운 것"으로 존재하라는 것을 뜻한다. 물론 "그러나"는 '불어라, 바람아, 그러나 가거라'라는 명백한 반대를 포함하고 있다. "그러나 이제 가거라, 그리고 인사하여라"라는 말은 이별이기도 하다. 확실히 그렇다. 그러나 이별이 언제나 '작별'은 아니다. '이별'이 무엇인지, 우리는 도대체 알고 있는가? 우리가 단순히 기록할 수 있는 대기의 움직임이라고 생각하지 않는다면, '바람이 분다'는 것이 무엇인지 우리는 알고 있는가? 바람이 '분다'는 것은 가면서 오고, 오면서 가는 것이다. 이별은 순전히 떠나감이 아니고, 또한 공허하게 뒤에 남아 있음이 아니다. 이별은 단순한 가버림과 사라짐이 아니다.

시인은 지나가는 바람과 함께 가면서 부는 바람 안에 머물러 있다. 그러나 북동풍과 함께 감은 이제 더 이상 여행이 아니다. 그럼에도 불구하고 시인은 바람에 머물러 있다. 바람과 함께 감은 이제 인사함이다. 바람이 분다는 것이 서로 교대로 오고 가는 것이듯, 인사는 서로를 교대로 요구하는 '뒤에 남음과 함께 감'이다. 인사는 함께 그리고 나중에 보내진다. 그리고 인사는 인사하는 자의 소식을 준다. 그러나 인사는 인사하는 자가 자신에 대해 보고하는 알림이 아니다. 인사하는 자가 자신에 관해 말하는 한, 그는 단지 자신을 위해 아무것도 의지(意志)하지 않고, 인사받는 자에게 인사받아 마땅한 모든 것을 준다는 것을 말할 뿐이다.

반 복

"그러나 이제 가거라, 그리고 인사하여라." 이것은 북동풍의 바람에 실려 떠나가는 여행을 포기하는 것이로되, 그럼에도 불구하고 바람과 함께 감이다. 그것은 체념이지만, 더 이상 할 수 없다는 고백은 아니다. 그것은 이별이다. 그러나 이별이 끝은 아니다. 오히려 이별은 아마도 새로운 시원일 것이다. 가장 사랑스러운 바람은 멈추지 않는다. 그렇기 때문에 바람이 데리고 오는 것과 그것을 어떻게 데리고 오는지는 자신의 본질충만 안에 보존되고 있다. 따라서 "그러나 이제 가거라"는 남서쪽을 향해 북동풍과 함께 감에 관해 말하고 있다. '하늘'의 방향은 천상적인 것을 통해 규정되는 여러 '하늘'을 명명하고 있다. 여러 하늘의 천상적인 것은 마땅히 구별되어야 하고 나뉘어야 한다. 그러나 나눔은 고유한 방식으로 존재한다. 왜냐하면 시인이 자신의 하늘 아래 그리고 자신의 가장 사랑스러운 바람 안에 뒤에 남아 있음은 동시에 다른 하늘로 함께 감이기 때문이다. 그러나 함께 감은 인사함이다.

우리는 얼마나 자주 좋은 생각을 품고 인사하는가? 인사보다 우리에게 더 익숙한 것이 있을까? 그렇다면 무엇을 더 숙고해야 하는가? 이 "그러나 이제 가거라" 안에 '회상'의 비밀이 놓여 있지 않다면, 그리고 이 '회상'이 개인적 '체험'을 아주 넘어 있는 것이어서 언젠가 '다른 사유'가 우리에게 요구하는 어떤 것을 이 '회상'이 근거 짓고 있지 않는다고 한다면, 우리는 어쩌면 익숙한 것에 만족할 수 있을지도 모른다. 그렇기 때문에 우리는 여기서 인사한다는 것이 무엇인지를 알지 않으면 안 된다.

인사함 안에서 우리는 인사를 보낸다. 인사한다는 것은 어떤 소식을 더 멀리 보내주는 것이다. 인사와 소식은 그곳에 도착하는 사물적인 어떤 것처럼 나타난다. 그러나 인사함은 그렇게 생각된 인사를 멀리 보내는 것 속에 존립하지 않는다. 인사함은 통지나 알림이 아니다. 그러나 인사하는 자는 인사 안에서 자신을 알린다. 그럼에도 불구하고 인사하는 자는 자신의 인사 안에서 자신에 관해 어떤 것을 보고하지 않는다. 인사하는 자가 일반적으로 어떤 관점 속에서 필연적으로 자신에 관해 말하고 있다면, 그는 자신을 위해 아무것도 의지하지 않고, 인사함 안에서 인사받는 자에게 말해지는 모든 것을 준다. 그것은 인사받는 자에게 그가 인사받아야 할 마땅한 모든 것이다.

21. 첫째 연에서 둘째 연으로.
    인사받는 자를 존재하게 함으로서의 인사하는 사유함.
    인사받는 자는 시인에게 자신을 주려고 하고 있다

각각의 존재자에게 먼저 마땅히 주어져야 할 것은 그것[11]으로부터 그것이 있는 그대로 존재하는 자신의 본질이다. 진정한 인사는 하나

---

11) 자신의 본질을 가리킨다.

의 말 건넴(*Zuspruch*, 건네는 말)이다.12) 그것은 인사받는 자에게 그에게 마땅히 주어져야 할 본질의 등급을 건네주고 그의 본질의 고귀한 품격에 걸맞게 인사받는 자를 인정한다. 그리고 이렇게 인정해 줌으로써 인사받는 자가 자신의 본질로 존재하게 한다. 인사한다는 것은 사람과 사물이 존재하게 함이다. 여기에는 그저 스쳐 지나가는 상투적인 공허한 인사로부터 진정한 인사의 진기함과 시짓는 인사의 유일함에 이르기까지 〔다양한〕 단계가 있다.

인사한다는 것은 인사받는 자에게 도달하는 것이고, 조용히 … 에 접촉하는 것이고, 자유롭게 풀어주는 동시에 '간섭하지 않는 잡음'이다. 인사한다는 것은 늘 인사받는 자에게 속해 있으려는 의지로 남아 있다. 그러나 그것은 아첨하거나 손익을 따지는 계산의 방식으로 존재하지는 않는다. 진정한 인사 안에는 비밀로 충만한 엄격함이 숨겨져 있고, 이러한 엄격함에 의해 스스로 인사하는 자는 그때마다 아득히 멀리 있는 자신의 고유한 본질과 이러한 본질을 보존하도록 지시되고 있다. 왜냐하면 본질적인 모든 것은 그때마다 자신의 고유함으로 말미암아 다른 것에게는 무조건 멀리 떨어져 있기 때문이다. 하지만 이러한 멂은 어떤 것으로부터 다른 것으로의 이행의 순간을 보증해 준다. 진정으로 인사하는 것은 이렇게 이행하는 이행의 한 가지 방식이다. 가장 단순하고 소박한 동시에 가장 친밀한 인사는 이러한 인사로 말미암아 인사받는 자가 이제 비로소 고유하게 — 마치 시원적인 것이 나타나 이제 처음으로 존재하는 것처럼 그렇게 — 새롭게 자신의 본질로 돌아가게 되는 그런 것이다.

인사를 이렇게 본질적으로 사유할 때에만, 우리는 횔덜린이 북동풍을 통해 그리고 그것의 '지나감'을 통해 인사시키려고 하던 그 방식을 예감한다.

---

12) 인사한다는 것은 존재가 말을 건네는 것이고, 인사받는 것은 존재의 부름에 의해 부름받는 것이다.

아름다운 가롱 강과
보르도의 정원에게 인사하여라.
가파른 강가를 따라
오솔길이 뻗어 있는 그곳에서, 강물 속으로
여울물이 깊이 떨어지니, 허나 그 위에서
우아한 한 쌍의
떡갈나무와 은백양나무가 내려다보고 있구나.

누가 여기서 격식을 차리는 옹색한 말잔치에 빠지고 싶겠는가? 누가 여기서 어구를 변경해 놓음으로써 단순하게 말해진 것을 볼품없이 만들어 버리고 싶겠는가? 우리는 인사받은 것을, 그것이 시짓는 말에 의해 비춰지고 있는 그대로 그렇게 그 자체로 그냥 놓아두려고 한다. 인사 안에서 말해진 것은 자기 자신을 위해 우리의 말을 필요로 하지 않는다. 이와는 반대로 우리는 약간의 눈짓을 필요로 한다. 그렇기 때문에 말해진 것은 예전에 경험했던 것을 단순히 '기술하는' 것이 아니라고 우리는 논평할 필요가 있다. 여기에서는 현실적인 어떤 것이 묘사되고 있는 것이 아니다. 이렇게 묘사하고 있다고 간주하기에는 '상'이 너무도 무규정적이다. 기술할 수 있는 많은 것과 하나의 상을 완전하게 묘사해줄 수 있는 것이 여기에는 전혀 없다. 아니면 혹시 여기에서는 이렇게 규정되지 않은 모든 것에서, 예컨대 강가를 따라가는 '오솔길'이 〔전혀 규정되어 있지는 않지만 그럼에도 불구하고 그것은〕 오솔길 자체라는 식으로 말해지고 있는 것이 아닐까? 허나 어째서 바로 오솔길인가?

이러한 말함은 단지 기술하기 위한 기술함이 아니다. 그것은 상과 기억의 조각들을 그 안에 서로 밀어 넣는 그런 방식의 말함이 아니다. 그것은 통일적으로 완전한 하나의 상을 그것의 충만한 법칙 속에서 ('함께 가져와') 구성해낼 수 없다고 말하는 것이 아니다. 오히려 말함은—다시 말해 말함의 본질과 말함의 방식은—오로지 이러한 말함이 인사함이고 또한 이러한 인사함 자체는 우리에게는 아직 감추어져 있는 어떤 근본기분에 의해 조율되고 있다는 것에 의해서만 규정되고 있다. 이러한 인사함 안에서 그리고 인사함을 통해서 이제 인사받은 것은 자신의 고유한 장엄함과 소박함 속에서 비로소 드러난다. 따라서 여기에서는 모든 것이 다르게 말해지고 있을 뿐만 아니라, 오히려 말함 안에서 개방될 수 있는 것은, 시가 '기술되는' 양식으로 지어지고 있는 곳과는 다르게 존재한다. 우리는 1909년에 처음으로 출간된, 아무런 제목도 없이 다음과 같이 시작하는 휘페리온 시대의 단편을 사유해 본다.

　　오라, 그리고 우리 주위를 둘러싸고 있는 기쁨을 보라.

(제 2권, 39쪽)

이와는 반대로 詩 〈회상〉에서는 모든 것이 거의 과묵하지만 결코 고갈될 수 없는 양식으로, 그리고 모든 것이 거의 단호하지만 그럼에도 불구하고 친밀하게 말해지고 있다.

　인사받은 것이 실제로 그렇게 있어 왔다고 한다면, 그것은 이러한 인사를 통해 비로소 자신의 현실성으로 높여진다. 그 당시의 현실적인 풍경은 오래전에 달라졌을 것이다. 그럼에도 불구하고 모든 것은 마치 머무는 것 같고, 모든 것은 전혀 규정되지 않은 상태로 있음에도 불구하고 마치 구원된 것처럼 보인다. 아름다운 강물, 도시의 정원, 가파른 강가를 따라가는 오솔길, 깊게 떨어지는 여울물은 함께 어우러져 하나의 황홀한 광경을 자아내고 있다.

　　　　　　　　　　허나 그 위에서
　우아한 한 쌍의
　　떡갈나무와 은백양나무가 내려다보고 있구나.

떡갈나무와 은백양나무가 강물과 도시와 오솔길을 내려다보고 있다. 우리는 여기서 다시 한 번 이렇게 물어볼 수 있을 것이다. 누가 이제 횔덜린의 기억에 조용히 다가가, 이 우아한 한 쌍의 나무 안에서 비치면서 이러한 나무의 모습 자체로서 순수한 빛나면서 드러나고 있는 것을 명명하고 싶겠는가? 여기서 인사함은 '진리'와 '시', 즉 현실적인 것과 시로 지어진 것이 더 이상 구별될 수 없는 어떤 하나의 영역에 이르고 있다. 왜냐하면 시로 지어진 것 자체는 참된 것의 본질적인 진리가 나타나도록 만들고 있기 때문이다. 현실적인 예전의 풍경은 지금 인사를 통해 이렇게 인사받는 것 안에서 시로 지어지고 있다. 그러나 시로 지어진 것은 더 이상 말해지지 않은 사랑, 이별을 통해 철저하게 가버린 사랑, 그리고 이별에 입각해 아직도 머물고 있는 그런 사랑의 —빛나면서 동시에 숨겨진— 장소 안에 서 있는 두 나무 안에서 다시 한 번 시로 지어지고 있다. 이러한 말의 위대한 침묵은 이러한 사랑 위에 놓여 있다. 그가 '사유하는' 것은 이제 모든 전기적인 것을 떠나 시원적인 것 속으로 다시 받아들여지고 있다.

　　그러나 이제 가거라, 그리고 〔…〕 인사하여라.

인사를 통해 인사받은 것은 비로소 존재하게 된다. 그것은 이제 시짓는 말의 광채 속에 서 있다. 이렇게 서 있는 채 빛나고 있기에, 비록 시인이 멀리 있고 또한 이렇게 결정적으로 멀리 있다는 것을 고백해야만 한다고 하더라도, 그는 앞으로 이러한 존재자를 향해 사유할 수 있다. 왜냐하면 그는 있어왔고 지금도 여전히 현성하고 있는 그런 것을 기억하고 있기 때문이다.

　　아직도 내겐 기억이 생생하구나.

'아직도'는 언제인가? 그가 인사하고 있는 지금, 그리고 이렇게 인사하면서 북동풍에게 "그러나 이제 가거라"라고 말을 건네고 있는 그때이다. 이러한 '이제'와 '아직도'는 같은 시간을 의미한다. 우리는 이제 이미 그 시간이, 시인이 많은 낯선 것으로부터 고향으로 돌아와 근원의 장소에 다시 머무르는 그러한 시간이라는 것을 더욱 분명하게 안다.

그러나 이렇게 다시 머문다는 것은 여분으로 머물거나 혹은 옆으로 치우쳐져 있음이 아니다. 여기서 다시 머문다는 것은 더 이상 아무런 도움도 줄 수 없을 만큼 위축된 상태로 비독립적으로 남아 있다는 것을 뜻하지 않는다. 다시 머문다는 것은 일종의 인사함이다. 인사는 고유한 원천으로부터 도래해야만 하는 모종의 친밀성을 비춰주고 있다. 만약 이렇게 다시 머문다는 것이 어떠한 사건과도 무관하게 그저 어디엔가 매달려 있는 그런 상태가 아니라, 오히려 다시 가는 그런 행위, 즉 결코 소멸시켜 버릴 수 없는 있어온 것과 불타는 정신의 낯선 것을 건네주고 참답게 보존할 수 있을 만큼 그렇게 아주 강력한 저 고향적인 것과 시원적인 것의 '원천'으로 다시 귀환하는 그런 행위라고 한다면 어떻게 되겠는가?

아직도 내겐 기억이 생생하구나.

시인은 '아직도 내가 그것을 잘 기억하고 있다'라고 말하지 않고, 오히려 거꾸로 "아직도 내겐 기억이 생생하구나"[13] 라고 말하고 있다. 인사받는 것 자체가 인사하는 자를 향해 자신을 기억하도록 기울어지고 있다. 이렇게 북동풍에 실린 인사는 비밀로 가득 차 있다.

"아직도 내겐 기억이 생생하구나"라는 말은 일종의 사이 말(Zwischen-wort)이다. 그것은 인사함과 인사받는 것 옆에서의 체류를 중단하는 것처럼 보인다. 그러나 사실상 그것은, 비록 이 바람이 시인에게서 떠나간다고 하더라도 인사하는 북동풍이 시인에게 불어넣은 저 단순하고 소박한 것으로 충만한 그 한가운데 속에서 숨을 쉬는 것과 같

---

13) 원문은 이렇다. "Noch denket das mir wohl..." 옮긴이는 이 구절을 "아직도 내겐 기억이 생생하구나"라고 옮기고 있으나, 원문 그대로 직역할 경우에는 "아직도 그것이 내겐 생생하게 생각나고 있다"라고 번역되어야 할 것이다.

다. 그러나 그것은 우리가 흔히 '기억'이라고 부르는 '회상'의 비밀 가운데 하나이다. 이렇게 시인의 기억을 일깨우는 생각은 있어왔던 것으로 가면서 현재를 떠난다. 그러나 동시에 이렇게 일깨우는 생각 안에서 있어왔던 것은 기억이 깨어난 시인을 향해 거슬러 온다. 그러나 현재의 한 방식, 다시 말해 단지 눈앞에 현재화하는 그런 현재로서 머무르고 있는 것이 아니다. 우리가 기억된 것에 완전히 그것의 본질을 허용하고 이러한 본질의 주재를 어디에서도 방해하지 않는다면, 기억된 것이 돌아올 경우에, 이 기억된 것은 현재화된 것으로서 단지 지나간 것을 대체하기 위해 현재 안에서 유지되고 있는 것이 아니라는 것을 우리는 경험한다. 기억된 것은 우리의 현재를 넘어서 흔들거리고 갑자기 미래 속에 들어선다. 비록 그것이 지나간 것으로서 여겨지고, 완결되어 더 이상 변하지 않는 것으로 여겨진다고 하더라도, 그것은 우리에게 다가오고 있고, 어떤 식으로든 아직도 채워지지 않은 것이요, 또한 드러나지 않은 보물이다.

바람에 자신을 맡기고 그 바람에 의해 계속 가도록 허용하는 인사하는 사유함은 갑자기 이 바람의 맞바람 안에 서 있게 된다. 이는 마치 바다로 계속 흘러가는 강물이 갑자기 방향을 바꾸어 원천을 향해 거꾸로 흐르는 것과 같다. 인사하는 사유함은 인사받는 것을 생각한다. 그러나 이러한 생각과 이러한 회상은 지나간 것에 자신을 상실하지 않는다. 회상은 자신의 생각 안에서 비밀로 가득 차 있다.[14] 아마도 '사유'는 본질적으로는 언제나 '회상'일 것이다. 사유는 아마도 '사유이론'으로서의 '논리학'이 우리에게 가르쳐 주는 저 형성물과는 완전히 다른 방식으로 있을 것이다. 그러나 우리는 사유의 본래적 본질로부터 비로소 '사상'의 본질, 즉 '정신'의 본질을 인식한다.

왜냐하면 우리가 '정신적인 것'을 열심히 긍정하면서, 이 정신적인 것을 '비물질적인 것'으로서 인정하는 상태에 머물러 있다면, 그것은

---

14) 이런 점에서 '회상'은 있어온 것의 도래 속에서 현재화하는 것이다. 따라서 사유로서의 회상은 시간성 안에서 현성한다.

만족스럽지 못하고 비결정적인 것 안에 머무는 것이기 때문이다. 이것은 '정신'을 물질에 입각해 가늠하면서, 결국 '물질'의 하나의 양식으로서, 심지어는 '숨처럼 엷은' 것으로 파악한다는 것을 뜻한다. '숨', 바람? 이 詩는 '바람의 붊'과 '사유' 사이의 어떤 관련을 가리키고 있는 것이 아닐까? 확실히 그렇다. 그러나 다음과 같은 결정적인 물음은 남아 있다. 우리는 사유를 하나의 붊으로 그리고 이것을 바람의 흐름으로 그리고 이것을 눈앞에 있는 공기의 움직임으로 파악하는가? 아니면 우리는 [바람의] 붊을 그것의 오고 가고 실어 나르고 데려옴 안에서 사유함과 시지음의 연관 안으로 세우고 있는 것일까? 그리고 이러한 연관으로부터 바람과 숨과 '정신'을 파악하고 있는 것일까? 아마도 정신을 '정신적인 것'(spirituelle)과 '영적인 것'(pneumatische)으로 파악하는 모든 견해는 아주 비정신적이고, 따라서 정신의 가상본질(Scheinwesen)에 특히 걸리기 쉬울 것이다.

시인의 인사 안에서 인사받는 것은 시인에게 자신을 일깨워 주려고 한다. [그래서 시인은 이렇게 말한다.] "아직도 내겐 기억이 생생하구나." 그리하여 결국 시인은 인사받는 것 자체를 숙고하지 않을 수 없다. 그러나 그는 인사 안에서 숙고할 수 있을 뿐이다.

시인의 인사함은 일종의 '사유함'이다. 그러나 인사하는 말함은 詩의 말이고, 시지음이다. 따라서 시지음과 사유함이 동일한 것이라면 어떻게 되겠는가? 그렇다면 무엇 때문에 구별된 이름이 필요한가? 시에서 시로 지어진 것을 '사유하려는' 시도가 이제 강제적인 것과 적합하지 않는 것을 잃어버리고 있다면 어떻게 될 것인가? 사유함은 거의 함께-시-지음(Mitdichten)과 같다.

22. 인간의 일상의 일과 거주지는 시인의 인사로부터 모인 인사받은 자의 통일성 안에서 소생한다

"아직도 내겐 기억이 생생하구나." 이러한 사이 말은 인사함을 중단시키는 것이 아니라, 인사의 전체적 친밀성을 비로소 말 안으로 받아들이고, 또한 모든 인사받는 것을, 즉 이전에 명명되었던 모든 것을 통일성 안으로 '함께 데려온다'.

> 느릅나무 숲이 물방앗간 위로
> 넓은 산마루를 고개 숙이고,
> 그러나 앞뜰에는 무화과나무가 자라고 있다.
> 축제일엔
> 갈색 피부의 여인들이 바로 그곳에서
> 비단 같은 땅 위로 걸어다니고,
> 삼월의 어느 날,
> 밤과 낮이 같아지면,
> 요람 속에 잠재우는 미풍은
> 황금빛 꿈에 깊이 젖어
> 느릿한 오솔길을 넘어간다네.

인사받은 자가 시인에게 주려고 한 것은 이제 인간의 일상의 일과 거주지에 모인다. 숲의 넓은 산마루는 아주 강렬한 빛을 가려 그늘을 드리워 주고 매서운 폭풍으로부터 인간을 보호해 준다.

> 느릅나무 숲이 물방앗간 위로
> 넓은 산마루를 고개 숙이고,
> 그러나 앞뜰에는 무화과나무가 자라고 있다.

우리는 후기의 단편 시 〈독일인의 노래〉(제4권, 244쪽)에서 횔덜린이 나뭇잎이 살랑거리는 느릅나무에 대해 말하면서, '독일 시인'이 이

나무의 그늘 아래 보호받고 있다고 말한 것을 알고 있다. 고향의 나무가 물방앗간 위로 그늘을 드리워 준다. 그러나 왜 물방앗간인가? 무엇 때문에 인간의 심려의 장소들 가운데 물방앗간이 두드러지게 드러나고 있는가? 물방앗간은 곡식을 준비하고 빵을 준비하는 데 도움을 준다. 1801년, 송가의 시기에 위대한 비가 〈빵과 포도주〉(제4권, 119~125쪽)가 지어졌다. 폰 헬링그라트는 이 비가에 대해 다음과 같이 적어 두었다. "이 詩는 횔덜린의 사상세계로 들어가는 데 언제나 가장 좋은 토대가 될 것이다." 이 비가의 제8연의 종결부는 다음과 같다.

> 빵은 대지의 열매이지만 빛의 축복을 받고,
> 포도주의 기쁨은 천둥치는 신으로부터 온다.
> 하여 우리는 거기에서 천상의 것들을 사유하노라,
> 한때 있었고 제때에 돌아와 주시는 신들을,
> 그 때문에 진심으로 가인들은 포도주의 신을 노래하고
> 그 옛 신의 찬미 공허하게 꾸민 것으로 들리지 않는다.
>
> (〈빵과 포도주〉, 제8연, 제5권, 137쪽 이하.)

그늘이 드리워진 물방앗간은 서술될 수 있는 사물들 아래에서 영역으로 나타나 시인의 시선에 띄고 있기 때문에 명명되고 있는 것이 결코 아니다. 오히려 시인이 대지와 대지의 열매를 기억하면서 그것의 유래에 입각해 그것이 무엇인지를 생각하고 있기 때문에 그 물방앗간은 명명되고 있는 것이다(〈방랑자〉, 제4권, 104쪽, 제5권, 59쪽 : "늘 분주한 물방앗간이 멀리서 소리를 낸다…").

그러나 앞뜰에는 무화과나무가 자라고 있다.

"그러나"라는 말은 우리가 그러한 것을 도저히 찾을 수 없을 것 같은 그런 곳에 어떤 반대를 과장되게 세우는 것처럼 보인다. 도대체

어째서 물방앗간, 느릅나무 숲, 무화과나무가 같이 있을 수 없다는 말인가? 이러한 그늘이 드리워진 '물방앗간'을 뒤따르는 "그러나 […] 무화과나무가"는 남쪽나라와 그 열매가 인사받으면서 다시 인사하는 것을 고유하게 다시 상기시키고 있다. 느릅나무 숲과 물방앗간은 아마도 장래에 오직 이 시인에게는, 그 안에서 독일 시인이 자신의 본질을 양육하는 친밀한 거주지의 환경으로서 규정되고 있다. 그러나 인사가 이 시인의 본질근거로부터 오고 있기 때문에, 이러한 인사는 이전에 경험한 것에 대해 우연히 지나가는 착상을 덧없이 현재화하는 것이 아니다. 이러한 인사는 이제 이 시인의 시인존재에 속한다. 그렇기 때문에 인사하는 자는 또한 인사받는 자의 본질적 풍요로움에 눈짓을 주어야 한다. 근거는 결단될 수 있는 것과 오로지 시적으로 결정될 수 있는 것의 친밀성이 마치 신주단지처럼 그 안에 참답게 보존되어 있는 그런 곳에 이르러야 한다. 그렇기 때문에 인사는 단지 시골과 도시, 강물, 시냇물, 숲, 그리고 사람들이 일하는 장소로 불어갈 뿐만 아니라, 인간 자체로 불어간다.

제 2 부
횔덜린의 시 안에서의 '축제일'과 '축제'

23. 시의 '구절'을 인용함으로써 잠정적으로 지적함

축제일엔
갈색 피부의 여인들이 바로 그곳에서
비단 같은 땅 위로 걸어다니고,

[여기서 말해지는] 인사란 통상적인 시간에 임의의 사람을 만나 인사하는 것이 아니다. [여기서 말해지는 인사란] '축제일에' [행해지는 것이다]. 어째서 시인에게는 '축제일'이 생각나는 것일까? 축제일에는 여인들이 특별하게 치장하기 때문에? 그러나 여기에서는 그런 말이 전혀 없다. 그리고 어째서 여인들이 [생각나는 것일까]? 시인이 '바로 그곳'의 여인들을 기억하고 있기 때문에, 그는 축제일을 생각하는 것일까? 아니면 그가 축제일을 잊지 않고 있기 때문에 여인들을 회상하는 것일까? 하지만 무엇 때문에 이렇게 번거로운 질문을 던지는가? 어째서 시골과 사람들에 대한 '시적 묘사' 안에서는 여인들이 명명되어서는 안 되는가? 그것은 시 전체를 비로소 '서정적으로' '감정이 풍부하게' 만들고, 또한 詩에 대한 인상을 '독자'에게 강화한다.

우연히 이 詩를 접하여 이 연에 붙들린 사람은 이러한 인상에 의해 그들의 '시적' 향유에 넉넉함을 부여해줄 것이다. 그러나 그러한 불규칙적인 느낌과 짧은 전망은, 비록 그것들이 아주 좋다고 생각된다고 하더라도, 여기에서는 유지되지 못한다. 여기에서는 우선 완전히 피상적으로나마, 횔덜린의 송시 안에서 '축제일'과 '축제'가 — 비록 이 둘이 같은 것은 아니더라도 — 늘 반복해서 명명되고 있다는 것을 단순히 아는 것이 중요하다.

횔덜린의 첫 번째 송가는 다음과 같이 시작한다. "마치 축제일처럼…." 그러나 우리가 이 송가와 다른 송가를 해석할 때 이제 올바로 '축제일'과 '축제'에 대해 침묵하기 위해서는 접근할 수 있는 것에 도달하려고 자주 시도해야만 한다. 그래서 송가 〈마치 축제일처럼…〉에 대해 논평하는 동시에 첫 번째 행의 결정적인 말에 대해 침묵하는 것은 필연적일 것이다. 어떤 사람이 이 송가의 결구에서 처음으로 되돌아 사유하고, 그런 다음에 '축제일'이라는 말을 갑자기 다르게 듣게 된다면, 그는 아마도 이 첫 연이 결국 단순한 상을 묘사하려고 하는 것이 아니라는 것을 예감할 수 있을지도 모른다.

이제 詩 〈회상〉을 이해하려고 노력하면서 우리는 '축제일'과 '축제'가 무엇을 의미하는지를 직접적으로 지적하지 않을 수 없다. 이것은 아주 임시변통적이어서 매우 의문스러운 방식으로만 성취된다.

송가 〈게르마니엔〉의 마지막 연은 '축제일'에 대해 다음과 같이 말하고 있다(제4권, 181쪽 이하).

> 오 그대 성스러운 대지의 딸이여!
> 한 번쯤 어머니를 부르노라…

(제4권, 184쪽)

송가 〈라인 강〉(제4권, 172쪽 이하)의 제13연은 '축제'에 대해 다음과 같이 말하고 있다.

인간들과 신들의 결혼축제가 거행된다.

〈제 4권, 178쪽〉

송가 〈므네모쉬네〉(제 4권, 225쪽)는 '축제일'과 '축제'에 대해 다음과 같이 말하면서 시작하고 있다.

> 결혼일은 아름답다, 그러나 그 영예로 인해
> 우리는 두려워한다. 일자가 우리를
> 간절히 열망할 때, 그것은 흉측하고
> 무섭게 가리라.

이러한 지적들은 의문스럽고 거의 수치스럽다. 왜냐하면 그것은 그 자체가 그때마다 유일한 말로서 속해 있지 않은 그런 시들의 '구절들'을 인용하는 불쾌한 방식을 따르고 있기 때문이다. 도대체 '구절들'을 가지고 '조작한다면' 그것은 의문스럽고 심지어 잘못된 것이다. 그러나 꼭 필요하면서 가장 잠정적인 것은 아마도 구절들을 인용함으로써 성취될 수 있을 것이다. 앞에서 언급된 세 편의 송가보다 시간적으로 뒤늦게 지어진 詩 〈회상〉에서 '축제일'과 '여인들'에 관해 말해지고 있다면, 우리는 이제 달리 귀를 기울여볼 것이다.
'축제일'은 '축제를 거행하는 날'이다.

반 복

횔덜린의 詩 〈회상〉은 "그러나 이제 가거라, 그리고 인사하여라"라는 하나의 인사로서 시작하고 있다. 이 인사에 앞서는 첫 연의 4개의 행들은 인사에 이르기 위한 앞선 말이다. 그것들은 이러한 인사의 전령과 영역 그리고 궤도이다. 이전에 남프랑스에 체류하면서 그곳에서 가정교사 자리를 얻지 못한 목사직 후보가 인사하는 것이 아니라,

시인 횔덜린이 인사하고 있다. 인사는 그의 시에서 건네는 하나의 말이다. 인사받는 자는 시적으로 인사받는다. 인사받는 것과 인사 안에서 명명되는 것은 이 시기에 횔덜린의 시가 시로 짓고 있는 것과의 하나의 본질연관 안에 서 있다는 사실을 알려주고 있다. 인사받는 것은 단지 이 시에서 시로 지어지고 있는 것으로서 이해되어야 하며, 또한 여기에서 시로 지어진 것은 다시금 단지 인사받는 것으로서 이해되어야 할 것이다.

인사함은 이전에 보았던 풍경과 관찰된 여러 가지 인간적 제도들과 또한 거기에서 만났던 사람들과 그들의 생활양식을 눈앞에 현재화하는 말 건넴 안에서 결코 다 소진되지 않는다. 인사의 '시적인' 것은 또한 인사 안에서 언급된 것이 어떤 닫혀 있는 모습 속으로 '시적으로 그려지고 있다'는 사실에서 존립하는 것이 아니다. 이 모든 것은 시골과 사람들에 대해 완전히 묘사한 것이라기보다는 차라리 임의적인 사물들과 인간들에 대해 부분적으로 명명하고 있는 것이다. 인사하는 말함은 마치 단지 묘사처럼 보이지만, 그러나 〔그 말함은 묘사와는〕 다른 어떤 것이다.

무엇이 인사받고 있는지, 또 어떻게 인사받고 있는지를 우리가 숙고한다면, 우리는 그것이 무엇인지를 알게 된다. 인사받는 것을 단순히 열거하는 것만으로는 우리는 인사받는 것을 결코 파악하지 못한다. 언제나 인사가 명명하고 있는 것, 즉 이러한 인사에 의해 명명되고 있는 것은 그것이 시인의 생각을 통해, 그리고 단지 이 시인 자체에 의해 또한 이 시인 자체를 위해 단지 다시 눈앞에 현재화되고 있는 것처럼 그렇게 말해지고 있는 것이 아니다. 인사받는 것은 거꾸로 시인에게 주려고 한다. 〔그러나〕 어디로부터 주려고 하는지는 말해지지 않고 있다. 주려고 하는 것 자체는 숨겨져 있다. "아직도 내겐 기억이 생생하구나"라고 말해지고 있듯, 이렇게 주려고 하는 것이 이러한 주려고 생각함 안에서 스스로 인사하고 있다면, 또한 시인은 인사하는 자일 뿐만 아니라 이전에 이미 인사를 받고 있는 자라고 한다면

어떻게 될 것인가? 시인 자신이 더욱 근원적 의미에서 인사를 받으면
서 인사[1]와 마주치고 있기 때문에, 그가 이러한 인사를 말할 수 있
는 것이라면 어떻게 될 것인가?

　인사하면서 둘째 연이 시작하고 있는 사이 말은, 즉 "아직도 내겐
기억이 생생하구나"라는 말은, 시인의 인사 안에서 명명되고 있는 것
이 고유한 방식으로 인사받고 있다는 것을 우리에게 알려주고 있다.
그러나 또한 인사받고 있는 그것은 말함에 의해 알려지기보다는 차라
리 침묵하고 있다. 〔그러나〕 듣는 자가 인사를 들은 이후에 그 인사
를 완성하기 위해서 인사를 듣고 있는 것이라면, 듣는 자가 결국 그
것[2]을 경험할 수 있도록 완전히 침묵하고 있는 것은 아니다. 인사는
둘째 연에서 다음과 같은 행들로 완성되고 있다.

> 축제일엔
> 갈색 피부의 여인들이 바로 그곳에서
> 비단 같은 땅 위로 걸어다니고,
> 삼월의 어느 날,
> 밤과 낮이 같아지면,
> 요람 속에 잠재우는 미풍은
> 황금빛 꿈에 깊이 젖어
> 느릿한 오솔길을 넘어간다네.

이전의 인사말과는 다르게 말함은 여기에서는 유일한 활의 움직임 안
에서 접합되고 있는데, 그 활의 움직임은 자기 자신 안에서 수수께끼
처럼 되돌아 움직여 개별적으로 명명된 각각의 모든 것을 떠오르게
한다. 처음 네 행은 "삼월의 어느 날"(*Zur Märzenzeit*)이라는 단지 두
낱말로 이루어진 네 번째 행에서 더욱 밀접하게 결집되고 있다. 〔이

---

1) 이러한 인사 안에는 존재의 말없는 부름이 현성하고 있다.
2) 인사받고 있는 그것을 가리킨다.

시행에〕 뒤따르는 네 행은 그 안에서 이러한 시간의 본질이 펼쳐지는, 풀려난 날숨과 같다. 그러나 우리가 이러한 말들의 아름다움을 부각시키고자 암시하려고 한다면, 그것은 단지 밖에서 주변을 기어오르려고 하는 말더듬에 지나지 않는다. 게다가 우리가 거기에서 말해진 것을 아직 모르기 때문에, 그것은 아마도 잘못된 길로 빠질지도 모른다. 여기서 아름다움을 지적하는 것은 아마도 전적으로 잘못된 것이다. 왜냐하면 횔덜린의 시 안에서는 처음으로 예술과 아름다움의 영역이 극복되고 있을 뿐만 아니라, 또한 이 둘이 그 안에서 자신의 자리를 가지고 있는 모든 형이상학의 영역이 극복되고 있기 때문이다.

도입부의 두 연은 직접적으로 명백하기 때문에 쉽게 이해될 수 있다. 그래서 詩 〈회상〉에 대한 해설이 도입부의 두 연에 이렇게 장황하게 머물고 있는 것을 많은 사람들이 의아해할 것이다. 여기에서 장황하게 말해지는 까닭은 단순하다. 그것은 여기서 '회상'이 무엇을 의미하는지를 꼭 배워서 알아야 한다는 데에 놓여 있다. 그러나 시인이 인사하는 과정에서 인사받는 것을 어떻게 '회상하고' 있는지를 파악할 때에만, 우리는 인사받는 것을 회상하는 이러한 태도로부터 '회상'의 본질과 詩 전체를 사유할 수 있게 된다.

인사의 완성은 다음의 행들로 시작한다.

> 축제일엔
> 갈색 피부의 여인들이 바로 그곳에서
> 〔비단 같은 땅 위로〕 걸어다니고,

"축제일엔…." 송시의 시대에 그 어떤 우연이나 임시변통의 말도 전혀 하지 않았던 횔덜린이 어째서 축제일을 명명하고 있는가? 자기 안에 차후의 모든 시를 포함하고 있는 최초의 송시가 "마치 축제일처럼…"이라는 시구로 시작하고 있다는 것을 지적하는 것으로 우선은 충분할 것이다. 또한 그다음으로는, 횔덜린이 송시의 시대에 늘 거듭해서 축제일과 축제를 명명하고 있음을 그의 시의 여러 구절들에서 피상적으로 인용할 수 있다는 점이 마지막으로 지적될 수도 있을 것이다.

어째서 '여인들'이 '축제일'과 함께 명명되고 있는가?

축제일은 어떤 종류의 날인가? '축제일'은 휴식하는 날이다. 그리고 휴식한다는 것은 〔무엇일까〕?

24. 일의 멈춤으로서의 휴식 그리고 본질적인 것을 숙고하기 위해 넘어감

'휴식'(*Feiern*, 축제의 거행)은 우선 일상적 행위를 내려놓고 일을 쉰다는 것을 뜻한다. 그것은 다른 것을 위해 자유로워지는 것이다. 무엇을 위해? 모든 휴식이 단순히 부정적으로 일을 중지하는 것이 아니라, 고유한 본질의 힘으로부터 유래하는 것이라면, 그것이 바로 이러한 '휴식' 자체를 규정한다. 그러나 휴식이 단지 일을 중지하고 내려놓는 것이라면, 이때 생기는 휴식시간(*Pause*)은 다른 곳으로부터, 즉 휴식으로부터 휴식을 통해서가 아니라 단지 다시금 일과의 연관으로부터 규정될 수밖에 없다. 그렇다면 휴식은 노동의 관점 속에서 고려된, 생활을 유지하기 위해 긴장을 완화하고 휴양을 취하기 위한 수단이 될 것이다. 그렇다면 '휴식'은 근본적으로는 일의 휴식시간을 통해 일에 충실히 봉사하는 것이다.

그러나 엄밀하게 보자면 노동의 중지로서의 휴식은 이미 휴식의 근원적 본질로부터만 자신의 양식을 받아들인다. 이러한 본질이 이미 통속적인 휴식 안에서 자신을 고지하고 있음에도 불구하고, 오늘날의 우리는 이러한 본질로부터 거의 자라나지 못하고 있다. 왜냐하면 일의 멈춤으로서의 휴식은 이미 자기 안에 머무름이고, 주의 깊음이고, 질문함이고, 숙고함이고, 기다림이고, 깨어 있으면서 경이로움을 예감함이기 때문이다. 즉 하나의 세계가 우리의 주위에서 세계화하고 있다는 그런 경이로움, 다시 말해 존재자가 있고 오히려 아무것도 없는 것이 아니라는 그런 경이로움, 사물들이 존재하고 우리 자신이 이러한 사물들 사이에 존재한다는 경이로움, 우리 자신이 존재하고 있으면서도 우리가 누구인지를 전혀 알지 못하고 있고 또한 우리가 이러한 모든 것을 모르고 있다는 것마저 거의 알지 못하고 있다는 그런 경이로움을 예감함이다.

그러한 멈춤으로서의 휴식은 우리를 이미 숙고의 문턱으로 데려가고 있으며, 그리하여 또한 의문스러운 것의 이웃관계 속으로 그리고 어떤 하나의 한계점으로 데리고 간다. 왜냐하면 이제 우리가 일을 멈출 경우에 우리는 공허 속으로 빠질 수도 있기 때문이고, 또한 우리 자신이 무엇을 시작해야 할지 전혀 모른 채 임시변통을 추구할 수도 있기 때문이다. 그리하여 휴식의 시간은 부지불식간에 우리 자신 앞에서 달아나 무감각해지는 그런 기회가 되고 만다.

'일'의 무조건적 우위의 필연성에 따라 '축제일'은 일 자체처럼 정리되거나 폐지된다. 그렇다면 '축제일'은 인간이 만들어 놓은 하나의 제도이다. 축제일의 본질은 이렇게 정반대로 바뀌고 만다. 그러나 축제의 이러한 비본질은 오로지 본질을 확증해줄 따름이다. 왜냐하면 휴식은 축제의 시간으로서의, 밤과 구별된 비범한 낮을 위해 자유롭게 됨으로써 익숙한 것으로부터 자유롭게 되는 것이기 때문이다. 여기서 익숙한 것이란 늘 우선 만나는 사물과 인간들의 관련을 의미한다. 우리는 이러한 것들과의 익숙한 교제로 말미암아 더 이상 그때마다 새롭게 그것들의 고유한 본질을 제대로 수용하지 못한다. 그 경우에 일상적인 것은 그것의 이용가능성의 관점에 따라 다루어지지만, 그럼에도 불구하고 그것은 그것의 본질에서 우리에게 고유한 것으로 수용되지 못한다. 일상적인 것은 우리에게 이렇게 너무 쉽게 비-본래적인 것이 된다. 이 비본래적인 것은 우리의 고유한 본질을 더 이상 요

구하지 않는다. 사물과 인간 사이의 연관은 익숙한 것 안에서 황폐해
진다. 자기 것으로 고유하게 수용되지 못한 세계, 즉 비본래적인 것
은 그러한 익숙함을 확증해 주고 지탱해 주며 확장시킨다. 일상세계
의 사물들과 인간들은 비본래성과 익숙함의 이러한 성향을 지녀서는
안 된다. 그러나 그들은 대개 그러한 성향을 지니고 있다. 사물들과
인간들의 본래적인 것이 접근될 수 없고, 익숙하지 않은 비범한 것이
닫혀 있고, 이러한 것에 대한 앎이 상실되고, 그러한 것을 심려하는
마음이 소실될 경우에, 그때 그들은 그러한 성향을 지니게 된다. 심
려는 모든 존재자의 본질적인 것 ─ 즉 언제나 익숙하지 않은 비범한
것으로 존재하는 그런 본래적인 것 ─ 에 귀속해 있는 것을 보존해야
만 하는 그런 본질적 성격으로 존재한다는 것을 인식하지 못한 채,
심려를 단지 비애와 근심, 거래상의 수고와 소란스러운 조작으로 이
해할 때, 바로 이 순간에 그러한 성향은 침투해 들어온다.

익숙하지 않은 비범한 것은 여기서 이상한 것, 획기적인 것, 전혀
존재한 적이 없었던 것이 아니라, 그 반대를 의미한다. 익숙하지 않
은 비범한 것은 언제나 현성하는 것, 단순하고 소박한 것, 그리고 고
유하게 존재하는 것이다. 이러한 것의 힘으로 인해 그것은 자신의 본
질의 척도 안에서 스스로를 유지하고 인간에게 척도를 지킬 것을 요
구한다. 따라서 익숙하지 않은 비범한 것은 익숙한 것 안에서 가장
순수하게 나타날 수 있다.

휴식은 익숙하지 않은 비범한 것을 위해 자유롭게 됨으로써 단지
익숙한 것으로부터 자유롭게 됨이다. 휴식은 슈티프터(Stifter)[3]가
'부드러운 법칙'이라고 부른 것을 경청함이고, 본래적인 것을 기다림

─────
3) 아달베르트 슈티프터(Adalbert Stifter)는 1805년에 태어나 1868년에 죽은 독
일 시인이다. 하이데거는 《사유의 경험으로부터》(전집 13권)에서 이 시인의
글에 관해 해명하고 있다. 이 글에서 하이데거는 슈티프터가 말한 부드럽고
위대한 법칙을 인용하고 있다. 그것은 다음과 같다. "부는 바람, 졸졸 흐르는
물, 익어가는 곡식, 물결치는 바다, 푸르른 대지, 빛나는 하늘, 깜박이는 별들,
나에게는 이러한 것이 위대한 것이다"(《사유의 경험으로부터》, 196쪽 참조).

이며, 본질적인 것의 고유한 수용을 준비함이며, 그 안에서 본질적인 것이 개시되는 그런 생기-사건(Ereignis)을 학수고대함이다. 축제는 여러 가지 행사를 치름으로써 축제다워지는 것이 아니며, 또한 화려한 것을 부풀려 시끄럽게 연출하는 어떤 소동을 통해 축제다워지는 것이 아니다. 축제는 본래적인 축제를 더욱 고대할 때, 더욱 축제다워진다. 어느 날 본질적인 것이 나타날 것이라는 관점 속에서 기대에 가득 부풀어 있는 그런 날이 축제일이다.

25. 축제에서 본질적인 것의 빛남. 놀이와 춤

빛남은 축제적인 것에 속한다. 그러나 이러한 빛남은 본질적인 것이 빛나고 환히 비치기에 본래적으로 나오는 것이다. 이러한 것이 빛을 발하는 한, 사물과 사람들 옆에 있는 모든 것은 발산되는 자신의 광채 속으로 들어간다. 그리고 이러한 광채는 다시금 인간에게서 장식과 치장을 요구한다. 그러나 이러한 것이 저 홀로 축제의 광채를 발산하는 것은 결코 아니다. 축제일이 더욱더 축제다울수록, 즉 익숙하지 않은 비범한 것을 더욱더 고대하면 고대할수록, 모든 행동이 익숙한 것으로부터 더욱더 풀려난다. 행동이 더욱더 풀려날수록, 태도는 더욱더 움직이고 흔들린다. 그러나 익숙한 것으로부터 본래적으로 익숙하지 않은 비범한 것으로의 풀림은 구속되지 않은 것 속으로의 비틀거림이 아니라, 본질적인 것에 그리고 존재자의 숨겨진 유순함과 규칙에 결속되는 것이다. '규칙에 자유롭게 흔들리면서 결속된다는 것'과 '규칙적인 것의 자유로운 가능성의 풍부함이 이러한 활력으로부터 펼쳐진다는 것'이 놀이의 본질이다. 인간이 스스로 자신의 형상의 절제된 통일성 안에서 놀이로 다가올 때, 춤이 생긴다. 놀이와 춤은 축제의 빛남에 속한다.

본질적인 것의 빛남으로서의 축제의 빛남은 낮의 밝음에 묶여 있지

않다. 축제적인 것은 밤새 내내 환히 빛날 수 있다. 이것은 다음을
말한다. 축제일은 밤까지 지속될 수 있을 뿐만 아니라, 축제일은 축
제의 빛남으로부터 밤 자체를 밝힐 수 있다. 우리는 여기서 詩〈회
상〉의 넷째 연의 결구를 사유해 본다. 거기에서 시인은 어떤 체류지
에 관해 말하고 있다.

> 도시의 축제일이
> 밤하늘을 환히 비추지도 않고,
> 현악기 연주와 토속적인 춤도 없는 그곳,

춤을 추고 놀이함으로써 축제일이 만들어지는 것이 결코 아니다. 진
정한 휴식이 보장되고 이러한 휴식이 일상의 나날을 축제일로 만드는
그런 곳에서, 이러한 일상의 나날이 춤과 놀이 속으로 들어올 수 있
게 되고, 그리하여 〔일상의〕 상실된 광채를 〔일상의〕 익숙한 것 안에
서 붙잡을 수 있게 되는 것이다.

26. 축제와 역사 사이의 본질관계.
   인간들과 신들의 '결혼축제'

우리는 축제일에 '축제'가 거행된다고 피상적으로 생각하여 말한
다. 그래서 우리는 대개 '축제'를, 인간이 개최하거나 거행하는 것의
결과에 따라 만들어진 어떤 제도라는 의미로 받아들인다. 그러나 횔
덜린에게 축제는 은닉되어 있는 고유한 본질로 존재한다. '축제일'과
축제를 우리는 동등하게 다루면서, 그것들을 달력의 시간순서로 정
리해 둔다. 달력은 본래적으로 축제-달력 (*Fest-Kalender*) 이다. 축제는
역사학적으로 기록할 수 있는 주, 월, 년의 경과 내부에서 규칙적으
로 돌아오고 그것들의 순서에 따라 정리된 사건들이다.

휠덜린에게 '축제'는 역사의 범위 안에 그리고 역사의 근거 위에 있는 하나의 사건이 아니며, 오히려 '축제'는 그 자체가 역사의 근거이자 본질이다. 따라서 한 번쯤 축제와 축제일의 이러한 본질을 숙고하기 시작하자마자 우리는 휠덜린의 시의 결정적인 영역 안에 들어서게 된다. 축제의 본질을 파악하려고 하자마자 우리는 휠덜린이 어떻게 역사를 사유하였는지 그 방식에서 물러나 있을 수 없게 된다. 이로써 詩〈회상〉의 근저에 놓인 채 그 詩의 모든 말함을 철저히 조율하고 있는, 축제와 역사의 본질연관 속으로의 전망이 우리에게 처음으로 열리게 된다. 그러나 역사의 본질을 사유한다는 것은 동시에 그 안에서 역사 자체의 이러한 본질이 스스로 하나의 정해진 진리로 나타나는 저 역사를 사유한다는 것을 의미한다. 역사의 본질을 사유한다는 것은 서양적인 것을 그것의 본질 속에서 사유하고 또한 그것의 첫 번째 시원, 다시 말해 그리스 문명과 그리스와의 연관 속에서 사유한다는 것을 의미한다.

남프랑스에서 체류하던 전후시기에 친구 뵐렌도르프에게 보낸 두 통의 서신은 이 강의의 처음 부분에서 우선 '전기적인' 관점에서 인용되었다. 그러나 그가 그곳에서 본래적으로 말한 것은 이 시기에 시인에게 개시된 역사의 변화된 본질이었다. 물론 이 두 서신 안에는 축제에 대해 직접적으로 말해진 것은 없다. 그러나 그럼에도 불구하고 오로지 '축제'에 대해 사유하고 있을 뿐이다.

송시 시대의 단편 시 하나가 우리에게 눈짓을 주고 있다(단편 시 31, 제4권, 264쪽).

그대는 악령에게
가야 한다고 생각하는가?
그 당시에 어떻게? 말하자면 그들은
예술의 왕국을 수립하길 원했노라. 그러나 그때
그들은 조국적인 것을 소홀히 하였노라, 그러자

그리스, 가장 아름다운 이 나라는
처참하게 몰락하였도다.
확실히 이제
사정은 달라졌다.
말하자면 사람들의 믿음이 깊어지면,
매일매일이 축제로 존재하리라.

우리는 이 송시 단편을 직접 파악하려고 해서는 안 된다. 여기에서
는 예술의 영역을 수립하려는 의지와 '지금은 다른 사정으로 존재하
는' 그리스 정신의 몰락과 그리고 미래의 축제의 가능성 사이의 내적
연관성에 대해 지적하는 것만으로 충분하다. 이러한 연관성에 근거
하여 단지 여기에서는 '축제'가 어떤 하나의 결정적이고 명백히 고유
한 의미에서 명명된다는 것이 특히 강조될 수 있을 것이다. '축제'라
는 이 말은 무조건적인 어떤 것을 말한다. 축제는 그 자체가 '하나의'
축제를 어떤 하나의 시점으로 설정하여 '연출하는' 인간의 조작을 통
해 조건 지어지는 것이 아니다.
 '축제'는 축제를 개최함으로써 생기는 것이 아니다. 오히려 모든 진
정한 축제는 오직 축제로부터만 현성하는 것이며, 또한 자신의 존립
을 축제 안에 갖는다. 축제가 축제에 봉사함으로써 축제는 축제로부
터 나온다. 축제는 축제의 근거이다.
 그러나 '축제'는 횔덜린에게 본질적으로 '인간들과 신들'의 '결혼축
제'이다. '결혼축제'는 축제를 지칭하기 위한 조심스러운 시어이다.
이 낱말은 이러한 연관 속에서 이미 거룩해지고 있고, 또한 이렇게
거룩해지는 것 자체로서 거룩하게 하는 것이다. 축제는 인간들과 신
들이 서로 마주하여 다가오는 생기-사건이다. 축제의 축제다운 것은
이러한 신들에 의해 야기된 것도 아니요, 또한 인간들에 의해 만들어
질 수도 없는 이러한 생기-사건의 근거이다. 축제다운 것은 시원적으
로 스스로 고유하게 생기하면서 서로 마주하여 다가오는 모든 것을

그것의〔서로 마주하여〕대구함(Entgegnung) 속에서 지탱해 주면서 철저히 조율하고 있는(durchstimmt) 그런 것이다. 축제다운 것은 시원적으로 일치하면서 어울리는 것(das anfängliche Stimmende) [4]이다. 이렇게 일치하면서 어울리는 것이 철저히 조율하면서 말없는 소리(eine lautlose Stimme)로서 모든 것을 규정한다(bestimmt). 그것[5]이 그것[6]에 의해 인간들과 신들이 앞서 비로소 인사받는 자가 되는 시원적인 인사의 소리[7]이다. 먼저 축제다운 것으로부터 인사받는 자로서 그리고 오로지 이러한 것으로서만, 신들과 인간들은 서로 교대로 서로에게 인사할 수 있다. 그때마다 축제를 고유하게 생기하게 하는 축제의 축제다운 것이 횔덜린이 그의 첫 송가 〈마치 축제일처럼…〉에서 '성스러운 것'이라고 불렀던 인사하는 자[8]의 시원적인 인사이다. 결혼 축제로서의 축제는 시원적인 인사의 생기-사건이다.

 이러한 시원적인 인사가 역사의 숨겨진 본질이다. 이러한 시원적인 인사가 생기-사건이요, 시원이다. 우리는 인사함을 성스러운 것의 다가옴이라는 의미에서 시원적으로 명명한다. 왜냐하면 비로소 그리고 오로지 이러한 인사함 안에서만 인간들과 신들의 마주하여 다가옴이 발원하고 자신의 원천근거를 가지기 때문이다. 축제는 시원적인 인사의 생기-사건이다. 그러나 거기에는 특히 삼중적인 것이 속하여 있다. 첫째, 신들과 인간들이 인사받음으로써 성스러운 것이 인사한다는 것. 둘째, 신들과 인간들은 인사받은 자라는 것. 마지막으로, 이렇게 인사받은 자로서의 신들과 인간들은 그때 이래로 서로 다시 인사하고 그러한 인사 안에서 서로에게서 자기를 유지할 수 있다는 것. 이렇게 유지하면서 서로에게 도움을 주는 것이 꼭 필요하다.

---

 4) 다시 말해서 천지만물이 화동하도록 시원적으로 조율해 주는 것을 가리킨다.
 5) 일치하면서 어울리는 것을 가리킨다.
 6) 시원적인 인사의 소리를 가리킨다.
 7) 시원적인 인사의 소리가 곧 존재의 말없는 소리로서의 존재의 시원적 언어이다.
 8) 퓌시스로서의 성스러운 존재를 가리킨다.

이렇게 서로에게서-자기를-유지하는 것을 횔덜린은 송가 〈거인족〉 (제 4권, 209쪽, 제 5권, 46쪽)에서 다음과 같이 말했다.

> … 왜냐하면 어느 누구도 혼자서는 삶을 지탱할 수 없기 때문이다.
> (〈빵과 포도주〉, 제 5권, 66쪽 참조)

이 말은 '대지의 아들들'인 인간들에게만 해당하는 것이 아니라 천상적인 것인 신들에게도 해당한다. 후기 송가 〈콜롬브〉(제 4권, 263쪽, 제 5권, 37쪽 이하)의 초안에서는 다음과 같이 말해지고 있다.

> 왜냐하면 천상적인 것은
> 홀로 고독하게
> 풍요로움을 지탱할 수 없기 때문이리.

신들과 인간들이 서로에게서-자기를-유지한다는 것은 축제의 본질 속에, 즉 우리가 '성스러운 것이 인사하면서 다가옴'이라고 사유해야만 하는 '축제다운 것' 안에 근거하고 있다.

27. 기분의 근원으로서의 축제다운 것.
   기쁨과 슬픔 : 단시 〈소포클레스〉

따라서 축제의 '축제다운 것'은 여기서 차후의 결과와 속성 혹은 축제의 겉모습으로서가 아니라, 축제의 본질근거로서 사유되고 있다. 시원적으로 인사하는 자로서의 축제다운 것이 성스러운 것이라면, 이 성스러운 것 안에는 우리 인간을 철저히 조율하면서 규정하는 저 기분보다 언제나 더욱 시원적이고 더욱 근원적으로 머무르는 어떤 기분의 일치[9]가 주재하고 있다.

게다가 우리는 또한 자연 안에서 그때마다 모종의 기분을 발견한다. 인간을 '주체'로서 그리고 이 주체를 심리학적-생물학적으로 파악하는 근대의 사유는 자연 안에서의 기분이 인간에 의해 '자연스럽게' 사물 속으로 '감정이입된' 것이라고 하는, 특별하면서도 동시에 누구에게나 이해되는 견해에 빠져 있다. 이러한 견해는 '기분'을 심리학적으로 '감정상태'로서 파악하는 통속적 견해와 연관되어 있다. 그러나 기분의 본질은 다른 근원에 속한다. 우리는 축제의 축제다운 것과 관련하여 그것을 잠깐 언급해 본다. 축제다운 것은 우리에게 친숙한 모든 기분들보다도 더욱 시원적이고 또한 이러한 기분과 대립되는 것들보다도 더욱 시원적이다.

따라서 축제다운 것은 기쁜 것과 가장 기쁜 것보다 더욱 근원적이고, 또한 슬픔과 가장 슬픈 것보다도 더욱 시원적이다. 축제다운 것이 기쁨과 슬픔의 근거이다. 그렇기 때문에 축제다운 것은 기쁨과 슬픔, 이 둘의 시원적인 친밀성과 공속성의 근거이다. 본질적으로 생각해 보면, 기쁨과 슬픔은 그저 순전히 대립된 것이 결코 아니다. 그 둘은 서로가 서로에게 상응함으로써, 그 결과 언제나 슬픔 안에서는 기쁨이 그리고 기쁨 안에서는 모종의 슬픔이 말하고 있다.

모든 근본기분(Grundstimmung) 안에서는 존재의 소리(Stimme)[10] 가 말하고 있다는 것을 찰지하여 경험하는 대신 우리가 슬픔과 기쁨을 단지 저 홀로 고조되기도 하고 저하되기도 하는 그런 인간의 감정상태로 받아들이는 동안에는, 아무리 사유한다고 한들 우리는 이 둘의 연관에 도달하지 못한다. 비록 횔덜린이 기분의 본질을 그런 식으로는 사유하지 않았다고 하더라도, 그는 그것을 시적으로 잘 알고 있었고, 또한 동시에 이러한 앎을 그리스 비극이라는 가장 지고한 시와 관련하여 시적으로 언어로 데려왔다. 〈소포클레스〉(제4권, 3쪽)라는 제목이 붙은 횔덜린의 '단시'(Epigramm)는 마치 그 안에 이 시인의 비

---

9) 존재의 화음(Einklang)을 가리킨다.
10) 이러한 Stimme는 발성화되는 소리(Laut)와 단적으로 구분된다.

극의 본질을 담고 있는 것처럼 보이는 그런 비명(碑銘)을 포함하고 있다. 그리스 비극은 근대적 의미에서의 '연극'이 아니다. 그리스 비극은 축제이고, 따라서 축제에 속해 있다. 그것은 이제 다음을 의미한다. 즉 비극은 신들과 인간들의 관계를 다루면서, 그때마다 하나의 폴리스가 인간들과 신들의 그렇게 서로 마주하여 대구함의 진리 안에 어떻게 서 있는지, 그 양식을 그때마다 결정하면서 성취하고 있다는 것이다. 횔덜린의 단시는 다음과 같다.

소포클레스

많은 사람들이 헛되게 가장 기쁜 것을 기쁘다고 말해 왔으나
나에게는 여기 슬픔 안에서 가장 기쁜 것이 말을 한다.

슬픔 안에서 가장 기쁜 것〔이 말을 한다〕? '안티고네'의 형상과 운명이 충분히 말해준다. 그러나 거꾸로, 기쁨 안에는 가장 슬픈 것이 있다는 말도 타당한 것일까? 만일 우리가 가장 슬픈 것을 슬픔으로부터 그리고 이 슬픔을 괴로움의 본질로부터 충분히 본질적으로 사유한다면, 그리고 우리가 기쁨을 단순한 만족이나 즐거움과 동등하게 취급하지 않는다면, 아마도 그럴 것이다. 그러나 우리는 이 모든 것에 관해 거의 아무것도 모르고 있다고 조용히 고백한다. 오늘날의 우리는 심지어 이런 것을 전혀 알지 못한다. 왜냐하면 제2차 세계대전의 고난에도 불구하고, 우리는 아직도 이 단시의 시인이 앞서 겪었던 아직도 해석되지 않은 본질적인 절박함을 경험할 수 없기 때문이다.

우리는 이 강연에서 자주 그랬듯이 여기에서도 횔덜린의 말을 정당하게 숙고하는 것을 포기해야만 한다. 단지 두 번째 행의 '결국'〔이라는 말〕만을 특별히 지적해 본다. '결국'이라는 말은 오랫동안 찾아왔던 것을 성취하였다는 사실을 명명하는 것이다. 그러나 횔덜린이 그리스 시의 본질을 새롭게 향상된 방식으로 통찰한 이래로 이 그리스

106

시인을 모방하는 것이 그에게는 중요한 것이었다고 우리가 생각하려고 한다면, 우리는 아마도 잘못 생각한 것이리라. 그 반대가 맞다. 횔덜린은 오히려 소포클레스의 시 안에서 다른 것, 즉 있어왔던 것을 경험했고, 따라서 오이디푸스 티라누스와 안티고네의 번역은 그에게는 필수적인 것이 되었다. 따라서 그는 두 비극의 '주해'를 어렵게 획득했는데, 그 '주해'도 또한 아주 어렵게만 접근될 수 있는 보물에 속한다. 독일인은 이에 관해 전혀 알지 못한다. 아무것도 알 수 없는한, 그들은 고유한 본질을 본래적인 역사의 말 안에서 참답게 받아들이는 대신에, 고유한 고안을 통해 고유한 본질을 찾을 수 있다고 생각한다. 횔덜린은 이와는 반대로 임의의 낯선 것 안에서가 아니라, 고유한 역사의 다른 것과 있어왔던 것을 인정하는 가운데 고유하게도래할 장래의 것을 보았다. 횔덜린은 비극의 축제다운 본질과 축제의 본질을 알고 있기 때문에, 단시 〈소포클레스〉를 적어놓을 수 있었던 것이다.

우리는 축제와 축제일의 본질을 찾고 있다. 축제가 성스러운 것이인사하는 생기-사건이라면, 휴식〔축제의 거행〕은 자신의 본질을 이러한 생기-사건 안에 집중하는 데에 가지고 있을 것이며, 또한 이러한모음 안에서 다가오는 것의 나지막한 울림을 자유롭게 귀 기울여 듣기위해, 습관적으로 익숙한 것 속으로 말을 잃을 정도로 탐욕적으로 빠져드는 그런 상태로부터 풀려나는 데에 가지고 있을 것이다. 휴식이아마도 전혀 파괴할 수 없을 정도로 아주 널리 뻗어 나가는 인내와 끈기가 빛나는 그런 기대하는 모음이라면, 그때 축제일의 본질은 언제나 본래적으로 축제의 전날(Vortag)[11]로 존재한다는 데에서 성립할것이다.

---

11) 독일어 Vortag는 문자 그대로 '전날'을 뜻하나, 우리 문화의 맥락에서는 '전야'(前夜)를 의미할 것이다. 즉 축제의 전날이란 성스러운 것이 도래하는 것을 기다리면서 밤새 내내 깨어 있는 것을 가리킨다.

반 복

축제일엔
갈색 피부의 여인들이 바로 그곳에서
비단 같은 땅 위로 걸어다니고,
삼월의 어느 날,
밤과 낮이 같아지면,

우리는 묻는다. 축제일은 무엇이고 축제는 무엇인가?

그러나 여기서 실은 축제와 휴식에 관해서 전혀 아무것도 논구되고 있지 않다는 그런 의혹과 이의가 제기되었다. 나는 다시 묻는다. 그렇다면 무엇이 거기에서 〔논구되고〕 있는가? 하나의 텍스트 안에서 〔논구되고〕 있다는 것과 〔논구되고〕 있지 않다는 것은 무엇을 말하는가? 자연을 탐구하는 자는 현미경 안에서 무엇을 보고 있는가? 그가 주의 깊게 관찰한다면 아마도 올바른 어떤 것을 볼 것이다. 그러나 그가 보고 있는 올바른 것이 이미 앞에 놓여 있고 거기에 있으며 우리를 기다리고 있는 참된 것인가? 마치 우리가 여기서 축제와 휴식의 본질을 한정함에 있어서 단지 자의적으로 아주 무리하게 대처하는 것처럼 그렇게 보일지도 모른다.

축제를 거행한다〔휴식한다〕는 것은 우선은 '일을 하지 않는다'는 것을 뜻한다. 축제일이 단지 일하는 날과 관련될 경우, 그날은 노동시간의 중지이고, 노동의 진행과정에서 일어나는 하나의 변화이며, 결국 노동을 돕기 위해 특별하게 준비된 휴식시간이라고 할 수 있다. 단순히 중지한다는 것은 하나의 부정적 행동이다. 그것은 거기에 임의의 다른 행위를 피상적으로 잇대어 휴식시간을 채우면서 — 우리가 흔히 말하듯이 — 공허한 시간을 몰아내는 것이다.

1) 익숙하지 않은 비범한 것에 귀속하여 자유롭게 됨으로서의 축제의 거행

중지로서의 축제의 거행〔휴식〕은 단순히 중단하는 것이 아니라 일을 멈추는 행위(*Innehalten*)로서 시작할 수 있다. 일의 멈춤은 단순히 일을 외면하는 것이 아니라 인간의 자제(*Ansichhalten*, 억제함)에서 발원한다. 자제는 자기-자신-에게로-다가와 자기로 존재하는 한 가지 방식이며, 이러한 방식 안에서 〔인간존재의〕 고유한 본질과 본질의 펼침이 자유롭게 주어진다. 그때 자기숙고와 물음이 시작된다.

이제 일의 중지는 더 이상 휴식의 본질과 근거가 아니라, 오히려 이미 자제의 결과이다. 자제는 겉으로는 인간을 단지 그의 '자아'로 되돌리는 것처럼 보이지만, 실은 거기에 그의 본질이 걸려 있는 그런 영역 속으로 비로소 그를 옮겨 놓는다. 〔그때〕 경이로움이 시작되거나 혹은 경악이 시작된다. 인간의 주위가 어떤 식으로든 넓어지고 투명해지는데, 그는 이때 이러한 공간과 이 공간의 넓이를 제대로 이해하지 못한다.

익숙하지 않은 비범한 것이 나타난다. 그것의 나타남은 특별한 것의 엄청난 비용이나 이상한 것의 선동을 필요로 하지 않는다. 축제를 거행한다〔휴식한다〕는 것은 이제 익숙하지 않은 비범한 것을 위해 자유롭게 됨으로써 황폐화된 익숙한 것으로부터 자유롭게 되는 것이다. 그러나 익숙하지 않은 비범한 것은 모든 존재자의 단순하고 소박한 것과 시원적인 것 안에 숨겨진 척도를 가지고 있다. 익숙하지 않은 비범한 것은 '도대체 존재자가 존재하고 도리어 더 이상 무가 아니다'라는 것 안으로 자신을 모은다.

익숙하지 않은 비범한 것을 위해 자유롭게 됨으로서의 축제의 거행〔휴식〕은 기대하면서 기다리는 방식 속에서 이미 익숙하지 않은 비범한 것에 귀속해 있음이다. 이렇게 기대하면서 끈덕지게 기다리는 것이 학수고대함(*Erharren*)이다. 하루가 이렇게 기대하는 기다림(*Erwarten*)으로 가득 차면 찰수록, 그날은 더욱더 직접적으로 축제일이 된다. 하루하루가 가장 새로운 것을 탐닉하는 긴장감 속에 진행될 경우, 그러한 시간은 거기[12]에 언제나 경외심이 속해 있는 기대하는 기다림이 없는 시간이다. 이와는 거꾸로, 우리가 계획된 것과 계획할 수 있는 것을 팽팽한 긴장감 속에서 계산할 필요도 없이 본질적인 것을 기대하면서 기다릴 때, 이러한 기다림이야말로 우리를 철저히 조율할 수 있다.

2) 낮의 '익숙한 것'의 여운 안에서 보이지 않는 축제 : 비가 〈빵과 포도주〉의 첫째 연

축제일은 잘 정돈된 행사를 통해 축제일 자체로 존재하는 것이 아니다. 진정한 축제는 〔인위적인〕 제작을 통해 거행되는 것이 아니다. 왜냐하면 거꾸로 축제의 거행이 그 이전에 현악기의 연주와 춤으로 이어지는 광채를 선사하기 때문이다. 가장 보이지 않는 축제의 가장 축제다운 것은 때때로, 우리가 낮의 '여운'이라고 잘못 명명하고 있는 그것, 즉 아마도 '오로지' 진정으로 익숙한 것이 시작하는 그것이다. 횔덜린의 가장 아름다운 비가 〈빵과 포도주〉의 첫째 연에 의해 이러한 모든 것이 이전에 말해진 바 있다(제 4권, 119쪽).

주변에서 도시는 쉬고 있다. 등불 밝힌 골목길도 조용하다.
또한 횃불로 장식한 마차는 사라져 간다.
한낮의 즐거움을 만끽하고 사람들은 사라져 간다.
골똘한 어떤 사람은 만족한 마음으로 손익을
집에서 헤아리기도 한다. 포도열매도 꽃들도 치워져 비고
일손도 거두어진 채 분주했던 장터도 쉬고 있다.
그러나 멀리 정원에서는 현악기 탄주 소리 들린다. 어쩌면
그곳에서 사랑에 빠진 이가 켜고 있을까, 아니면 외로운 이가 있어

---

12) 기대하는 기다림을 가리킨다.

먼 곳의 친구와 청춘 시절을 생각하며 켜고 있을까. 샘들은
향기 가득한 꽃밭 곁에서 끊임없이 솟아나며 신선하게 졸졸졸 흐르
고 있다.
으스름한 대기 가운데 은은한 종소리 조용히 울리며
시간을 깨우쳐 파수꾼은 수효를 소리 높이 외친다.
이제 또한 한 자락 바람 일어 임원의 나무 우듬지를 흔들고 있다.
보아라! 우리 지구의 그림자, 달이 이제
은밀히 다가오고 있다. 도취한 자, 한밤이 다가오고 있다.
별들로 가득해, 우리를 조금도 걱정하는 것 같지 않다.
저기 우리를 놀라게 하는 것, 인간들 사이에 낯선 여인
산꼭대기 위로 슬프고 장려하게 떠오르고 있다.

3) '축제'와 생-기. 그리스의 역사적 날의 축제. 횔덜린과 니체

축제일은 축제와 관련된 날인 한에서 본질적으로 축제일이다. 그
러나 축제는 횔덜린에게는 인간이 만들어낼 수 있는 피조물이 아니
고, 이러저러한 사건의 진행과정에서 역사학적으로 기록된 사건이
전혀 아니다. '축제'는 횔덜린에게는 언제나 '축제'이다. '축제'는 인간
들과 신들이 그들의 본질-근거로부터 서로-마주하여-대구함(Einander-
Entgegnen)이다. 이러한 대구(Entgegnung)는 자기 자신을 위한 우연
하고 공허한 시간-공간 안에서 하나가 다른 것을 그리고 서로 우연히
마주치는 그러한 '만남' 속에 존립하는 것이 아니다. 대구하는 가운데
인간들과 신들은 아주 멀리서 서로가 서로에게 마주하여 다가온다.
그리고 이렇게 아득히 먼 곳은 그들 뒤에 놓여 있는 것이 아니라, 그
들이 서로에게 마주하여 다가오는 그런 공간이다. 이때 그 공간은 그
들 자신이 발견하거나 열어놓은 것이 아니다. 대구는 이제 비로소 스
스로 확장되면서 서로를 이어주는 본질공간 안에서 [서로의] 본질을
교대로 양도해 주는 것이다.

이렇게 양도해 주는 시원적인 것이 생-기(Er-eignis)인데, 이 생-기가 이미 모든 대구를 떠받치면서 철저하게 조율하여 일어나게 한다. 생기는 본래적 역사이다. 휠덜린은 축제를 역사의 본질로서 사유한다. 그는 이것을 그러한 형식으로 표현하지는 않았다. 그러나 그의 시지음은 그러한 사유에 상응한다. 생기는 축제의 축제다운 것이다. 우리는 축제다운 것을 축제의 결과로서가 아니라 축제의 근거로 받아들인다. 축제를 근거 짓는 축제다운 것은 성스러운 것이다. 그리고 이에 상응하여 자신의 역사적 본질에 있어서 성스러운 것은 축제다운 것이다.

성스러운 것은 인간들 너머에 그리고 '신들 너머에' 있다. 그러나 신들과 인간들은 서로를 필요로 한다. "왜냐하면 그들 중 어느 누구도 혼자서 삶을 지탱할 수 없기 때문이다." 축제다운 것은 자신의 본질을 성스러운 것 안에 가지고 있기 때문에, 축제다운 것은 또한 기쁜 것보다 더욱 근원적이고, 따라서 기쁨과 슬픔의 대립보다 더욱 시원적이다. 기쁨과 슬픔, 이 둘은 더욱 근원적인 것, 즉 성스러운 것 안에 근거하므로, 이 둘은 이러한 근거 안에서 하나가 되고 또한 하나로 존재한다. 이 둘은 본질적으로 서로 떼어놓을 수 없다는 의미에서 하나이기 때문에, 가장 기쁜 것이 때로는 슬픔 안에서 말해지지 않을 수 없다. 이러한 것이 고유하게 생기하는 곳이 언제나 축제이다. 휠덜린은 그의 단시 〈소포클레스〉에서 다음과 같이 말하고 있다.

많은 사람들이 헛되게 가장 기쁜 것을 기쁘다고 말해 왔으나
나에게는 여기 슬픔 안에서 가장 기쁜 것이 말을 한다.

그리스의 '비극'은 축제를 거행하는 것이다. 그것은 다음을 말한다. 즉 인간들과 신들의 마주하는 대구에 대해 그리고 이러한 대구로부터 결정이 여기서 내려지고 있다는 것이다. 따라서 그때마다 또한 인간들에 대해 그리고 신들에 대해 결정이 내려지게 된다. 축제가 본래적

인 역사의 날이라는 것은 '역사를 형성하는 날'이라는 것을 의미한다. 따라서 초기의 축제들은 지나간 것에 속하는 것이 아니라, 늘 도래하는 결단을 함께 준비하고 있다. 따라서 그리스에 대한 횔덜린의 각별한 사랑은 '고전적인 고대문명'에 대해 역사학적으로 잘 배워서 정통해진 높은 학식 속에서 다 고갈되지 않는다. 그리스에 대한 횔덜린의 연관은 도대체 그리스를 단지 '모범적 전형'으로 받아들이는 단순한 '총애'로서 전혀 파악될 수 없다. 따라서 빙켈만과 레싱, 괴테와 실러, 훔볼트와 헤겔과 관련하여 '고전적인 고대문명'에 대한 그들의 연관이 언급될 때, 우리는 횔덜린을 이들과 함께 거론할 필요가 없다.

최근에 유행이 되고 있듯 횔덜린과 니체를 함께 세워놓아 거론하는 것은, 바로 니체가 17세의 고등학생으로서 횔덜린을 잘 알고 있었고 또한 횔덜린을 '가장 좋아하는 시인'으로 여겼음에도 불구하고, 완전히 길을 잘못 드는 것이다. 횔덜린이 독일 사람들로부터 거의 완전히 잊힌 때인 1861년에 논문의 형식으로 이러한 일이 일어났다. [13]

'니체와 횔덜린' — 하나의 심연이 이 두 사람 사이에 놓여 있다. 이 두 사람은 독일인과 서양의 가장 가까우면서도 가장 머나먼 미래를 심연적으로 달리 규정하고 있다(143쪽(이 책 188쪽 - 옮긴이) 참조).

그리스는 횔덜린에게는 서양과는 다른 것이다. 하나와 다른 것[14]은 하나의 유일한 역사[15]에 속해 있다. 역사의 역사다움은 횔덜린이 '축제'라고 명명한 것에 고요히 깃들어 있다. 그러나 축제일은 축제의 전날이다.

---

13) 〔원주〕《니체 전집과 서간집》, 역사적 비판서, 제2권, 유고집(1861~1864), 한스 요하임 메테 편집, 뮌헨, 1934, 1~5쪽, 430쪽 참조.
14) 독일과 그리스를 가리킨다.
15) 저녁-나라(Abend-Land)로서의 서양의 유일한 역사를 가리킨다.

28. 여인들에게 인사함. 축제를 그들과 함께 준비함.
남프랑스의 여인들과 그리스의 있어왔던 축제

'축제일에는' 분명한, 흔들리지 않는, 그러나 동시에 소심하게 머 뭇거리는, 축제에 대한 예감이 지배한다. 휠덜린은 축제를 인간들과 신들의 '결혼축제'라고 명명하면서, 축제의 본질을 침묵하고 있다. 시 인이 축제를 회상하기에, 그는 축제일에 알맞게 시를 지으면서 축제 일에 대해 말한다. 우리는 이러한 맥락에서 알맞게 그리고 조심스럽 게 다음과 같이 파악해야만 한다. 휠덜린이 축제일에 관해 말한다는 것은 그가 축제일에 알맞게 사유한다는 것을, 즉 결혼축제를 사유한 다는 것을 암시한다. 이러한 사유로부터 그는 그들에게, 즉 축제에 대한 예감에 의해 가장 직접적으로 지탱되고, 축제를 준비하는 과정 에서 가장 친밀하게 조율되어 있고, 축제일을 위해 숙명에 알맞은 것 (das Schickliche)을 발견하고, 이 숙명에 알맞은 것의 광채를 발산하 는 자들인 여인들에게 인사한다.

이러한 이름은 여주인, 여자 결정자, 수호여인을 뜻하는 초기의 울림을 아직도 간직하고 있으나, 이제는 유일하게 본질적이면서도 동시에 항상 역사적인 관점에서 말해지고 있다. 휠덜린은 송가 시대 의 시작 바로 이전에 그리고 송가 시대로 넘어가는 시기에 지은 하나 의 詩에서 이 모든 것을 말하고 있는데, 우리는 그것을 알 필요가 있 다. 그 詩의 제목은 〈독일인의 노래〉이다(제 4권, 129쪽 이하). 열한 번째 연은 다음과 같이 시작한다.

독일 여인들에게 감사하라! 그녀들은 우리에게
신의 모습을 한 다정한 정신을 보존해 주었노라,

시인 자신에게 여전히 감추어져 있는 이 시구의 진리는 송가 〈게르마 니엔〉에서 비로소 드러난다. 독일 여인들은 신들의 나타남을 구원하

는데, 신들의 나타남은 그 순간 계산할 수 있는 시간에서 벗어나 역
사의 생기로 머무른다. 독일 여인들은 다정한 빛의 부드러움 속으로
신들의 나타남을 구원한다. 그들은 이러한 생기로부터 언제나 척도
가 없는 것 속으로 잘못 인도하는 경악스러움을 빼앗는다. 그것은 그
것의 형상과 장소를 눈앞에 구체화하는 것일 수도 있고 그것의 본질
을 파악하는 것일 수도 있다. 그러나 경악스러운 것을 방지하는 것,
즉 벌하는 것은 심연적인 것을 파묻어 버리는 행위가 아니다. 오히려
그 반대이다. 신들이 나타날 때 신들의 부드러운 상과 모습 속으로
신들을 마중하여 보존하는 것은 — 이러한 보존이 어떤 식으로 존재
하든 — 축제를 본질적으로 함께 준비하는 것이다. 시인은 이러한 축
제를 회상하기 때문에, 여인들이 명명되고 있는 것이다.

　그러나 詩 〈회상〉에서는 독일 여인들이 아니라 '갈색 피부의 여인
들'이 명명되고 있는데, 이것은 특히 태양의 빛이 격렬할 정도로 투
명하고 이글거리며 내리쬐는 남쪽나라를 생각나게 한다. '천상의 불'
의 요소는 여기에서는 고유하게 타오르는 강렬함을 가지고 있고, 인
간들의 '과도한 재능'은 이러한 근본요소의 힘에 내맡겨져 있다. 따라
서 그들은 불타 버리지 않기 위해 특별한 규칙과 보호를 필요로 한
다. 신들과 인간들이 마주하여 대구하는 방식은 남쪽나라에서는 다
르다. 축제는 다른 특징을 갖는다.

　횔덜린이 '갈색 피부의 여인들'과 남프랑스의 여인들을 명명할 때,
이들과 이들에 참여하는 모든 것, 즉 함께 인사를 받는 모든 것은 그
리스 세계를 위해 존재한다. 다시 말해 이제는 달아나 버린 신들의
어떠한 상도 더 이상 비치지 않는 그런 '옛 나라'(〈게르마니엔〉)에서
있어왔던 축제를 위해 존재한다. 프랑스에서 돌아온 뒤, 1802년 12
월 2일에 뵐렌도르프에게 보낸 편지가 이것을 분명히 입증해 준다(제
5권, 327쪽).

　　"골동품적인 정신이 몰락하는 가운데 남쪽 사람들의 신체적 건장함은

그리스인들의 본래적 본질이라는 점을 나는 더욱 잘 알게 되었지. 나는 그들의 자연본성과 그들의 지혜를 배워 알게 되었고, 또한 그들의 신체와 그들이 기후 속에서 성장하는 그 양식을 잘 알게 되었다네. 그리고 그들이 근본요소의 강력한 힘 앞에서 과도하게 넘치는 재능을 보호하는 그 규칙을 또한 잘 알게 되었지."

"그러나 가거라, 그리고 인사하여라"라는 인사가 누구에게 본래적으로 해당하는지가 이제 더욱 명백해졌을 것이다. 〔즉 그 인사는〕 남프랑스에서 체류하던 동안에 만났던 사람들과 지방에게 해당하는 것이 아니라, 있어왔던 축제에게, 즉 그리스의 있어왔던 신들과 인간들의 있어왔던 대구함에게 해당하는 것이다.

하지만 있어왔던 것에게 인사할 수 있는가? 여전히 '현실적으로' '존재하는' 것에게만 인사는 건네질 수 있다. 그러나 지나간 것은 더 이상 현실적으로 존재하지 않는 것이 아닌가? 혹시 이러한 인사는 더 이상 존재하지 않는 것으로 보이는 것을 비로소 다시 존재 안으로 가지고 오는 그런 식으로 있는 것이 아닐까? '인사'를 건네고 보냄으로써 인사함은 다 소진되는 것인가? 아니면 인사함이란 본래 단지 어떤 하나의 인사받는 것을 다시 가지고 오는 것일 뿐만 아니라, 특별한 방식으로 다시 가져오는 것, 즉 더욱 시원적인 것을 소생하게 하는 그런 어떤 것인가? (50쪽(이 책 77~78쪽 - 옮긴이) 참조) 그렇다면 있어왔던 것은 단지 지나가 버린 것에 불과한 것일까? 있어왔던 것은, 그것이 존재해 왔고 또 지금도 현성하고 있다는 사실에 의해, 순전히 지나가 버려 무상한 모든 것과 구별되는 것이 아닐까? 있어왔던 것은 비록 멀리 있다고는 하더라도 아직도 여전히 현성하는 것이다.

이러한 멂이 그것의 현존에 있어서 멀리 있다는 것을 강조하기 위해, 횔덜린은 '갈색 피부의 여인들이 바로 그곳에서'라고 말하고 있다. '바로 그곳에서' ― 과연 어떤 '정열적인' '시인'이 이렇듯 '산문적인' '바로 그곳에서'라는 비-시적인 말을 감히 사용하려고 들겠는가?

이 말은 오늘날의 우리에게는 관청이나 사업장에서 쓰이는 언어에 제한되어 있다. 그러나 전체 연에서 시적으로 인사하는 말함은 매우 근원적인 것이기에, 산문적인 것으로 울리는 여운은 녹아 버린다. 더욱이 이 시기의 횔덜린은 시 안에서 우선은 비시적으로 작용하는 낯선 말을 더 이상 꺼리지 않는다. 왜냐하면 감성적으로 접근할 수 없는 보이지 않는 것이 자신의 본질 안에 더욱 순수하게 깃들어 있으면 있을수록 그것이 나타나도록 하기 위해서는 자신에게 전적으로 낯선 것이 더욱더 요구된다는 것을 그는 잘 알고 있기 때문이다(〈엠페도클레스에게 이르는 근거, 보편적 근거〉, 제3권, 317쪽 이하 참조). 확실히 어떤 시의 양식 안에서는 '상' 즉 눈에 선하게 묘사해 내는 것은 묘사해 내어야 할 진리에 대해 너무도 대립되어 있고, 또한 이러한 진리와 분명히 분리되어 있어서, 그 결과 묘사는 심지어 묘사되어야 할 것을 부인하게 된다는 것을 횔덜린은 이제 잘 인식하고 있다. '감정', 즉 진리에 상응하는 기분은 '상들' 안에서는 전혀 직접적으로 파악될 수 없다. 〈신은 무엇인가?…〉라는 단편 시를 비교해 보도록 하자(친커나겔 판본, 제5권, 149쪽).

　　… 어떤 것이 보이지 않을수록,
　　그것은 자신을 낯선 것 안으로 보낸다.

따라서 횔덜린은 그의 시 안에서 낯선 말을 선택하는데, 순수한 '시' 한가운데 '바로 그곳에서'라는 말이 들어와 있다. 이렇듯 건조한 '바로 그곳에서'라는 말이 말해진 모든 것을 하나의 세계의 단일성 속으로 함께 붙잡고 있다. 그 세계 안에서 갈색 피부의 여인들이 '비단 같은 땅 위로'(*auf seidnen Boden*) 걸어다니고 있다.

우리는 언어적으로는 다음을 기대한다. 즉 여인들이 '비단 같은 땅 위를'(*auf seidnem Boden*) 걸어다니고 있다고. 횔덜린이 지금의 텍스트와 같이 seidnen(4격)으로 썼는지, 혹은 그가 그렇게 썼더라도 잘못 쓴 것은 아닌지에 대해서는, 자필원고로 쓴 詩의 초고가 단지 마지막 연만이 보존되어 있기에, 아무런 결론도 내릴 수가 없다. 직접적으로 증명할 수는 없지만 내가 가정하듯, 횔덜린이 그렇게 4격으로 썼다면, 3격 대신에 사용된 4격은 방향을 강조하는 것이다. 땅이 걸어가는 지반으로서 단순히 언급되는 것이 아니라, 축제일답게 걸어가도록 그렇게 스스로를 열어놓는 영역으로서 언급되고 있는 것이다. 그 영역은 기대하는 자들이 찾던 영역이고, 그들이 걸어다니기에 알맞은 땅으로서 그들은 그곳을 넘어서 걸어간다.

'비단 같은 땅'은 그러한 물질과 양탄자로 덮인 땅을 일컫는 것인가, 아니면 땅 자체가 '비단같이', 즉 은닉된 풍요로움을 자신 안에 품은 채 선사하는 값비싼 비단처럼 그렇게 부드럽고 고요하게 빛나는 것인가? 일체만물이 동시에 존재하는 이른 봄에 제일 먼저 싹트는 저 알지 못할 부드러움이, 즉 감추어져 있어 알 수 없긴 하지만 이미 내밀하게 결정되어 있는 어떤 것이 거기에서 나오고 거기를 넘어서 거기로 되돌아가면서 숨 쉬고 있는 대지 자체를 의미하는 것일까? 단 두 개의 낱말로 이루어진 다음의 시행은 이러한 물음에 대한 대답을 우리에게서 거두어들인다.

삼월의 어느 날(*Zur Märzenzeit*),

그것은 어떠한 시간인가? 그것은 이행하는 시간이다. 이행이란 무엇인가? 우리는 흔히 '이행하는 시간'을 '일시적으로', '잠정적으로' 지나가 버리는 시간, 다시 말해 성급히 사라져 버려 넘어가 버리는 것이라고 여겨지는 그런 시간으로 받아들인다. 그렇게 생각된 이행은 단지 지나감일 뿐이다. 지나가 버리는 것은 덧없이 사라지는 것, 영속하지 않는 것이고, 또한 그것은 최종적인 것도 아니고, 결정적인 것도 아니다. 그것은 사람들이 가능한 한 빨리 빠져나와야만 하는 그런 것이다. 그것은 이행과 이행하는 것에 대한 계산적 표상이다. 이러한 계산은 언제나 성급히 그때그때의 것을 자기 뒤로 가져가면서 앞으로 나아간다.

그러나 이행은 단지 어떤 곳에서 다른 곳으로 서둘러서 빨리 지나가는 것일 뿐이어서, 이곳도 저곳도 아니요, 오히려 계속해서 나열되는 이러저러한 것(Und-so-weiter)에 불과할 뿐인가? 이행은 우선 다른 쪽으로 넘어가는 것이 아닐까? 이렇게 넘어갈 경우에, 이러한 넘어감이 유래하는 한쪽은 단순히 상실되는 것이 아니라, 독특한 방식으로 함께 받아들여지는 것이 아닐까? 저리로 넘어가면서 이쪽으로 인사하며 다가오는 것으로서의 이행〔이 아닐까〕?

반 복

詩 〈회상〉의 둘째 연은 인사를 완성하면서 여인들을 명명하고 있다. 시인이 축제일을 회상하기 때문에, 여인들이 명명되고 있다. 인간들과 신들이 마주하여 대구하는 생기-사건인 축제를 사유하기 때문에, 그는 이러한 것을 사유한다. 이렇게 이해된 축제는 역사의 본질 근거이다.

그러나 인사하는 과정에서 '갈색 피부의 여인들이 바로 그곳에서'라는 말이 명명되고 있다. 남쪽의 축제일이 생각 속에 떠오른다. 남쪽 나라는 그리스를 가리킨다. 그리스의 축제, 즉 그리스에서 존재해 왔던 인간들과 신들의 대구가 인사받고 있다. 만일 인사함이 인사받은 것을 그것16)의 본질 안에 존재하게 하는 가운데 자신의 본질을 갖는 것이라고 한다면, 이러한 인사함은 있어왔던 것으로서의 있어왔던 축제를 자신의 본질 안으로 들어 올리는 것이다. 이것은 무엇 때문에 무엇을 위해 존재하는가? 단지 적절하지 못한 슬픔에 잠긴 채 지나간

16) 인사받는 것을 가리킨다.

것에 매달려 거기로 도망가서 현재의 궁핍함을 잊어버리고, 이러한 도피를 통해 다가오는 것에 거슬리게 행동하고 또 그렇게 존재하기 위해서 그런 것인가? 있어왔던 것에 대한 이러한 인사는 무엇 때문에 무엇을 위해 존재하는가?

이렇게 밀려드는 물음을 뒤따라가는 대신, 직접적으로 말해지고 있는 것은 전혀 아니지만, 이제는 있어왔던 축제가 어떻게 인사되는 지를 더욱 분명하게 바라보는 것이 좋을 것이다. 우리는 그 대신에 사람들이 '낭만적'이라고 부르고 싶어 하는 하나의 장면을 발견한다. 적어도 그것은 그렇게 보인다. 그러나 우리는 횔덜린의 시를 '낭만적' 이라거나 '고전적'이라고 간주할 필요가 없다. 그렇게 단순하게 간주 하는 것은 아마도 학문경영을 촉진하기 위해 필요하거나 혹은 학문상 의 논쟁을 강화하는 데 도움을 줄 뿐이다. 그러나 이러한 태도는 실 은 잘못된 길로 인도하기 쉽다. 이 경우에, 고전주의와 낭만주의의 관계와 이 둘의 변화와 혼합에 대해 학문적으로 논쟁을 벌이고 이러 한 논쟁을 통해 학문이 '진보할' 수 있도록, 횔덜린은 단지 그렇게 존 재하였던 것처럼 결국에는 보일 수도 있다.

우리는 여기서 인사받은 것이 어떻게 인사받고 있는지를 묻고 있는 것이지, 횔덜린의 시작업에 대한 호기심으로 말미암아 '시가적인' (poetisch) 형식과 문체에 대해 묻고 있는 것이 아니다. 우리는 어떤 관점에서 인사 안에서 인사받은 것이 개시되는지, 또 그렇게 스스로 를 개시하는 것이 무엇인지를 묻는다.

인사받은 것과 인사가 그것의 본질에서 완전히 단순하고 소박하다 는 것은 이에 상응하는 단순하고 소박한 들음을 요구한다. 제대로 들 어서 배워야만 하는 우리는 이미 오래전부터 검토되지 않은 다양한 것 안에 얽혀 있기에, 우리에게 익숙한 것을 단순하고 소박한 것이라 고 간주함으로써 본질적인 기만에 희생되지 않고서는, 단순하고 소 박한 것을 직접적으로 단순하고 소박하게 받아들일 수 없다. 그렇기 때문에 가장 단순하고 소박한 시구가 해석의 가장 머나먼 에움길을 요구했던 것이다. 그러나 그때 논구되는 것은 시를 형이상학의 하나의 체계 아래 놓으려는 시도로 잘못 해석되어서는 안 된다. 우리에게 여기서 과제로 부여된 가장 가까운 사유는 형이상학적 설명 속으로 얽혀드는 태도로부터 멀리 벗어나 사유하는 것 안에 존립한다. 시가 마치 사냥하듯 학문적 연구의 영역으로 존재하는 동안에, 말[17]에 이르는 길은 또한 가장 머나먼 에움길로서 종종 아무런 쓸모도 없는 헛된 것이 되고 만다. 왜냐하면 모든 '학문'은 형이상학에 기인하기 때문이다. 그럼에도 불구하고 우리는 듣는 것을 배워야만 한다.

> 축제일엔
> 갈색 피부의 여인들이 바로 그곳에서
> 비단 같은 땅 위로 걸어다니고,
> 삼월의 어느 날,

이것은 무슨 시간인가? 있어왔던 축제가 인사받고 있는 한에서, 이러한 시간을 명명하는 것이 우리에게 인사받은 것에 관해 어떤 것을 말해주고 있는가?

　삼월은 '이행하는 시간'이다. 이행은 여기서 단순히 지나가 버려 덧없이 사라지는 것을 뜻하지 않는다. 이행은 우리에게는 여기에서 다른 쪽으로 건너가는 것처럼 들린다. 그러나 지나감이 유래하는 한쪽은 단순히 뒤에 남아 있어 망각 속으로 떨어지지 않는다.

29. 화해와 균형으로서의 이행

　이행은 어떤 곳에서 떨어져 나와 다른 곳으로 나아감이 아니라, 어떤 곳과 다른 곳이 서로 어우러져 다가오는 본질적인 방식이다. 이행

---

17) '존재의 샘'으로서의 말을 가리킨다.

은 넘어감이 아니라, 어떤 곳과 다른 곳을 하나로 화합하고 그리하여
이 둘을 이 둘의 상주하는 본질근거[18]로부터 솟아나게 하여 본질근
거 속에 최초로 머물게 하는— 자기 안에 집결된 채 머무르는—그런
머무름이다.

　삼월은 이행하는 시간이다. 삼월은 성급하고 무리한 것을 전혀 소
유하고 있지 않으며, 밀어내 버리는 것이 아니다. 겨울과 여름, 이
모든 것은 은밀한 보존 속에서 서로 화해할 채비를 갖추고 있다. 그
러나 머뭇거리는 보존은 정지가 아니라, 일종의 독특한 고양이고 감
추어져 있던 것의 출현이며, 겨울의 냉혹함과 굳어 있음이 여름의 풀
어짐과 활기와 화해하는 것이다. 화해는 일종의 균형이다. 그러나 균
형은 하나의 공허하고 차이가 없는 동일성으로 모든 것을 평균화하는
방식에 따라 똑같게 만드는 것이 아니다. 화해는 투쟁을 타도하여 제
거하는 것이 아니라, 투쟁하는 것들로 하여금 저마다 각각의 본질의
고유한 권리를 동등하게 갖도록 풀어놓는 것이다. 이러한 참된 균형
은 투쟁하는 것들을 그것들의 본질의 동등함 속으로 되돌려 놓는다.
균형은 동등하게 시원적인 각각의 것을 자신의 본질의 평온 속으로
데려가 그곳에서 균형을 이루고, 그리하여 그것은 이러한 본질의 평
온으로부터 있어왔던 것을 존중하고 이러한 존중 안에서 비로소 자기
자신을 완전히 찾을 수 있는 힘을 얻는다. 그러나 자기-자신을-찾음
은 결코 고집 센 자기-자신을-고수함이 아니라, 고유한 것으로부터
다른 것의 낯선 것으로 넘어감이며, 이렇게 인정받은 낯선 것으로부
터 고유한 것 속으로 넘어옴이다. 균형은 이렇게 넘어가고 넘어옴이
고, 이행이다.

　　삼월의 어느 날,
　　밤과 낮이 같아지면,

---

[18] 이것은 겨울과 여름, 즉 음양의 바탕을 이루는 태극과도 같은 것이다.

122

본래적인 것이 명확하게 말해지지 않은 채, 여기에서는 모든 말들이 본질적인 의미에서 이행과 균형을 뜻한다. 왜냐하면 '밤과 낮이 같아지기' 때문이다. 우리는 흔히 '낮과 밤'이라는 어순을 사용한다. 그것은 다음을 뜻한다. 즉 우리는 흔히, 마치 낮이 '긍정적인 것'이고 '밤'은 '부정적인 것'인 듯, 낮을 먼저 거론한다. 그러나 횔덜린은 "밤과 낮이 같아지면"이라고 말한다. 그는 '운율에 따라' 이렇게 말하는 것이 아니다. 왜냐하면 송가와 같이 이 詩도 '운율'을 알지 못하기 때문이다. '밤과 낮'은 어둠과 밝음, 닫힌 것과 열린 것, 숨겨진 것과 드러난 것, 먼 것과 가까운 것의 시공간을 명명한다. 그러나 이 모든 것은 신들과 인간들의 대구와 관련되어 있고, 따라서 축제를 고려하는 가운데 있는 것이다.

30. '밤' : 있어왔던 신들을 회상하는 시공간. 저물어 가는 몰락을 받아들이면서 솟아남을 준비하는 이행

그러나 횔덜린에게 밤은 단순히 신들의 부재를 지칭하는 하나의 '상'이 아니다. 오히려 밤은 신들에 대한, 그리고 무엇보다도 신들과 인간들이 서로 마주 향해 오는 것을 지탱해 주고 규정하는 것에 대한 완전히 고유한 연관의 시공간이다. 밤은 슬퍼하는 상념의 시공간, 있어왔던 신들, 그러나 지나가 버리지 않은 신들을 회상하는 사유의 시공간이다. 밤은 유일무이하게 깨어 있는 시공간이다. 깨어 있음은 물론 잠을 제압할 수 없어 너무도 쉽게 잠으로 빠져들기 십상이다. 있어왔기에 아직도 존재하는 것을 사유함은 먼 것을 회상한다. 그러나 먼 것은 비밀로 가득 차 있다. 왜냐하면 먼 것으로서의 먼 것은 있어왔던 것과 다가오는 것을 동시에 자기 안에 비호하고 있기 때문이다. 있어왔던 것의 옮에 대해서도, 다가오는 것의 옮에 대해서도 이미 결정이 내려지지 않은 상태에서 다만 옮이 있는 경우, 있어왔던 것과 다가오는 것은 각각 다른 것 속으로 그때마다 동시에 함께 지시하고 있다. 이렇게 멀고도 머나먼 것은 자기 안에 밤을 비호하고 있다. 그러나 이렇게 머나먼 것은, 제거된 채 단순히 멀리 떠나가 버린 것이라는 의미에서 말해지는 것이 결코 아니다.

밤은 부정적인 것이 아니다. 우리가 제대로 알지도 못하고 숙고조차 하지 않은 채 단순한 낮이나 단순한 밤에 우리를 맡겨버릴 때에만, 밤은 부정적인 것이라는 가상에 빠진다. 밤은 실은 저물어 가는 저녁의 황혼을 떠맡으면서 솟아오르는 아침의 여명을 가져온다. 저물어 간다는 것은 순전히 사라져 버려 끝난다는 것이 아니다. 역사적 의미에서 저물어 간다는 것은, 본질적으로 있어온 것으로서 스스로 고유하게 동화할 수 있다는 것을 의미할 수 있을 뿐이다. 위대한 것만이 저물어 갈 수 있다. 사소한 것은 결코 저물어 가지 않는다. 사소한 것은 그저 조금 더 지속하다가 끝날 뿐이다. 밤은 저물어 가는 몰락을 떠맡아 그것을 그것의 보존에서 받아들인다. 왜냐하면 밤은 솟아남을 준비하는 것이기 때문이다. 밤이 저물어 가는 몰락을 받아들이는 동시에 솟아남을 준비하면서 이렇듯 이행의 충만한 본질로 존재할 때, 밤은 밤으로서 밤이 된다.

삼월에 밤과 낮이 같아진다는 것은, 낮에 앞서 떠오르는 밤은 이행하는 과정에 밤과 다른 것을 포기하지 않고 낮과 낮이 됨에게 우위를 허락하면서 낮을 위해 있어왔던 것을 보존할 준비가 되었다는 것을 말한다. 밤과 낮 사이의 본질균형은 이 둘의 사라짐을 가지고 오는 것이 아니라, 각각을 그때마다 자신의 가장 고유한 본질로 데려오고, 또한 이 둘을 교대로 통일적인 귀속성 속으로 데려온다.

"밤과 낮이 같아지면"이라는 말은 양적으로 규정된 천문학적 배열을 뜻하는 것이 아니라, 최고의 시원적인 균형을 일컫는 숨겨진 말이다. 삼월에 밤-과-낮이 같아짐 안에서 밤은 낮으로의 가장 순수한 이행이고 낮은 자신의 상승하는 솟아남 앞에 서 있게 된다. 이러한 같음은 순수하게 본질을 허락해 주는 정상이다. 이러한 최고의 균형이 축제의 본질, 즉 신들과 인간들이 서로 마주하여 대구하는 생기-사건을 특징짓는다.

31. 신들과 인간들이 숙명에 알맞은 것 안으로 자신을 보냄. 숙명에 알맞은 것과 운명

우리는 신들과 인간들에게 관계하고 있는 하나의 공허한 시공간 안에서 때때로 서로 만나기 위해 다른 것 옆에 나타나기도 하는 그런 눈앞의 존재로서 신들과 인간들을 표상해서는 물론 아니 된다. 신들과 인간들은 존재한다. 그러나 그들은 숙명에 알맞은 것 안으로 자신들을 보내는 방식으로 존재한다. 그러나 여기서 숙명에 알맞은 것이란 하나의 규정이나 규칙 혹은 관례에 상응하는 것을 결코 뜻하지 않는다. 횔덜린은 '숙명에 알맞은 것'이라는 말을 본질적인 의미에서 사용한다. 숙명에 알맞은 것이란 우선 본질에 속해 있는 귀속성을 보전한다는 의미에서 스스로 속해 있는 그런 것이다. 그렇다면 숙명에 알맞은 것이란 본래적으로 귀속하는 것 자체이다. 그러나 귀속하는 것은 이러저러한 곳에서 단지 복종과 불복종을 기다리고만 있는 그런 규정이 아니다. 숙명에 알맞은 것으로서의 귀속하는 것은 스스로 속하는 것을 다스리고, 그리하여 이렇게 본질 안에 머물러 있어야만 하는 모든 것을 서로 어우러지게 하는 그런 것이다.

숙명에 알맞은 것 속으로 자기를 보내는 것은 피할 수 없는 것을 그저 참아내는 것이 아니다. 왜냐하면 숙명에 알맞은 것은 바로 피할 수 있는 것이고 심지어 대개 회피할 수 있는 것이기 때문이다. 숙명에 알맞은 것 속으로 자기를 보낸다는 것은 고유한 본질에 이르도록, 그리고 이러한 본질공간을 발견하도록 자신을 보낸다는 것을 뜻한다. 또한 그것은 고유한 존재가능을 먼저 보내면서, 숙명에 알맞은 것을 발견하는 호의와 그렇지 못한 비-호의를 표시하는 것이다. '보내어진

숙명'과 '자기를 보내는, 숙명에 알맞은 것'을 발견하도록 혹은 상실
하도록 자기를-넘어서-보낸다는 것은 오로지 '운명'(*Schicksal*) 안에
서 있다는 것을 뜻한다.

우리에게 운명은 너무도 자주 '어둡다'(*blind*)라고 말해진다. 왜냐
하면 우리 자신의 눈이 멀어 있고, 또한 그저 헤아릴 수 없기에 '강제
적인 것'이라고 말함으로써 우리는 우리의 헤아림에 따라 운명을 잘
못 헤아리고 있기 때문이다. 그것은 분명히 헤아리기 어렵다. 그러나
헤아릴 수 없다는 것이 동시에 운명에 적합한 규정은 아니다. 우리가
운명을 단지 헤아릴 수 없는 것으로서 만난다면, 우리가 비록 수를
사용하지 않는다고 하더라도, 우리는 계산의 태도 안에 머물러 있는
것이다.

운명이란 속하는 것, 다시 말해 함께 속해 있는 것이 화음과 균형
속으로 보내지거나 혹은 조정되지 않는 것 속에 그대로 내맡겨지는
그런 방식이다. 운명은 동시에 자신의 본질 안으로 자기를 고유하게
보내면서 존재하는 그런 것이 숙명에 알맞은 것을 찾아서 유지하는
방식이며, 또한 그렇게 보내어진 것과 보내는 것에게 자신의 본질을
허용하고 이러한 본질의 주재(主宰)에게 권리를 주면서 비로소 정당
한 것을 받아들이는 그런 방식이다.

32. 형이상학의 헤아리는 사유 안에서 운명을 파악하는 것과 횔덜린의 의미에서의 '운명'

우리의 헤아리는 사유는, 그러나 아마도 플라톤 철학이 지배한 이
래로 지금까지의 모든 서구적 사유, 즉 형이상학적 사유는 원인과 작
용이라는 경과순서를 따르고 있다. 모든 존재자는 현실적인 것-작용
하는 것-작용되는 것으로서 원인과 작용이라는 경과순서에서 정돈된
다. 작용이 아닌 것은 원인이고, 그 역도 성립한다.

그리스도교적으로 규정된 형이상학과 이러한 형이상학에 의해 입증되는 그리스도교는 세계와 자연의 경과를 예견하고 앞서 규정하는 최상의 원인과 관련해서 모든 것을 사유한다. 이렇게 헤아리면서 계획하는 형이상학적 사유의 특징은 '예정'과 '섭리'의 개념이다. 이러한 사유의 범위 안에서 운명은 꿰뚫어 볼 수 없는 섭리 속에서 작용하는 하나의 원인으로서 통용되거나, 혹은 운명이라는 이름은 그렇게 작용하는 원인의 작용을 지칭한다. '운명'은 어둠 속으로 감추어진 원인으로서 우리에게 통용되고, 이러한 원인에 의해 개개인의 '운명들'이 결과적으로 작용된다. 우리가 이러저러한 것이 바로 '운명'일지 모르니 그쯤 해두자고 말할 때, 무사유와 숙고 앞에서의 도피를 덮고자, '운명'이라는 말이 잘못 사용되는 일이 있을 수 있다. 그것은 훌륭하게 들리지만, 아무런 척도도 없이 공허하고 하찮은 것이다. 그것은 경외할 만한 것처럼 들리지만, 아마도 아무런 도움도 되지 않는 니힐리즘에 불과할 것이다.

그러나 운명의 본질은 놀라운 작용을 하는 파악할 수 없는 원인으로 존재한다는 데에 존립하지 않는다. 횔덜린의 의미에서 엄밀하게 사유해볼 때, '운명'은 축제를 통해 균형으로 다가오는 그런 것이기에, 반드시 균형이 잡혀 있는 것은 아니며, 또한 균형을 이루고 있는 것도 아니다. 지금까지의 사유에는 '운명'이라는 횔덜린의 말을 충분히 숙고하기에 충분한 개념과 영역이 없다. 횔덜린이 '친밀성'(Innigkeit)이라는 낱말을 말할 때, 그는 운명의 본질영역과 본질근거를 명명하고 있는 것이다.

축제와 운명은 하나로 함께 속해 있다. 우리가 운명을 인정하되, 그것을 순전히 어떤 어두운 힘으로서 원인-작용 관계라는 수준 속에서 나타나게 한다면, 우리의 생각은 표면에 머물러 있는 것이라는 사실을 우리는 이미 이러한 것으로부터 인식하는 것이다. 실은 이러한 생각의 밑바탕에는, 인간이 본질적으로 약간의 '자유'의 범위 안에서 자기 자신과 자신의 것을 조종할 수 있되, 그러나 그 나머지는 변화

시킬 수 없는 원인-작용 관계의 강제적인 경과과정 속으로 이양된다
는 표상이 깔려 있다. 인간에 대한 이러한 표상은 이러한 표상의 시
야영역 안에서는 올바르다. 그러나 그 안에서 인간이 전적으로 경험
하게 되는 이러한 시야영역 자체는 보잘것없다. 형이상학이 이러한
시야영역 안에서 움직이고, 모든 존재자가 자연법칙과 (인간과 신의)
인격의 자유라는 이 두 구역 속으로 나뉘어 머무르고 있다는 사실은,
우리가 여기서 자유도 또한 단지 인과성의 한 양식으로서 사유되고
있다는 것을 통찰하게 되는 그 순간, 우리에게 마땅히 사유해야 할
것으로서 주어지지 않을 수 없다. 원인과 작용에 따라 존재자를 해석
하는 것은 형이상학적 의미에서 기술적인 해석이다.

　이 지구촌의 각각의 모든 구석에서 나타나는 현대기술의 고삐 풀린
무제한적 지배는 세계에 대한 아주 오래된 기술적 해석의 차후 결과
에 지나지 않는다. 그 해석은 지금까지의 형이상학을 뜻한다. 근대기
술의 본질근원은 플라톤에게서 시작한 형이상학의 시초에 놓여 있다.
이러한 근대적 기술은 니체가 사유했던 힘에의 의지의 형이상학을 통
해, 플라톤주의를 뒤집은 것으로 파악되는 저 형이상학에 의해, 자신
의 최후의 형이상학적 정당화를 경험하였다. 자연법칙과 자유의 구
분은 실은 기술적인 것이다. 다시 말해 그것은 그 안에서 이미 존재
자체가 자신의 진리로부터 말해지지 않는 그런 기술적 구분에 지나지
않는다.

　이에 반해 우리가 운명과 역운(Geschick)을 축제의 생기-사건이라
는 관점에 입각해서 사유한다면, 다시 말해 이러한 생기-사건 자체에
게 자신의 본질을 증여하고 있는 그런 것에 입각해서 물어본다면, 운
명이 학문적 설명이라는 의미에서 더욱 잘 개념파악될 수 있는 것이
아니라, 오히려 그것의 본질이 우리에게 더욱 귀중해지고 더욱 비밀
로 충만해질 것이다. 운명 속으로 자기를 보냄은 알려지지 않은 원인
에 의해 일어나는 피할 수 없는 작용 속으로 단순히 결과하는 것과는
다른 것을 우리에게 요구한다. 우리는, 즉 우리의 기술은 이러한 원

인을 반대할 아무런 힘도 없다. 운명은 우리에게 다른 것을, 다시 말해 더욱 지고한 것을 요구하면서, 우리의 본질의 더욱 근원적인 규정과 충일 속으로 우리 자신을 보낸다.

33. 운명을 위해 균형을 이루는 잠시 동안으로서의 축제

축제는 횔덜린에게는 역사의 근거이자 본질이다. 운명 안에 서 있는 모든 행위는 역사적이다. 최고의 균형으로서의 축제의 생기-사건은 모든 자기를-보냄과 숙명에 알맞은 모든 것 그리고 운명을 하나의 조화로운 울림(Einklang, 화음) 안으로 가지고 온다. 축제는 가장 친밀한 균형의 시공간이고 본질의 얼개(Wesensgefüge)이다. 그때 각각의 모든 것은 〔이러한 시공간 안에서〕'있는 그대로 존재한다'. 각자가 자신의 본질 안에 있는 그대로 존재할 때, 참된 것은 존재한다(〈거인족〉, 제4권, 209쪽 이하, 제5권, 51쪽 이하 ; 〈므네모쉬네〉, 제4권, 225쪽, 제5권, 18쪽 이하).

숙명에 알맞은 것이, 하나가 다른 것에 대해, 자기를 찾으면서 채우고 있는 한, 축제 안에서 운명이 머무르는 시간(Weile, 잠시 동안)이 생기한다. 송가 〈라인 강〉에서 이미 인용되었던 구절은 더욱 완전하게 이렇게 말하고 있다.

> 그때 살아 있는 모든 존재는
> 인간들과 신들의 결혼축제를 축하하고,
> 운명은 잠시 동안
> 균형을 이룬다.

축제일은 축제의 전날이며, 최고로 균형을 이루고 있는 앞선 시간이다. 축제일은 운명을 위해 밤새 깨어 있음이다. 운명은 잠시 동안 균형을 이룬다. 지금까지 그리고 대부분의 시간은 균형을 이루지 않았다. 인간들과 신들, 그리고 보냄과 숙명에 알맞은 것에게 그들의 마주하는 대구를 준비하면서 펼쳐놓는 저것은 대개 숙명에 알맞은 것 안에서 자기를 발견하지 못한다. 따라서 우리는 단지 잠시 동안만 운명은 균형을 이룬다고 말할 수 있다. 우리에게 이 '단지'라는 말은 지속의 제한과 단축, 그리고 지속적인 것의 결핍과 모든 '현실적인 것'의 불완전성을 나타내 준다. 우리는 이미 다시 헤아리는 가운데 우리의 이기적 소망을 잠시 동안과 체류, 지속, 그리고 머무름의 척도로서 정립한다. 우리는 본래적인 머무름을 너무도 기꺼이 전혀 중단되지 않는 지속 속에서 찾는다. 그러나 아마도 끝이 없이 '계속해서 이러저러하게 나열되는 것'(Und-so-weiter)은 지속의 가장 조잡한 형태이다. 아마도 이러한 종류의 지속은 모든 소망할 수 있는 것 중에서 익숙한 것에 불과할 것이다. 왜냐하면 그렇게 지속하는 것은 우리 자신으로부터 아무것도 요구하지 않기 때문이다. 사실상, 고유하게 수용된 것이 아니라, 사용되고 이용되는 것이라는 의미에서의 익숙한 것만이 공허하게 계속해서 이러저러하게 나열되는 방식에 따라 지속된다. 익숙하지 않은 비범한 것은 유일무이한 것을 말한다.

유일무이한 것은 머무름의 자신의 유일한 방식을 가지고 있다. 그것은 잠시 머무르는 저 축제의 시간이다. 이렇게 머무르는 잠시 동안 안에서는 제한이나 결핍이 아니라, 익숙한 것의 모든 제한의 극복과 본질적인 것의 풍요로움이 결정된 채로 놓여 있다. 아마도 우리는 계산이 되어버려 영원한 지속 안에서 최고의 현실성을 바라보는 아주 오랫동안 익숙해진 사유를 근본적으로 '전환하여' 사유하면서('um'denken) 시원적인 '시간'과 잠시 동안으로부터 존재의 본질을 경험하는 머나먼 규정 앞에 서 있을 것이다.

아마도 이러한 다른 사유는 근본을 상실한 인류의 고삐 풀린 조작성의 아무런 도움도 되지 않는 맹목성으로 나가는 모든 '혁명'으로부터 멀어지는 변화일 것이다. 왜냐하면 그것은 변혁의 과정에서 단지 무조건적으로 종래의 것 안으로 굴러가 뒤엉켜 버리기 때문이다.

최고의 본래적인 머무름은 이러저러하게 계속해서 진행되는 그런 지속이 아니라, 유일무이한 것이 머무르는 잠시 동안이다. 그러나 유일무이한 것은 '오직' 시원적인 것으로서만 존재한다. 각각의 모든 시원은 유일무이하다. 모든 진행은 더 많은 것 속으로 산만하게 흩어지고 더 많은 것을 뒤에 남긴다. 그리고 이러한 진행은 언제나 산만하게 흩어진 것에 관여할 것을 요구한다. 이러한 관여는 흩어진 산만함을 일상성으로 만든다. 흩어진 산만함은 다양한 것을 '척도를 부여하는 것'으로서 유지하는 가운데 잘못된 헤아림을 통해서만 방어될 수 있다. 그러나 분산된 것과 산만하게 흩어진 것은 언제나 더 멀리 나아가면서 자신의 필연성 안에서 이러저러하게 계속 나열되어 진행되는 것을 확인하고, 그리하여 유일한 권리 안으로 정립할 기회를 제공해 준다.

시원은 그때마다 머무르는 잠시 동안으로 존재하고 이러한 잠시 동안 안에서 유일무이한 것의 다 길어낼 수 없는 원천을 닫아 버리는 가운데 머무른다. 축제의 시간은 이렇게 머무르는 잠시 동안이다. 그렇기 때문에 이미 축제의 전날은 잠시 동안에 상응해야만 한다. 축제일은 축제로부터 그리고 오직 축제에 의해서만 조율되는 어떤 하나의 고유한 체류이다. 이러한 체류는 단순한 일의 중지와는 근본적으로 구별된다. 체류의 시간은 기대함이고, 이미 일종의 이행이며, 삼월이다.

34. 그리스의 있어왔던 것으로부터 미래적인 것으로의 이행 : 송시의 감추어진 진리

삼월의 어느 날,
밤과 낮이 같아지면,
요람 속에 잠재우는 미풍은
황금빛 꿈에 깊이 젖어
느릿한 오솔길을 넘어간다네.

"느릿한 오솔길을 넘어"—"느릿한 오솔길"—"오솔길". 인간적인 풍경에 관해 쉽게 보고될 수 있는 많은 사물들 중에서, 바로 '오솔길'이 그리고 그것의 '넘어감'이 명명되고 있는 첫째 연에서 이미 우리는 놀란 바 있다. 그리고 이제 한 번 더 '오솔길'이 특별하게 말해지고 있다. 그러나 우리는 이제 길의 명명에 대해 여전히 놀라워하고 있다. 왜냐하면 우리는 여기서 이행이 어떤 식으로 시로 지어지는지를 알기 때문이고, 혹은 엄밀하게 말해서, 아마도 예감하고 있기 때문이다. '넘어감', '삼월', '균형'… 오솔길이 명명되고 있고 그것이 무엇을 말하는지에 대해 비로소 놀라워할 여지를 허용하는 대신에, 우리가 이제 더 이상 놀라워하지 않는다면, 그것은 허망하고 잘못된 것이리라. '오솔길'은 이제 더 이상 여러 가지 다른 사물들 중의 하나로 우리에게 언급되고 있는 것이 아니다. 오솔길은 축제일의 시간 안에 삼월에 속하는 것으로서 명명되고 있다. 그리고 이것은 그 위로 '요람 속에 잠재우는 미풍'이 부는 오솔길로서 명명되고 있다.

'미풍'? 우리는 이미 그것에 대해 듣지 않았던가? 인사를 전하는 사자로서의 바람에 대해? 그러나 지금은 '요람 속에 잠재우는 미풍'은 인사받는 것에 속하여 있다. 또한 인사받는 것은 미풍의 영역 안에서 마치 인사하는 시인처럼 존재한다. 그러나 이제 그것은 눈을 뜨게 만드는 매서운 북동풍이 아니라, '요람 속에 잠재우는 미풍'이다. 인사받는 나라는 물론 다른 나라, 즉 본래 그리스이다. 그곳에서는 모든 것이 그리고 무엇보다도 모든 것의 근거인 축제가 다르게 존재한다. 인사하는 시인이 인사 안에서 인사받는 것을 있는 그대로 존재하게 하는 가운데, 시인은 그것이 어떻게 있는지 말한다. 그러나 인사받는 것은 단순히 생각된 것을 드러내 놓고 지시하기보다는, 이전까지는 감추어져 있던 하나의 말을 이제는 요구하는 것처럼 보인다.

우리가 詩를 듣거나 '해석함'에 있어서 실수를 범하지 않기 위해서는, 여기에서 새롭게 사이-소견(*Zwischenbemerkung*, 사이-말)이 필요하다. 왜냐하면 지금 우리는 시의 영역의 한가운데에 가까이 있기 때

132

문인데, 거기서 '해석'은 적어도 시인의 '견해'에 대해 하나의 정보를 갖기 위해, 하나의 형식이나 문장으로 기록할 수 있는 결과물로 제시 될 수 있다.

> 요람 속에 잠재우는 미풍은
> 황금빛 꿈에 깊이 젖어
> 느릿한 오솔길을 넘어간다네.

다른 '시인'의 경우에 이 시구는 '이상적인 풍경'을 '시적으로 묘사한 것'으로 간주될 수 있을 것이다. 그러나 인사에 의해 인사받는 것이 열리고, 그 결과 그것이 동시에 인사하는 시인을 향해 이리로 눈짓하고 있는 이곳에서는, 이 시구는 그렇게 간주될 수 없다. 인사 안에서 명명되고 있는 것은, 그것이 마치 먼 나라로부터 말해진 것처럼 보인다고 하더라도, 그럼에도 불구하고, 인사하는 자에게 속삭이듯 말을 건네고 있다.

인사받는 것은 이중적인, 아니 심지어 삼중적인 의미를 갖는다. 그것은 인사받는 나라 자체와 그것의 역사를 의미하고, 이와 동시에 있어왔던 것으로서 변화된 종류의 미래의 것을 앞서 지시하면서 의미하고 있다. 게다가 그것은 본래적으로, 있어왔던 것으로부터 미래의 것으로의 이행을 의미한다. 이 모든 것은 이 詩의 이 구절에만 해당되는 것이 아니라, 시 전체에 해당하고, 심지어 송시에 해당되기도 한다.

그러나 이 詩의 이 구절은 그럼에도 불구하고 특별하다. 이 시구는 순수한 상들 안에 떠다니면서 스스로 산책하는 것처럼 울린다. 그리고 본래적인 '내용' 주위에 단지 우연히 감겨 있는 장미 덩굴처럼 보인다. 이 시구는 거기에서 횔덜린 시의 본래적 진리를 감추고 있다. 그것의 감추어진 충만은 순수하게 단순하고 소박한 것이고 시인에게는 결정적인 것이다. 우리가 우리의 능력 안에서 각각의 말들을

냉정하게 숙고한다면, 우리는 무엇보다도 시의 이러한 숨겨진 충일
과 그것의 명백한 아름다움을 건드리지 않은 채로 차라리 그대로 놓
아두는 것이 좋을 것이다. 그것의 시적인 진리는 물론 자기 안에 그
것을 떠맡는다. 그리고 그것은 주해를 통해 그것을 상승시키려는 허
황된 추구를 필요로 하지 않는다. 우리가 이렇게 시도된 소견과 詩
사이의 간격을 오인하지 않기 위해서, 이러한 엄격한 가르침은 늘 필
요하다.

반 복

1) 시로 지어진 이행의 유래. 이행 안에서 불려진 '반신'. 헤겔과 횔덜린

축제일은 축제의 전날이고, 그래서 실은 운명을 위해 밤새 깨어 있
음이다. 따라서 축제일은 "삼월의 어느 날, /밤과 낮이 같아지면"이라
는 시구와 함께 명명된다. 삼월은 이행하는 시간이다. 이행은 여기서
단순히 지나가 버리는 것을 뜻하는 것이 아니라, 다른 쪽으로 넘어감
을 뜻한다. 넘어감은 단순한 진행이 아니라, 이쪽으로 인사함이다.
이행은 서로 마주하여 서 있는 여기와 저기 양쪽 안에서 비로소 자기
를 발견하고, 시원적인 단일성으로부터 본질규정을 얻기 위해서 근
원적인 단일성 안에 자기를 모아들이는 그런 것이다.

그러나 우리가 이행을 이렇게 사유한다고 하더라도, 우리는 종종
그것의 본질을 오인하는 위험에 빠진다. 그 근거는 우리의 사유가 너
무도 쉽게 사물적으로 머무르면서 사물적인 것 속에서 자기를 구제하
려고 한다는 데에 놓여 있다. 사물적으로 표상할 경우에, 이행은 저
쪽에서 이쪽으로 넘어가는 것으로서, 눈앞에 현존하는 양쪽 사이에
서 차후에 중개하는 그런 것에 지나지 않는다.

그러나 본질적으로 사유하면, 그리고 이와 동시에 다시 조금 거칠게 말하자면, 이행이 최초의 것이라는 것이 타당하다. 이행은 거기로부터 이행이 시작하고 저기로 이행해 가는 그것을 이행 속에서 그리고 이행으로부터 생기게 한다. 그렇기 때문에 이행은 공허한 것 안에서 떠다니지 않는다. 이행은 그 자체가 발원하는 것이다. 다리는 이미 눈앞에 있는 이쪽 강가에서 이미 눈앞에 있는 다른 강가 사이에 놓여 있는 사물이 아니며, 오히려 '다리'가 자기를 보내주어, 완전히 그리고 동시에 하나 안에서 강물 위를 부유하면서 강가를 비로소 강가로 만들어 주고, 이쪽과 저쪽의 열린 곳을 열어 놓는다. 다리가 거기로부터 자기를 보내는 고도가 높으면 높을수록, 강가는 더욱 다리로 이어지면서 가까워진다. 강가의 떨어진 거리는 눈앞의 한쪽의 거리에 따라 측정되는 것이 아니라, 흔들거리는 다리의 존재가 유래하는 고도에 따른다.

여기에서 주재하는 연관은, 다시 말해 사물적으로 헤아리는 사유에게는 우선 낯선 연관은 이미 인사의 본질을 지적하면서 가볍게 언급되었다. 거기에서 우리는 이렇게 말했다. 인사하는 자 자신이 이미 인사받는 자로 존재할 경우에만, 다시 말해 이전에 이미 이쪽저쪽으로 흔들리는 다리의 이러한 활력 속으로 받아들여져 다리의 활력으로부터 유래를 가질 경우에만, 인사하는 자는 인사할 수 있다고 말이다. 횔덜린은, 비록 여기에서 시도된 개념적 각인 안에서는 아니라고 하더라도, 이행을 매우 본질적으로 사유하고 있기에, 그의 시짓기에서 나타나는 이행적인 것은 독특하게 자기 안에 짜여 있는 풍요로움을 가지고 있다.

이행은 인간들과 신들의 마주하는 대구, 즉 축제이다. 그러나 이행은 또한 있어왔던 축제로부터 다가올 축제로의 저리로 넘어감이다. 이행은 이렇듯 이행들 중의 이행이다. 따라서 이행하는 것의 영역 안에서는 무엇보다도 먼저 '사이'가 본질적인 것이다. 이러한 '사이'를 떠맡아 완수하고 해결하도록 최초로 부름받은 자들, 그들이 여기에 있다. 그들은 더 이상 단지 인간들이 아니고, 아직 신들도 아니다. 횔덜린은 그들을 '반신'이라고 명명한다. 그들의 본질형상은 상이한 시대에 따라 상이하게 다르다. 횔덜린은 성스러운 것의 영역을 사유하는 곳에서는 어디에서나 제일 먼저 늘 반신을 사유하고 있다는 것을 그 자신이 송가 〈라인 강〉에서 말하고 있다. 이 시 안에서 움직이는 천사는 그 시의 열 번째 연의 시작이다.

그곳에서 횔덜린은 이렇게 말한다(제 4권, 176쪽 이하).

> 나는 이제 반신을 사유하노라,
> 그리고 소중한 그들을 나는 알아야 하리,
> 자주 그들의 삶이 그렇게
> 그리워하는 내 가슴을 흔들어 놓기 때문이리.

우리가 횔덜린의 잠언 '모든 것은 친밀하다'를 본질에 합당하게 변형시킨다면 다음과 같이 말할 수 있을 것이다. 모든 것은 이행이다.

이행은 화해이고 화해는 차이 없는 것의 같은 수준 안에서 같게 만드는 것이 아니라, 그때마다 고유한 본질의 같은 척도에 따라 각자에게 같은 것, 즉 그의 고유한 것을 나누어 주는 그런 균형이다.[19] 이행의 본질을 이렇게 해명함으로써, 만일 우리가 모든 것을 형식적으로 받아들이고 이행하는 것 자체와 그것의 영역을 함께 사유하지 않는다면, 우리는 헤겔의 형이상학 가까이에 이르게 된다. '모든 것은 이행이다'라는 명제는 헤겔의 근본명제를 바꿔 쓴 것으로 받아들일 수 있다. 니체의 형이상학에서 다시 나타나는 명제, 즉 '모든 존재와 각각의 현실성은 생성이다'라는 명제는 물론 완전히 다른 의미를 가지고 있지만, 독일의 이상주의의 형이상학과는 긴밀한 관련이 있다. 사람들은 횔덜린의 시를 헤겔의 사유에 근거 짓고자 시도했다. 두 친구가 학생시절뿐만 아니라, 프랑크푸르트 시절 성숙한 결정적 시기

---

19) 이런 점에서 이행은 하이데거의 존재언어로 환원하면, 사이-나눔이다.

136

에도 그들의 사유와 의욕에서 가까웠다는 것을 생각해 본다면, 그런 시도는 곧바로 솟아난다. 그럼에도 불구하고 '모든 것은 이행이다'라는 이 동일한 명제는 헤겔과 횔덜린에게서는 근본적으로 서로 다른 의미를 갖는다. 그 다름은 두 개의 형이상학적 기초에 관계할 뿐만 아니라, 헤겔의 기초는 아직 형이상학적인 반면, 횔덜린의 기초는 더이상 형이상학적이지 않다는 데에 차이가 있다. 역사학적 비교와는 아무런 상관도 없는 이러한 관계를 올바로 통찰하는 것에, 횔덜린의 시를 장차 자기 것으로 수용하여 획득할 수 있는지 그 여부가 달려 있다.

2) 인간들과 신들에게 숙명에 알맞은 것은 성스러운 것이다.
존재하게-함으로서의 조화로운 어울림의 보냄

이제 우리의 숙고가 체류하는 이곳에서, 우리는 우선 이행을 인간들과 신들의 마주하는 대구라는 의미에서 사유해야만 한다. '축제일'과 함께 명명되는 이행과 균형은 인간들과 신들의 대구, 즉 축제를 준비하는 것을 의미한다. 축제 안에서 스스로 대구하는 자들은 본질 없는 혼합 속에서 자신을 상실하지도 않고, 단순히 마주하여 응시함 안에 머물지도 않는다. 오히려 그들은 서로 교대로 대구하는 자에게로 그때마다 고유한 본질을 실어 나른다. 그러나 인간들도 신들도 그스스로 대구해서는 안 되고, 또한 그런 대구를 야기할 수도 없기 때문에, 이런 일은 그렇게 일어난다. 양자는 먼저 그리고 심지어 그때마다 달리 인간들과 신들을 그들의 본질로 보내는 성스러운 것에 의해 양자의 대구로 규정된다. 성스러운 것은 이렇게 보내는 것 (das Schickende) 으로서 신들과 인간들에게는 숙명에 알맞은 것이다. 숙명적인 보냄 (Schickung, 섭리) 20) 은 인간들과 신들에 대한 성스러운 것의 연관들을 이어주고, 성스러운 것에 대한 인간들과 신들의 연관들

20) 존재 자체의 숙명적인 보냄이다.

을 이어주며, 또한 인간들과 신들의 연관들을 서로 화동하도록
(Zueinander) 이어주고, 성스러운 것에 대해 서로 화동하는 이러한
연관들을 이어준다.

　이러한 근원적인 연관들의 통일성과 단순소박함이 모든 것을 이어
주면서 조화롭게 존재하는 각각의 모든 것을 규정하는 조화로운 어울
림(Fuge)이다. 우리는 이러한 조화로운 어울림을 존재(Seyn)라고 명
명하는데,21) 이러한 존재 안에서 모든 존재자는 현성한다. 조화로운
어울림의 안배(Fügung, 이어줌)는 본질 안으로 자유롭게 놓아줌(Frei-
lassung)이다. 그러나 동시에 비본질의 가능성 안으로 놓아줌(Los-
lassung)이기도 하다. 자유롭게 함(Freigabe, 해방)은 부조화(Unfug, 부
적합)를 허용함(Zulassung)이다.

　〔존재의〕안배와 숙명적인 보냄은 어떤 작용을 야기하는 것(Bewirk-
ung)이 아니다. 우리가 그것들을 이렇게 사유한다면, 우리는 그것들
의 본질을 파악할 수 없다. 그러나 우리가 언제나 단지 존재자를 원
인-작용의 관계에 따라 존재자로부터 설명하는 대신에, 존재 자체를
알고자 도처에서 늘 노력하고 있다는 것을 우리는 조용히 고백한다.
우리는 언제나 존재를 이러한 익숙한 설명의 울타리 안으로 끌어들이
고자 시도한다. 근대시대의 수백 년 이래로 그리고 급속히 이어진 현
대시대 이래로 인간은 그것을 잘 알지도 못하면서 전 세계의 존재자
를 지배한다고 스스로 착각한 채 이중의 현혹적인 굴레(Umstrickung)
속으로 빠져들고 있다. 우리가 전적으로 오로지 존재자에 집착함으
로써 존재 자체에게서 소외되었다는 의미에서 하나의 밧줄(Strick)이
우리의 태도와 생각을 묶어놓고 있다. 존재자가 현실적인 것이라면,
다시 말해 존재자가 작용된 것, 혹은 작용하는 것, 그리고 이러한 것
으로부터 작용을 야기할 수 있는 것, 혹은 작용에 입각해 설명될 수
있는 것이라면, 인간이 이렇게 속으로 혼자 생각한 존재자만을 존재

---

21) 천지만물의 조화로운 어울림으로서의 존재를 가리킨다. 깊이 숙고해야 할 말이다.

자라고 간주하고 있는 한에서, 다른 또 하나의 밧줄이 이미 묶여 있는 것들을 다시 한 번 더 옭아매고 있다.

사람들이 이렇게 옭아매여 있을 때, 작용과는 무관하게 어떤 것이 존재할 수 있다는 것, 그리고 다른 것에 의해 작용되지 않고 또 이러한 작용됨 안에서 존재를 길어내지 못해도 다른 것이 함께-존재한다는 것을 그들은 자유로운 감정과 열린 눈으로 어떻게 받아들일 것인가. 사람들이 이렇게 옭아매여 있을 때, 모든 존재와 더불어-있음(Mitsein)이 〔각자에게〕 할당된 본질의 조화로움(Fug, 적합함) 속으로 이어져 있다는 것을 어떻게 숙고할 수 있겠는가. 조화로움이 아무것도 하지 않고, 존재자에게서 전혀 애쓰지 않아도, 이러한 조화로움이 존재자를 존재하도록 허용하기에 존재자는 이어진다. 이러한 허용(Lassen)과 양도(Überlassen)는 안배가 작용을 야기하는 것 안에 존립하지 않는다고 하는, 여기서 주재하는 비밀을 위한 징표를 준다. 우리가 오랫동안 그리고 천천히 존재를 숙고할 때에만, 이러한 연관을 비춰주는 하나의 빛이 때때로 다가온다. 그러나 우리는 이미 적절한 순간에 일상적인 것과 미미한 사물들의 범위 안에서 그것에 관해 많은 것을 알 수 있다. 우리는 때때로 어떤 것이 자신의 순전한 '현존재'에 의해 작용한다고 말한다. 그러나 우리가 여기서 '작용한다'라고 말한다면, 우리는 여전히 잘못 말하는 것이다. 더욱 본질적인 것이 존재하는데, 그것은 곧, 이러한 순전한 현존재가 더 이상 작용하지 않는다고 하는 사실이다. 그리고 이러한 '더 이상 작용하지 않음' 안에 본래적인 존재가 존립하고 있으며, 이러한 존재의 진리 안에서 우리가 모든 존재자와 더불어-있음이 고요히 머물고 있고, 또한 이러한 것으로부터 그것이 생겨난다고 하는 사실이 더욱 본질적인 것이다.

서양사유의 최초의 시원에서, 플라톤과 더불어 비로소 시작된 형이상학에 앞서, 사상가들은 본질적인 것을 알았다. 순수하게 나타나고 피어나는 것이 참된 것임은 그들에게는 명백했다. 그리고 더욱이 직접적으로 나타나는 것보다는 현상 속으로 출현하지 않는 것이 존재 안에서는 더욱 지고한 것일 수 있다는 것이 그들에게는 명백했다. 헤라클레이토스는 그의 단편들 가운데 단편 54로 분류된 잠언에서 이렇게 말하고 있다.

ἁρμονίη ἀφανής φανερῆς κρείσσων.

"나타남 속으로 스스로를 내맡기지 않는 화음의 안배가 나타나는 것보다 더 지고한 것일 수 있다."[22]

어떤 작용을 야기하는 모든 작용하는 쇄도보다 스스로 물러나는 은닉 자체가 존재자를 더욱 잘 존재하도록 허용해 준다는 이 사상을 진지하게 고려해 보는 곳으로 우리는 인도되고 있다. '떠나가면서 존재하도록 허용한다'는 것 안에서 참된 것은 알려진다. 〈엠페도클레스의 죽음〉이라는 시의 초안에서, 횔덜린은 이것을 인간존재의 특별한 영역이라고 표현했다. 횔덜린은 엠페도클레스로 하여금 다음과 같이 말하게 하고 있다(제3권, 149쪽).

이별의 날에 우리의 정신은 예언하리라,
그리고 다시는 돌아오지 않을 자들이 참된 것을 말하리라.

2천 년 넘게 굳건히 지배해온 형이상학의 범위 안에서 존재를 원인과 작용의 실마리와는 다르게 사유하는 것은 틀림없이 환상적인 것처럼 보일 것이다. 그럼에도 불구하고 우리는 횔덜린이 운명과 숙명적인 보냄이라는 명칭 아래 예감한 것을 뒤따라 숙고하고 또한 앞서 사유

---

22) 일반적으로 이 잠언은 다음과 같이 번역된다. '보이지 않는 조화가 보이는 조화보다 더 좋다.' 하르모니아(ἁρμονία)를 하이데거가 여기서 Fügung des Einklangs(화음의 안배)라고 옮기고 있음에 유의하는 것이 좋을 것이다. 아울러 다른 곳에서 하이데거는 이 문장의 하르모니아를 Fuge로 옮기고 있다는 것도 참조해야 할 것이다. 이 글에서 옮긴이가 Fuge를 '조화로운 어울림'이라고 옮기는 것도, 이런 맥락과 관련되어 있다.

140

하려고 노력해야 한다.

3) 본질추구와 본질상실로 해방함으로서의 안배. 잘못된 것과 악한 것

안배는 작용을 야기하는 조작이 아니며, 현실적인 것을 변화시키려고 애쓰는 것이 아니다. 안배는 오히려 스스로 물러나서 스스로 은 닉함이고, 이러한 것으로써 비로소 존재자를 존재하도록 허용하는 것이다. 그러나 그것은 또한 이렇게 함으로써 존재자를 본질발견과 본질상실의 불화(*Zwietracht*, 반목) 속으로 해방시킨다. 인간들은 종 종, 얼핏 보기에 그 자신이 원해서, 자신의 본질을 상실한 채 이리저 리 떠돌아다닌다. 성스러운 것에 대한 신들의 반란도 자주 있고, 신 들과 인간들 사이의 투쟁도 자주 있으며, 또한 이 양자 사이의 연관 들이 자주 파괴되기도 한다. 게다가 모든 것은 대부분의 시간 동안 자신의 본질 안에서 비틀거리고, 조화로움 안에서 존재하지 않는다. 존재자는 조화로운 어울림에서 벗어나 피상적인 구역 속으로 들어간 다. 조화롭게 어우러지지 않은 모든 것(*Alles Ungefüge*)은 흐트러진 것을 가져오고, 흐트러진 것은 잘못된 것을 만든다. 또한 잘못된 것 은 어긋난 것을 향해 열려 있음이다. 조화롭게 어우러지지 않은 것과 더불어 악한 것은 자유롭게 된다. 악한 것(*das Böse*)은 단순히 도덕적 으로 나쁜 것이나 일반적으로 존재자 안에 있는 오류나 결핍이 아니 라, 오히려 부조화(*Unfug*)와 어긋난 것(*Tücke*)[23]으로서의 존재 자체 이다.[24] 조화로움이 현성하지 않는다면, 존재의 근본방식들인 근본 요소들은 자신의 본질의 자유 안에서 흔들리지 않는다. 오래된 법칙 들은 조화로운 어울림으로부터 벗어나 있다. 즉 그것은 수직적으로

---

[23] 독일어 Tücke는 '운명의 장난', '악의'라는 뜻을 가지고 있으나, 위와 같이 옮긴다.
[24] 악한 것은 존재의 조화로움이 닫혀 있는 상태이다.

있지 않고 수평적으로 있지 않다, 즉 올바로 있지 않다. 그래서 횔덜
린은 〈회상〉과 숨겨진 연관을 갖고 있는 후기 시, 즉 '불 속에 담긴
채 무르익어…'로 시작하는 〈므네모쉬네〉라는 제목의 후기 詩에서 다
음과 같이 말하고 있다(제4권, 71쪽).

> 　　　　그러나 길들은
> 험악하다. 왜냐하면 마치 야생마처럼
> 갇혀 있던 근본요소와 지상의 오래된 법칙들은
> 올바로 가지 않기 때문이다. 그리고 언제나
> 하나의 동경은 무제약을 향한다 …

그러나 그것이 그렇게 존재할 때, 그리고 그것이 그렇게 존재하는 동
안에, 성스러운 것도 또한 자신의 은닉 속에 감추어진 채로 머무른
다. 그때 본질 속으로의 안배는 밖에 머무른다(ausbleibt, 부재한다).
그때 아무런 균형도 전혀 존재하지 않는다.

4) '잠시 동안'의 시간성격과 시간에 대한 형이상학적 개념

그러나 축제가 존재할 때, 잠시 동안 운명은 균형을 이룬다. 잠시
동안(Weile)은, 작용을 헤아리고 작용의 현실성을 그것의 지속에서
측정하는 사유에게는 짧은 지속으로 나타난다. 잠시 동안은 단지 일
시적인 것(Zeitweilige)으로서 헤아려지고, 덧없이 사라져서 영속적이
지 않은 것으로서 지속적으로 계속되는 것 뒤에 남겨진다. 그러나 균
형이 이루어지는 잠시 동안은 축제의 시간이다. 이러한 잠시 동안은
시계로 측정될 수 없다. 이러한 잠시 동안에 고유하게 체류하여 머무
른다는 것은 다른 양식으로 존재한다. 우리는 이러저러하게 계속해
서 나열되는 것의 단순한 진행 안에서 일상적인 지속을 찾는다. 이러
저러하게 계속해서 나열되는 것이 시작과 끝을 포기했을 때, 이러한

것의 항구성은 도달된 것으로 여겨진다. 그래서 시작도 없고 끝도 없는 이러한 지속은 가장 순수하게 머무르는 것이라고 여겨진다. 이러한 것에 입각해서 '영원성'의 두 가지 형이상학적 개념인 sempiternitas(영속성)와 aeternitas(영원성, 불멸성)가 각인된다. 그러나 횔덜린의 의미에서의 '운명'이 원인-작용관계로 소급되지 않듯이, 이와 마찬가지로 잠시 동안의 본질은 아리스토텔레스 이래로 확립된 시간에 대한 형이상학적 개념에 의해서는 전혀 파악될 수 없다.

잠시 동안 안에는 유일무이한 것이 자신의 시원적 본질의 유일무이함에 입각해 이에 적합한 종류의 머무름(상주함)을 갖는다. 그러나 헤아림의 시야영역 안에서 짧게 지속하는 것은 이러저러하게 계속하여 나열되면서 단순하게 지속하는 모든 것을 시원으로부터 그리고 시원 안으로 되돌아가 현성하는 머무름이라는 시원적인 방식 속에서 극복된다. 잠시 동안의 유일무이함은 회귀(*Wiederkehr*)를 필요로 하지 않는다. 왜냐하면 있어왔던 것으로서의 그것은 모든 반복을 싫어하기 때문이다. 그러나 유일무이한 것의 잠시 동안은 추월될 수 없다. 왜냐하면 그것은 도래하는 모든 것 속으로 그리고 도래하는 것을 향해서 빛을 방사함으로써, 그 결과 다가오는 모든 것은 오로지 있어왔던 것의 유일무이함의 잠시 동안 안에서만 자신의 도착을 갖기 때문이다.

축제는 균형을 이룬 운명의 잠시 동안이다. 축제일은 축제의 전날이고, 축제를 기대하고 기다림이며, 따라서 이미 저 잠시 동안으로부터 체류하는 이행, 그러나 서두르지 않는 이행으로 조율된다.

> 밤과 낮이 같아지면,
> 요람 속에 잠재우는 미풍은
> 황금빛 꿈에 깊이 젖어
> 느릿한 오솔길을 넘어간다네.

아마도 우리는 이제 왜 시인이 '느릿한 오솔길'을 명명하지 않을 수 없는지를 예감할 것이다. 〔느릿한 오솔길은 단순하고 소박한 이행이다.〕 어느 공허한 곳에 눈앞에 있는 것이 아닌 잠시 동안과 연관된 단순하고 소박한 이행은 서두르지 않는다. 그때 그 오솔길 위로 요람 속에 잠재우는 미풍이 분다.

35. "요람 속에 잠재우는 미풍⋯" :
    근원 안에 간직함, 인간들과 신들의 가장 고유한 것.
    "황금빛 꿈⋯"

"요람 속에 잠재우는 미풍." 우리는 어떤 하나의 구역과 과제영역 그리고 정황을 다른 것과 구별하여 특징짓기 위해, 여기저기에 어떤 다른 바람이 분다고 즐겨 말한다. 그때마다 여기저기서 불어오는 다른 바람은, 그곳은 사정이 어떠한지, 사람들이 어떠한 요구 아래 서 있는지, 그곳에서 사람들이 존립하면서 존재자에게 정당하게 되기 위해 어떠한 태도를 취해야만 하는지, 또한 그가 존재자를 어떻게 받아들여야 하는지, 그리고 그가 그 자신의 것을 더 주어야 하는지 혹은 거두어들여야 하는지를 말해주고 있다. '불어오는 바람'은 이렇듯 인류의 다양한 요구와 그들에게 할당된 것과 그들이 지참하여 가지고 온 것의 차이를 명명한다. 그래서 바람은 이와 동시에 할당된 것과 지참하여 가지고 온 것의 관계의 차이를 명명하고, 따라서 역사적 본질로서 그리고 그들의 축제다움의 방식으로서 인류에게 부과된 것의 종류를 명명한다.

이 詩에서는 지금 두 개의 서로 다른 '바람', 즉 북동풍과 요람 속에 잠재우는 미풍이 명명되고 있다. '요람 속에 잠재우는 미풍이 불고 있다.' 미풍이 부는 방향은 인사받는 나라에 속하고 그 나라 사람들의 고유한 것을 규정한다. 그 바람은 요람 속에 '흔들어 잠재우는'

144

바람이지, 그저 '잠이 드는' 바람이 아니며, 또한 마치 그저 모든 것을 잊어버리는 공허한 잠처럼 저리로 가버리는 그런 바람이 아니다. 또한 요람 속에 흔들어 잠재움은 여기서 사람들이 자기 스스로 계획하지 않고, 자신이 만든 의도 안에서 이리저리 활동하지 않는다는 것을 표현해 주고 있다. 그는 근원적인 것에 의해 철저히 흔들리고 지탱된다. 그리하여 그는 평온 속으로 데려와지고, 자신의 본질이 놓여있는 평온 속에서 보존된다. 흔들어 잠재움은 여기에서 귀를 먹게 하거나 속이는 것이 아니다. 흔들어 잠재움은 요람 속에 간직함이고 그곳에서 비호하여 지킴이며, 근원 안에 존재하게 함이다. 이 근원은 인간들과 신들의 가장 고유한 것인데, 인간들과 신들은 그 근원을 그들의 본질로서 가지고 온다. 그러나 이렇게 가장 고유한 것은 동시에 가장 적게 그리고 가장 드물게 자기 것으로 수용되어 획득되는 것이다. 그래서 사람들은 우선은 가장 고유한 것으로부터 오랫동안 소외된 채로 존재하고, 무엇보다도 고유한 것의 법칙에 순수하게 상응하는 데 서투르다. 횔덜린은 1801년 12월 4일, 뵐렌도르프에게 보낸 서신에서 이렇게 말하고 있다. "고유한 것을 **자유롭게** 사용하는 것이 가장 어렵다."

그리스 사람들에게 가장 고유한 것은 무엇인가? 그곳에는 어떤 바람이 부는가? "요람 속에 잠재우는 미풍은, 황금빛 꿈에 깊이 젖어…."

황금빛 꿈에 깊이 젖어[25]

무거운 것은 성가시게 하는 하나의 짐이다. 짐을 진 것은 짐에 의해 무거워지고 더욱이 힘겨워진다. 그러나 '무겁다'는 것은 여기서 그런 것을 뜻할 수 없다. 가볍게 떠다니면서 매혹적으로 놀이하는 흔들어

---

25) 원문을 직역하면, '황금빛 꿈에 의해 무거워져'(*Von goldenen Träumen schwer*)이다.

잠재우는 바람은 짙어질 것이라는 의미에서 무거운 것이 아니라, 중
요한 것, 가득 찬 것, 약속으로 충만한 것이라는 의미에서 그런 것이
다. 바람은 황금빛 꿈이 풍성하게 실려 있기 때문에 무겁다고 말해진
다. 그러나 아마도 황금빛 꿈이 넘쳐흐르거나 과도하게 무거울 필요
는 없다. 아마도 이러한 것은 그 자체로 이미 무거운 것, 중요한 것,
값진 것, 따라서 지배할 수 없는 것이리라. 따라서 무거운 바람은 저
나라에서 축제가 시작되기 이전에 불어오는 바람이라는 특징을 갖는
다. 이러한 바람이 자기 가까이에 황금빛 꿈을 실어 나른다. 그 꿈속
에서 인사받는 나라의 사람들은 고유한 것을 가지고 있다. 이 고유한
것 안에 그들의 본질이 잠재워지고 그들의 본질이 거기에 근거한다.

"황금빛 꿈." 꿈이란 무엇인가? 우리는 '꿈'을 알지만 꿈의 본질에
대해서는 거의 알지 못한다. 꿈의 본질에 관한 물음에 대한 대답은
꿈의 현상에 대한 학문적인, 즉 생리적-심리학적 그리고 정신병리학
적 설명으로는 충분하지 않을지도 모른다. 우리는 꿈에 대한 시적인
말에 더 가깝게 머무는 다른 종류의 숙고에 만족한다.

그러나 우리는 꿈에 대한 질문에 다가갈 뿐만 아니라, 그러한 종류
의 학문적 설명에 다가가는 짧은 하나의 사이-소견을 삽입하려 한다.

36. 꿈의 학문적 설명에 대한 사이-소견

심리학과 정신병리학은 꿈에 대한 정의를 제공한다. 수많은 현상
들이 이러한 정의의 실마리에 따라 정리될 수 있다. 사람들은 예를
들면, 꿈은 변화된 의식상태라고 말한다. 여기서 의식이 무엇을 일컫
는지, 그리고 어째서 꿈이 의식상태 아래로 정돈되는지, 무엇 때문에
그리고 어느 정도로 의식상태가 인간의 본질에 대해 결정적인지를 물
어볼 경우에, 이러한 진술은 옳을 수 있다. 의식의 관점에서 인간본
질을 해석하는 것은 인간의 아주 특별한 자기경험에 상응하는 것이

아닐까, 즉 오로지 근대적 인간의 자기경험에 상응하는 것은 아닐까? 사람들은 대개 꿈을 인간적인 영혼의 삶의 방식에 입각해 설명할 수 있는 것은 아닐까, 혹은 거꾸로 차라리 꿈이 처음으로 인간의 본질을 통찰하기에 적합한 것은 아닐까?

이렇게 질문을 나열함으로써 이미 꿈의 본질을 향한 물음이 뒤엉키고 말았다는 것, 그리고 꿈의 현상을 학문적으로 설명하는 것은 언제나 우리에게 매우 제한된 도움만을 줄 수 있을 뿐이라는 것을 우리는 충분히 알아차릴 수 있다. 왜냐하면 이러한 설명들은 이미 의식, 인간, 인간의 본질, 본질의 본질성에 대한 명제들에 근거하고 있기 때문이다.

따라서 우리는 꿈에 대해 말하는 이러한 시구의 올바른 설명을 포기해야만 하는가? 올바른 설명은 여기서 그리고 어디에서나 심리학적인 것이고 전적으로 학문적인 것이라고 생각한다면, 물론 우리는 그런 설명을 포기해야만 할 것이다. 그러나 학문적 설명을 배제하려는 것은 학문을 폄하하는 것이 아니라, 단지 학문의 한계를 인정하려는 것이다.

그러나 학문적 설명을 배제함은 마치 비-학문적인 취급태도를 긍정하려는 것과 같지 않은가? '비-학문적인(un-wissenschaftlich) 것'이 '학문적이지 않은(nicht-wissenschaftlich) 것'을 뜻한다면, 물론 그렇다. 그러나 학문적이지 않은 취급태도는 지식의 영역 안에서 자의적이고 비-사태적인 태도가 아니다. 학문적이지 않은 취급태도는, 비록 그것이 학문적 연구의 무장도구와는 구별된 채 단지 직접적인 인간적 경험을 이용하거나 혹은 심지어 단지 언어의 독특한 연금술을 이용하는 것처럼 보인다고 하더라도, 직접적으로 모든 학문보다 더 높은 법칙들 아래에 서 있을 수 있다. 실은 이러한 것들이 본래적인 것에 이르는 길 위에서 우리를 도와준다.

이러한 물음에 만족하는 사람들은 학문의 확고한 지적 장치를 학습하고 연마하기에 더 쉬운 것을 혹은 마음의 진리를 귀 기울여 들어 그것을 단순하게 말하기에 더 쉬운 것을 산정해낼 수도 있을 것이다.
이 두 번째 것이 본질적으로 더욱 어려운 것이다.

그 밖에도 본래적인 학문적 발견들은, 다시 말해 그때마다 학문의
변화를 동반하는 그런 것은 학문적 관찰에 존립하는 것이 아니라, 학
문 내에서 철학적 물음으로 나아가려는 용기 안에 자신의 본질을 갖
는다. 심지어 표본으로 존재하는 자가 아니라 거기에-존재하는 자로
서의 인간 자신이 '심령학'과 '인간학'을 요구하는 물음의 '대상'이 되
어야만 하는 그런 곳에서, 자신의 고유한 지적 장치를 통해 맹목적으
로 만들어진 연구는 어떤 하나의 통찰을 시숙하지(zeitigen) 못한 채,
언제나 한 묶음의 결과적 지식만을 제공할 수 있을 뿐이다.

소설가 슈티프터가 자신의 〈연구〉에서 일찍이 발언하였던 말을 여
기서 인용하려고 한다. 그 말은 《브리기타》라는 소설의 서문에 적혀
있다.

　　"심령학은 많은 것을 밝히고 설명했다. 그러나 많은 것이 아직도 어
　　둡고 아주 아득하게 남아 있다. 따라서 그것이 우리에게 여전히 밝
　　으면서도 측정할 수 없는 ― 그 안에 신과 정령들이 소요하고 있는
　　― 심연이라고 우리가 말한다면, 그것은 전혀 지나친 말이 아니라고
　　우리는 믿는다. 무아경의 순간에 영혼은 종종 심연을 넘어서 날아간
　　다. 시문학은 유아다운 무의식 속에서 심연을 때때로 드러낸다. 그
　　러나 학문은 망치와 수평기를 들고서 흔히 가장자리에 선 채, 많은
　　경우에 아직 단 한 번도 〔그것을〕 직접 다루어본 적이 없다. "26)

이것은 1843년경에 쓰였다. 학문에 대한 입장표명은 주목할 만한 가
치가 있다. 왜냐하면 '학문'은 비록 그것이 이제 가장자리에 선 채 '아
직은' 직접 다루어본 적이 '없다'고 하더라도, 수수께끼를 풀게 되리

---

26) 〔원주〕 아달베르트 슈티프터, 《전집》, 제 2권, 〈연구〉, 라이프치히(인젤 출판
　　사), 1923, 174쪽 참조.

라는 것을 19세기 후반부의 확신이 그 안에서 고지하고 있기 때문이다. 수수께끼를 푸는 학문의 힘에 대한 예시적인 '믿음'으로 인해 그 이후의 수십 년간의 진행과정에서 매우 성급하게도 자신을 '학문적 세계관'이라고 부르는 저 기묘한 기형아가 생겨났다. 여기서 학문적 세계관이란, 그것이 학문적으로, 그리고 다시 말해 여기에서는 우선 늘 자연과학적-생물학적으로 근거 지어질 경우에 세계관은 본래적으로 세계관이라고 생각하는 그런 견해를 가리킨다.

이러한 사이-소견을 덧붙인 이후에, 우리는 꿈의 본질규정이 우리의 심리학적 설명을 요구하는 것처럼 보이는 '꿈'에 대한 논의로 다시 되돌아간다.

37. 꿈. 비현실적인 것 혹은 비존재자로서의 꿈같은 것

꿈이 무엇인지 알기 위해, 우리는 꿈같은 것(das Traumhafte)을 숙고한다. 두 개의 서로 다른 완전히 독립적이지 않은 구별에 의해 이것은 우리에게 명백해진다. 꿈같은 것은 하나는 비현실적인 것, 영속하지 않는 것, 따라서 아무것도 아닌 것으로서 통용된다. 그때 어떤 것은 '단순한 꿈'이다. '꿈은 거품이다.' 현실적인 것에서 덧없이 달아나듯 저 위에서 가물거리는, 붙잡을 수 없이 재빨리 녹아 사라지는 그런 거품이다. 우리는 여기서 꿈과 꿈꾸어진 것을 현실적인 것에 입각해 측정한다. 그러자 다시 우리 앞에는 하나의 물음이 떠오른다. 현실적인 것은 무엇인가? 우리는 현실적인 것을, 작용하는 것, 효과적인 것, 그것의 효과와 작용 속에서 우리에게 접근될 수 있는 것, 다시 말해 우리 자신이 깨어 있는 채로 사물들을 헤아리면서 다루거나 혹은 인간들이 요구하는 그런 범위 안에서 붙잡을 수 있는 것, 다스릴 수 있는 것이라고 간주한다.

그러나 작용함과 작용하는 것은 무엇인가? '작용'은 무엇인가? 우리가 먼저 작용을 야기하는 것과 작용하는 것이라고 설정한 것을 따르는 그런 것, 즉 하나의 성과를 보는 곳에서, 오직 그런 곳에서만, 작용은 존재하는가? 아니면 성과가 없는 작용, 그리고 성과를 필요로 하지 않는 작용도 존재하는가? 작용함과 작용함 사이의 경계가 이미 유동적이라면, 비현실적인 것은 어디서 시작하는가? 그리고 비현실적인 모든. 것은 이미 꿈같은 것이어야 하는가?

우리는 여기에서 완결된 대답을 제시할 수 없다. 그럼에도 불구하고 그것의 내부에서 꿈같은 것이 사유되는 영역이 고지되고 있다. 그것은 존재자와 비존재자의 영역이다. 물론 서양사유의 진행과정에서 존재자와 비존재자는 달리 사유되었다. 아주 오래전부터 이러저러한 어떤 하나의 의미에서 작용하는 것, 효과적인 것, 작용되는 것, 즉 현실적인 것은 본래적 존재자라고 간주되고 있는데, 이렇게 존재자와 현실적인 것을 동일시하는 것은 그 자체가 이미 존재자에 대한 서구적 해석 가운데 하나의 해석, 그것도 단지 하나의 해석에 지나지 않는다. 물론 그것은 오늘날 지배적인 해석이다.

38. 꿈에 대한 그리스적 사유. 핀다로스

일찍이 횔덜린이 그것의 역사와 축제를 인사한 나라에서는, 존재자가 다르게 사유되었고, 따라서 비존재자도 다르게 사유되었다. 꿈같은 것이 존재자와 구별된 비-존재자라면, 그리고 詩 안에서 황금빛 꿈들이 그리스와의 본질연관 안에서 명명되고 있다면, 그리스인들이 꿈을 어떻게 사유했는지에 관해 그리스인들 자신에게서 하나의 조언을 가져오는 것이 좋을 것이다.

우리는 이러한 것을 시도하려고 하되, 이제 아마도 더욱 적합한 길 위에서, 그리스의 사상가나 혹은 자연학자와 의사에게 묻는 것이 아니라, 그리스 시인에게 물어보려고 한다. 그 시인은 임의의 시인이

150

아니라, 그 시인의 말이 송가 시대의 횔덜린에게는 첫 번째의 만남과
는 달리 본질적으로 여겨졌던 그런 시인이다. 우리는 꿈의 본질구역
을 밝히기 위해 핀다로스(Pindar)의 하나의 말을 견지한다. 그 말은
핀다로스의 후기 송가 〈피티아〉(*Pythia*, 제8권, 135쪽 이하)의 결구에
있다. 27)

> ἐπάμεροι΄ τί δέ τις ; τί δ᾽ οὔ τις ; σκιᾶς ὄναρ
> ἄνθρωπος. ἀλλ᾽ ὅταν αἴγλα διόσδοτος ἔλθῃ,
> λαμπρὸν φέγγος ἔπεστιν ἀνδρῶν
> καὶ μείλιχος αἰών.

횔덜린 자신이 이 송가를 번역했다. 우리는 우선 그의 번역을 따른다
(제5권, 71쪽).

> "낮의 존재. 그러나 그것28)은 무엇인가? 그러나 그것은 무엇이 아닌가?
> 인간은 그림자의 꿈이다."

핀다로스는 인간을 '낮의 존재'라고 부른다. 그리고 그는 여기서 하루
의 지나감과 같이 수시로 변하는 덧없는 존재, 즉 하루의 존재를 생
각하고 있다. 그러나 에파메로이(ἐπάμεροι)가 무엇을 의미하는지는
분명하지 않다. 인간이 하루의 존재라는 것은 단지 아주 잠깐 동안
머무른다는 뜻인가? 낮의 존재는 덧없이 사라지는 존재이다. 이것은
무엇을 뜻하는가? 그리스적으로 사유해서, 그것은 무엇을 뜻하는가?
낮의 존재는 단지 낮과 같이 그저 지나가는 것이기 때문에, 그것은
확실히 존재하되, 이와 동시에 언제나 이미 '존재하기'를 종료한 것이

---

27) 〔원주〕Pindari Carmina recensuit Otto Schroeder, 제5판, 라이프치히·베
를린, 토이브너 출판사, 1923, 245쪽.
28) 그림자의 꿈을 가리키고, 따라서 인간을 가리킨다.

다. 그것은 거의 없는 것과 같기에, 더 이상 있지 않고, 존재하지 않는다. 따라서 그것은 무엇이고 그것은 무엇이 아닌가, 라는 물음이 제기된다.

그러한 것은 틀림없이 존재하지만, 그러나 동시에 존재하지 않는다. 그것은 존재자이면서 비존재자이다. 그러나 만일 인간이 본질적으로 비-존재자라면, 그도 또한 존재자로서 이미 비존재로부터 규정되어야만 한다. 아울러 그의 곁에 존재하는 것은 자립적으로 존재하면서 자기 안에 항구적으로 머무르는 것이 아니다. 그의 곁에 존재하는 것은 이미 그 스스로 솟아나 자발적으로 세워진 것[29]이 결코 아니다. 이미 인간 곁에 존재하는 것은 그 스스로 솟아나는 것, 즉 태양의 빛처럼 존재하는 것이 아니라, 더 이상 빛이 아닌 것이다. 그러나 그것은 이러한 '더 이상 아님' 안에서도 빛과 관련된 채 머무르는 것이요, 빛으로부터 다가오는 것, 즉 빛을 지참한 것(*Mitgift*)이다. 이미 인간 곁에 존재하는 것은 자기 안에서 자기에 입각해 서 있는 형상이 아니라, 빛 속에 존재하는 형상이 떨어져 나온 것이고 이러한 형상의 후예일 뿐이다. 다시 말해 빛 안의 형상으로부터 떨어져 나온 것이고 이러한 형상으로부터 내동댕이쳐진 것이요, 빛 안의 형상에 의해 내던져진 것, 즉 그림자(σκιά)이다.

반 복

황금빛 꿈에 깊이 젖어 요람 속에 잠재우는 미풍은 느릿한 오솔길을 넘어 불어간다. 우리가 그때마다 부는 바람을 인간들의 처지와 태도를 위한 표징으로 받아들인다면, 즉 요구를 만족시키기 위한 표징으로서 받아들인다면, 그것은 매우 피상적으로 생각하는 것이다. 그

---

29) 퓌시스(φύσις)를 가리킨다.

러나 휠덜린에게 '미풍'은 다른 것이다. 먼저 우리는 '북동풍'과 인사 받는 나라의 '요람 속에 잠재우는 미풍'의 차이를 견지한다. 이러한 차이는 이 시기의 휠덜린의 시에서 자주 명명되고 있다. 그리고 심지 어 직접적으로 송가를 준비하는 비가에서는 이미 자주 명명되고 있 다. 그 차이는 '남쪽나라의 강렬한 불'과 '북쪽나라의 쇠잔한 불' 사이 의 차이이다. 그러나 여기에서는 다른 풍경의 묘사가 다루어지고 있 는 것이 아니라, 축제시간과 역사로부터 다른 것으로 넘어가는 이행, 즉 어떤 '편력'이 다루어지고 있는 것이다. 이러한 '편력'은 시인에게 는 '귀향'이다. 낯선 것과 '식민지'로부터의 귀환은 자기 것으로 고유 하게 수용하여 획득해야 할 과제를 포함하고 있다. 더욱이 이러한 과 제는 이제 비로소 낯선 것에 대하여 고유한 것을 발견하는 것이다. 그러나 '고유한 것을 자유롭게 사용하는 것이 가장 어렵다'. 우리는 기꺼이 그리고 동시에 처음부터 고유한 것을 안전한 것이라고 간주한 다. 이러한 안전함으로부터 우리가 고유한 것을 이용하고 남용하는 서두름이 유래한다. 고유한 것을 소유했다는 가상으로 말미암아 우 리는 쉽게 착각 속에 빠지고, 그리하여 고유한 것의 피상적인 표면 주위를 배회하게 된다. 그리고 위험한 계략에 의해 자기 것으로 고유 하게 수용하여 획득하는 과제가 이미 완수된 것처럼 보이게 함으로써 그러한 고유한 수용이 이루어지지 않도록 방해한다. 이에 반해 낯선 것이 도움을 준다. 휠덜린의 말에 따르면, 진정한 정신은 '식민지를 사랑한다'(〈빵과 포도주〉의 초안, 결구 참조).

낯선 것 안에서의 경험이 시인을 고유한 것을 위해 더욱 경험적으 로 만들었다. 따라서 그에게 낯선 것은 결코 떠밀어진 것이 아니라, 인사받는 것으로 머무른다. 그것은 인사받음 안에서 적절하게 머무 름이다.

축제시간에 그리고 축제일에 고유한 것이, 즉 역사의 근거 자체가 순수하게 나타난다. 그러나 그때 나타나는 것은 고찰의 대상이 아니 다. 나타남은, 태양이 빛난다고 말할 때, 이런 의미에서 일종의 빛남

이다. 미풍은 요람 속에 잠재운다. 그 미풍은 요람 속에 근원을 간직
하고 있는 그런 바람이다. 남쪽나라의 근원과 고유한 것은 요람 속에
잠재우는 미풍에 의해 말해진 것 속에 자신의 본질을 가지고 있다.
그 미풍은 황금빛 꿈에 깊이 젖어 있다. 이렇듯 깊이 젖어 있어, 다
시 말해 황금빛 꿈에 의해 가득 차서 풍요롭기에, 그 '황금빛 꿈'은
그 안에 이 나라의 모든 본질적인 것이, 즉 그 나라의 역사가, 다시
말해 그 나라의 신들과 인간들의 마주하는 대구가 고요히 머물고 있
는 그런 묵중한 중심과도 같은 것이다. 그리스의 고유한 것의 본질근
거가 '꿈'이다.

　꿈이 무엇인지에 대해 우리는 두 가지 관점에 따라 꿈같은 것에서
명백히 해명하려고 시도했다. '꿈같은 것'은 일단 현실적인 것에 대립
해 있는 비현실적인 것이다. 핀다로스가 인간은 어떤 하나의 그림자,
더욱이 이런 그림자의 꿈이라고 말할 때, 핀다로스는 이러한 관점에
따라 사유하는 것처럼 보인다. 핀다로스는 인간이, 그리고 보다 정확
히 말하면 '낮의 존재'로서의 인간이 무엇이냐는 물음에 대한 대답으
로서 이렇게 인간에 대해 말했다. 인간의 본질에 대한 물음의 방식이
이미 본질 자체를 시선 안에 붙잡고 있다. 물음의 대상과의 연관 안
에서 발원하는 진정으로 솟아난 모든 물음처럼, 그 물음은 이미 자기
안에 자신의 고유한 방식으로 존재한다.

　핀다로스는 그것이 무엇이고, 무엇이 아닌지 묻고 있다. 이러한 물
음은 인간이 무엇인지를 확정하려는 것이 결코 아니며, 또한 이러한
물음을 보충하여 인간이 무엇이 아닌지를 진술하여 제시하려는 것이
결코 아니다. 왜냐하면 인간은 다양하게 많은 것이 '아니기' 때문이다.
그리고 이러한 것을 열거하는 것은 아무런 의미가 없을 것이다. 두 가
지 물음은 다음을 뜻한다. 인간의 존재는 어디에 존립하는가? 그리고
그에게 고유한 비존재는 어디에 존립하는가? 이 두 가지 이중적 물음
안에 이미 대답이 놓여 있다. 즉 인간의 존재에는 모종의 비존재가 속
해 있다.

존재, 즉 그리스적으로는 인간의 현존의 방식이 어디에 존립하는 가 라는 물음에 대해 핀다로스는 인간이 일종의 그림자라는 사실에 존립한다고 대답하고 있다. 그림자는 언제나 던져진 것, 즉 드리워진 것이다. 그러나 던져진 것으로서 그림자는 다시 음영이 드리워진 것이다. 이러한 것 자체는 스스로 일종의 모습(Anblick, 내비침)을 제공하고, 그리하여 하나의 사물의 모습, 즉 에이도스(εἶδος)를 가리킨다. 그러나 이러한 '모습'은 이미 더 이상 존재자 자체를 출현하게 하지 않는다. 그렇기 때문에 그리스인들은 그림자가 제공하면서 그림자 자체로 존재하는 그런 모습을 에이돌론(εἴδωλον), 즉 우상(Idol)이라고 불렀다.

39. 빛이 없는 것으로 사라짐의 그림자 같은 나타남으로서의 꿈. 현존과 부재

핀다로스는 단순히 '인간은 그림자'라고 말하지 않는다. 이렇듯 그는 직접적으로 오로지 빛과 관련되어 머무른다. 핀다로스는 인간은 그림자의 꿈이라고 말한다. 인간이 낮의 존재로서 받아들여지는 한에서, 핀다로스는 인간에 대해 이렇게 말한다. 인간이 꿈이라고 단정하는 것도 마찬가지로 잘못된 것이다. 인간은 단지 그림자로 존재하거나 혹은 단지 꿈으로 존재하는 것이 아니며, 그림자와 꿈을 더한 것으로 존재하는 것도 아니다. 무게는 마지막으로 말해진 것, 즉 꿈(ὄναρ)에 놓여 있되, 허나 그 꿈은 그림자의 꿈이다. 음영이 드리워진 것으로서의 그림자는 이미 더 이상 빛나는 것이 아니며, 심지어 빛 자체가 아니라, 오히려 빛나면서 본래적으로 스스로 나타나는 것의 일종의 부재이다. 인간은 빛나는 것 자체가 아니며, 또한 음영이 드리워진 것 자체도 아니요, 오히려 이렇게 음영이 드리워진 것의 꿈이다.

꿈의 본질에 대해 여기에서 사유된 모든 것으로부터 무엇이 생기는가? 꿈은 단지 그림자 같은 것의 상승에 지나지 않고, 따라서 그림자의 그림 자이고 모든 무상한 것 중에서 가장 무상한 것이요, 일종의 무와 같은 것이고 완전히 비현실적인 것인가? 그렇게 생각할 경우, 우리는 그리스 적인 것을 놓치게 된다. 왜냐하면 핀다로스는 그림자와 꿈의 연관을 명 명하는 가운데 꿈은 그 자체가 이미 확실히 빛이 없는 것이 부재하는 한 방식이라고 말할 것이기 때문이다. 꿈은 빛이 없는 것 속으로의 극단적 인 부재이다. 그럼에도 불구하고 꿈은 무가 아니라, 그렇게 또한 여전히 나타나는 것이요, 완전히 광채가 없는 것, 즉 더 이상 빛나지 않는 것으 로 사라져 가면서 나타나는 것이다. 그림자의 꿈은 어두운 것, 빛을 잃 은 것의 희미한 현존이다. 그러나 그림자의 꿈은 결코 무가 아니라, 이 와는 반대로 아마도 현실적인 것이다. 그런데 이 현실적인 것은, 인간이 현실적인 것이라고 알고 있는 이 가까운 삶을 유일한 것으로 여기고 있 는 한, 그가 단지 늘 사라져 가는 매일의 일상적인 것에 매달려 있는 곳 에서 오로지 현실적으로 허용되고 있는 것이다. 인간이 단지 순전히 일 상적인 것만을 움켜쥔 채 사라져 가는 것의 사라지는 나타남만을 견지할 때, 인간 자신은 아무런 빛남도 없는 그런 것의 나타남 속에서 사라져 간다. 이런 의미에서 인간은 그림자의 꿈이다. 인간은 단지 일상적인 것 배후에서 비틀대면서 서성거리는 '낮의 존재'로서 그러한 것, 즉 그림자 의 꿈이다.

그러나 핀다로스는 단지 인간이 낮의 존재, 즉 일상의 존재이고, 그래서 그림자의 꿈이라고 말한 것만은 아니다. 핀다로스는 이것을 다른 말을 하기 위한 서언으로서 말한 것이다.

ἀλλ' ὅταν αἴγλα διόσδοτος ἔλθῃ,

그러나 신이 선사해준 광채가 다가올 때,
빛나는 빛은 인간들 곁에 있다.

156

καὶ μείλιχος αἰών.

휠덜린은 이 말을 '그리고 사랑스러운 삶'이라고 옮기고 있다. 우리는
더욱 알맞게 이렇게 말해야만 하리라. '그리고 온화함의 세계시간',
즉 균형, 다시 말해 축제의 잠시 동안이라고.

그러나 인간본질에 대해 말들을 이렇게 마주 세울 때, 꿈과 꿈같은
것이 여기에서는 완전히 빛을 잃은 것으로서 축제의 빛남에 마주하여
서 있다는 것이 더욱 명백해진다. 따라서 꿈같은 것은 여기에서는 본
래적으로 현실적인 것과 대립된 비본래적으로 현실적인 것이다. 그
렇다면 무엇을 위해 핀다로스를 참고했는가? 우리가 '꿈은 거품이다'
라고 말할 때 우리가 이미 알고 있다고 생각하는 것을 그는 우리에게
다만 성가시게 확증하고 있는 것인가? 우리는 그리스인들도 비존재
자로서의 꿈같은 것을 존재자에 의거해서 측정했다는 사실에 대한 증
거를 마련해 놓으려고 하는 것인가? 핀다로스의 말을 이렇게 참고할
경우, 우리는 휠덜린의 시구의 이해에 도움을 주는, 꿈의 본질에 대
한 아무런 해명도 얻지 못한다. 오히려 그 반대이다. 그러나 여기에
서는 '황금빛 꿈'에 대해 말해지고 있다. 꿈은 여기에서 빛나는 것이
고, 게다가 동시에 그리스인들의 고유한 것을 특징짓고 있다. 우리는
명백함을 주는 대신에 혼란을 주고 있다. 우리가 숙고의 가능한 길을
인식하고 걸어가는 대신에 단지 '현실적인' 결과와 정의를 낚아채려고
한다면, 그렇게 보일 것이다.

꿈같은 것은 두 가지 관점에 따라 특징지어져야 한다. 일단은 현실
적인 것과의 연관 안에서, 다시 말해 현실적인 것에서 측정된 것으로
서 특징지어져야 한다. 우리는 이제 이러한 특징을 획득했다. 그것은
이와 동시에 흘러넘치는 것처럼 보인다. 그러나 우리는 그것을 아직
은 전혀 획득하지 못했다. 왜냐하면 우리는 이러한 모든 것에도 불구
하고 핀다로스의 말에서 본질적인 것을 간과했기 때문이다. 꿈같은
것은 단지 비현실적인 것에 입각하여 그리고 현실적인 것의 하찮은

것으로의 감소에 입각하여 거칠게30) 잘못 헤아려질 수도 있다. 꿈같은 것과 꿈은 그 자체가 이미 부재하는 빛과 광채의 사라짐이다. 빛과 광채는 그 스스로 현존하고 빛나면서 나타난다. 이러한 사라짐의 부재로서의 부재는 여전히 일종의 현존이다. 이러한 현존에 대한 연관은 꿈 안에서 결정적인 것으로서 머무르는데, 꿈은 순전히 아무것도 아닌 것이 아니라는 것이다.

근대적으로 사유할 경우에, 우리는 대개 그리스의 지하세계, 즉 그림자의 왕국을 단지 비현실적으로 아무것도 아닌 것이라고 사유한다. 우리는 이렇게 여기에서도 주재하는 나타남과 현존의 본질을 오인하고 있다. '그림자'는 그때 현실적인 것을 흐릿하게 만드는 것이 아니라, 본질적인 것이 현존하는 하나의 자립적 방식이다.

꿈의 부재 안에서 나타나는 것이 현존하고 있듯이, 역으로 현존하는 것 안에는 언제나 부재가 주재하고 있다. 따라서 그림자의 방식 속에 현존하는 자로서의 인간은 단순한 현존과 출현의 방식으로 존재하는 것이 아니다. 그러한 것은 전혀 없다. 모든 현존은 그 자체가 동시에 부재이다. 현존하는 것은 그러한 것으로서 펼쳐져 있되, 단지 추후에 부수적으로 펼쳐져 있는 것이 아니라, 오히려 그것의 본질에 따라 부재 속으로 펼쳐져 있다.

40. 사라짐의 현존으로서의 가능한 것과 '현실성'(존재) 속으로 도착하여 나타남으로서의 가능한 것

더 이상 그리스적이지 않은 사유와 무엇보다도 근대적 사유는 존재자를 현실적인 것으로 받아들인다. 이러한 사유의 언어 안에서는 방

---

30) 〔원주〕 '거칠게'(globig)라는 낱말은 '무디게'(klobig)라는 낱말을 지칭하기 위한, 알레만 방언에 상응하는 표기방식이다.

금 전까지 철저히 사유된 것이 다음과 같이 말해지고 있다. 즉 현실
적인 것은 본질적으로 비현실적인 것 속으로 펼쳐져 있다. 그 자체로
받아들여지는 그런 '현실적인 것'은 전혀 없다. 그러나 현실적인 것은
결코 비-현실적인 것에 의해 둘러싸여 있지 않다. 마치 달이 자신의
주위에 달무리를 가지고 있듯이, 그렇게 그것은 단지 자기 곁에 하나
의 층이나 구처럼 서 있는 것이 아니다. 비-현실적인 것은 더 이상
현실적이지 않은 것이거나 혹은 아직은 현실적이지 않은 것이다. 비-
현실적인 것은 이렇듯 그때마다 상이한 의미에서 현실적인 것에 대해
가능한 것으로 존재한다. 여기서 가능한 것이란 결코 순전히 아무것
도 아닌 것 그리고 순수한 비존재가 아니다. 오히려 그것은 이미 존
재와 비존재 사이의 하나의 '상태'이다.

 이러한 숙고는 꿈의 본질을 밝히는 데 우리에게 어떤 도움을 줄 것
인가? 꿈같은 것이 현실적이 것에 입각해 비현실적인 것으로 측정되
고, 따라서 감소된 현실적인 것으로서 평가된다면, 이미 잘못 사유하
고 있는 것이라는 사실을 우리는 우선 주목해야 한다. 이른바 현실적
인 것은 그 자체가 이미 비현실적인 것 속으로 돌출한다. 그리고 현
실성이란 비현실적인 것 속으로의 이러한 돌출이다. 거꾸로 후자는
전자의 순전한 부정으로 존재할 수 없다. 가능한 것은 현실적인 것
자체 안에 주재한다. 그렇다, 때때로 심지어 가능한 것은 현실적인
것보다 더욱 잘 존재한다.

 이미 가늠되어야만 한다면, 우리는 한 번쯤 다른 관점에서 가늠해
본다. 우리는 꿈을, 아무것도 아닌 것으로 다가오는 그런 현실적인
것에 입각해 오인하지 않는다. 우리가 꿈을 비현실적인 것에 입각해
오인하여, 꿈을 현실적인 것에 속하는 가능한 것이라고 사유한다면,
그때 꿈의 본질에게 무엇이 생기는가?

 그전에 우리는 한 번 더 핀다로스의 말을 간략히 사유해 본다. 이
에 따르면 꿈은 사라지는 것의 나타남이다. 그러나 사라지는 것은 그
자체가 단지 가능한 것이 현존하는 하나의 방식일 뿐이고, 더 이상

존재할 수 없는 것이 현존하는 하나의 방식일 뿐이다. 꿈을 특징짓고 있는 비현실적인 것으로서의 가능한 것이 나타나는 또 다른 방식은 도래하여 고지하면서 다가오는 것의 나타남이다. 이러한 나타남도 또한 현존이다. 우리가 다시금 횔덜린이 자주 그랬던 것처럼 근대 형이상학의 개념 안에서 근대적으로 사유하여, 존재를 현실성으로 그리고 비존재를 비현실성으로 정립한다면, 도래하여 안착하는 것은 이미 현실적인 것도 아니고 또한 단지 비현실적인 것도 아니다. 도래하여 안착하는 것으로서의 가능한 것은 '존재와 비존재 사이의 상태'이다.

그러나 무엇 때문에 '꿈'이라는 이 하나의 낱말을 명료하게 하기 위해 이렇게 숙고를 허비하는가? 그러는 사이에 당신은 이미 스스로 말하면서 물어보았다. 가장 일반적인 개념어를 이렇게 단지 '추상적으로' 나누면서 이어주는 것이, 그리고 가장 공허한 표상의 아무런 울림도 없는 현악기를 연주하는 것이, 횔덜린과 그의 시와 도대체 무슨 상관이 있는가? 대답은 이렇다. 아주 많이 상관이 있고, 심지어 모든 것이 상관이 있다.

41. 횔덜린의 논문 "사라짐 안에서의 생성". 가능한 것을 가져옴 그리고 빛나는 현실적인 것을 보존함으로서의 꿈

횔덜린의 송가가 준비되던 시기에 시인의 소논문이 보존되어 있다. 그것은 헬링그라트 판 안에 7쪽(제3권, 309~316쪽)에 걸쳐 있다.

우리 모두가 논문에 대해 어떤 것을 거의 이해하지 못하는 확실한 위험이 있기에, 나는 우선 횔덜린의 시가 어떤 영역 안에서 움직이고 또한 그의 말이 어디에서 발원하는지를 여러분이 직접 횔덜린의 사유 자체로부터 예감하는 것을 배울 기회를 드리기 위한 단 하나의 의도에서 그 글의 시작부분을 먼저 읽어 드리려고 한다.

여러분이 앞에 읽어드린 것을 근거로 삼아, 여기에서 시도된 해석이 결코 너무 과하게 철학적으로 성찰된 것이 아니라, 실은 너무 적게 단지 겉만 건드리고 있을 정도로 충분하지 못하다는 것을 통찰한다면, 이러한 통찰은 여러분으로 하여금 이 강의의 진행에 더욱 동의하도록 하기보다는, 모든 독일 시들 중에서 가장 독일적인 이 시의 숨겨진 시원을 고려하여 더욱 숙고하도록 만들어 주어야만 할 것이다.

독일 이상주의의 형이상학의 개념언어 및 피히테와 헤겔 그리고 사유에 친숙한 사람은 이 논문 안에서 더욱 쉽게 사정을 파악할 것이다. 그러나 그것이 횔덜린이 여기에서 사유한 것에 대한 앎을 보장해 주는 것은 아니다. 사실상 그의 개념언어는 단지 겉껍질에 불과한 것이 아니라, 자신의 형이상학적 사유를 적합하게 파악한 것이다. 횔덜린은 여전히 형이상학적으로 사유하고 있다. 그러나 그는 달리 시짓고 있다. 그렇기 때문에 실러의 '철학적 詩'의 세계와 그는 구분된다.

논문의 제목은 "사라짐 안에서의 생성"이다. 그 논문은 몰락하는 조국과 이러한 생기-사건의 본질근거와 숨겨진 진리를 숙고하고 있다. 그 논문은 우리 앞에 놓여 있듯 하나의 단편이되, 그것은 발언된 상념을 처음으로 수용하고 있으나 최종적으로 완성되지 않은 직접적인 자필원고의 단편이다. 그래서 그 글은 처음으로 개시되는 것의 혼란스러우면서도 예측할 수 없는 싱싱함을 가지고 있다.

그 단편은 다음과 같이 시작한다.

"몰락하는 조국과 자연 그리고 인간들은, 특별한 상호작용 안에 서 있는 채, 특히 이상화된 세계와 사물의 결합을 이루면서 해결하고 있고, 또한 저 몰락이 어떤 하나의 순수하고 특별한 세계로부터 생겼듯이, 다른 실재적인 원칙인, 살아남은 종족과 살아남은 자연의 힘 — 이것은 또 다른 실재적 원칙으로 존재한다 — 으로부터, 하나의 새로운 세계, 그러나 특별히 새로운 상호작용을 형성하고 있다. 〔…〕 따라서 해결의 기억 속에서 이러한 것은, 그것의 최종적인 끝이 확고하게 서 있기 때문에, 완전히 확실하고 멈추기 어려운 대담한 행위가 된다."

이 글 다음에는 이 단편을 참고할 것을 요구하는 다음의 문장이 적혀 있다(제3권, 311쪽).

"그러나 존재와 비존재 사이의 상태 안에서 가능적인 것은 도처에서 실재적으로 되고, 현실적인 것은 이상적으로 된다. 그리고 이것은 자유로운 예술모방 안에서는 '무서운 꿈, 그러나 신적인 꿈'이다."

그 어느 누구도 이 논문을 충분히 이해한다고 상상해서는 안 되기 때문에, 이 문장을 그것의 맥락에서 떼어내어 이해하려고 한다면, 그것은 불손한 짓일 것이다. 그럼에도 불구하고 우리가 시도하는 것을 위한 하나의 대략적인 눈짓과 도움을 우리는 개별 문장에서 이끌어낼 필요가 있다.

현실적인 것이 이상적으로 되는 가운데 가능한 것이 실재적으로 된다는 것은 무섭지만 신적인 꿈이다. 그리고 이것은 자유로운 예술모방 안에서 이루어진다. 우리는 이전에 인용한 그리스인들에 대한 횔덜린의 말, "즉 그들은 예술의 왕국을 수립하길 원했다"(제4권, 264쪽)라는 말을 기억하고 있다. 그들의 역사는 예술 위에 정초되어야만 한다. 횔덜린은 언급된 그 논문에서, 모든 세계 중의 세계가 역사 안에서 어떻게 '서술'되는지, 그 방식을 사유하고 있다. 이러한 서술 안에는 언어에 대한, 즉 본래적인 말에 대한, 시에 대한, 예술 일반에 대한 항상적인 상응이 놓여 있다.

자유로운 예술모방 안에는, 즉 예술에 의해 완성된 수립 안에는, 무섭지만 신적인 꿈과 같은 어떤 것이 있다. 왕국의 수립과 역사의 근거 지음이 중요한 이곳에서 꿈같은 것이 무엇을 할 수 있다는 말인가? 꿈같은 것은 여기서 단순히 사라져 버려 존재하지 않는 것이라는 의미에서의 비현실적인 것을 뜻할 수 없다. 이와는 반대로, 꿈같은 것은 현실적인 것이 이상적으로 되는 가운데 가능한 것이 실재적으로 된다는 사실과 관련되어 있다. 현실적인 것은 기억 속으로 되돌아가고, 가능한 것은 다가오는 것으로서 기대를 묶고 있다. 이것들은 예술이 역사를 건립하는 곳에서 하나의 꿈으로 존재한다. 꿈은 아직 자기 것으로 고유하게 수용되지 못한 가능한 것의 충만을 가져오고, 현실적인 것 곁에서 빛나는 기억을 보존한다.

꿈은 詩에서는 본질적인 것의 순수함으로 인해 무거운 황금빛 꿈이라고 불리고 있다. 다시 말해 가까이 다가오는 값비싼 선물로 인해 황금빛으로 빛나는 것이라고 불리고 있고, 다시 말해 여기서 결정적인 것의 순수함으로 인해 황금처럼 고귀한 것이라고 불리고 있다. 이러한 예술을 지탱하는 꿈은 무섭지만 신적이다. 꿈은 낯설고 기이하게 보이지만, 가장 고유한 것으로서 인류 속에 우뚝 솟아 있고, 또 그 안에 가장 고유한 것이 현성하는 그런 에테르를 가득 채우고 있기에, 무서운 것이다. 그러나 꿈은 이와 동시에 신적인 것이다. 왜냐하면 꿈은 인류를 신과의 마주하는 대구 안으로 부르면서, 이 고유하면서 무서운 것을, 개별적으로 무성하게 자라나 단지 눈앞에 현존하는 자연의 단순한 자생물도 아니고 또한 인간의 생산물이나 제작물도 아닌 그런 것으로서 증명하고 있기 때문이다.

탄생으로부터 오는 것이자 요람 안에 놓여 있는 것인 고유한 것을 황금빛 꿈에 깊이 젖어 흔들어 잠재우는 미풍은 보존하고 있다. 꿈은 현실적인 것과의 관계에서 사라지는 비현실적인 것이 아니다. 현실적인 것은 예술과는 무관한 이용 안에서 갈취되어 소모되는 것보다는 더욱 잘 존재하는 것이고 존재에 의해 더욱 충만하게 채워진 그런 것이라고 우리가 한 번쯤 이러한 구분 속에서 사유한다면, 꿈은 그 자체가 이러한 것으로 존재한다. 소모적인 것은 구체적으로 남용 속에서 투미해진 것이요, 닳아 없어진 것이요, 그럼에도 불구하고 다루기 어려운 것인데, 이러한 것이 비현실적인 것이다. 이제 꿈같은 것은 그 반대를 의미한다. 꿈은 이제 '거품'이 아니라, 파도 그 자체, 바다 그 자체, 근본요소 그 자체이다. 황금빛 꿈—그것의 불타오르는 빛남—이 근본요소를, 즉 에테르를, 다시 말해 그 안에 그리스 민족의 가장 고유한 '삶'이 숨 쉬고 있는 그런 대기와 미풍을 가득 채우고 있다. 불과 불타오르는 것이 가장 고유한 것이요, 이것을 자유롭게 사용하는 것이 사람들에게는 가장 어려운 것이다. 이러한 꿈 안에서 빛나는 것이 무엇인지 시인은 말하지 않는다. 황금빛 꿈의 불타오르는 것이 작열하고 빛나면서 예술을 규정하는 것으로 조율하고 있다는 것으로 이미 충분할 것이다.

제 3 부

고유한 것의 자유로운 사용을 추구함

42. "느릿한 오솔길" 위에서 이행의 머뭇거리는 경외함

물론 가장 고유한 것을 자유롭게 사용할 수 있기 위해서는, 무엇보다도 고유한 것의 자유로운 사용을 배울 수 있기 위해서는 낯선 것과의 대결이 필요하다. 그렇기 때문에 정신은 낯선 것 안에서 조국의 것을 잃기 위해서가 아니라, 낯선 것 안에서 고유한 것을 준비하고 강해지기 위해, 낯선 것 속으로 들어가야만 한다. 왜냐하면 고유한 것은 이른바 거짓으로 상상된 고유한 것을 갑자기 습격해서 얻어지는 것이 아니기 때문이다. 고유한 것은, 마치 그것이 학문적으로 확립가능한 사실처럼 결정될 수 있기나 한 듯, 그렇게 고유한 방식으로 폭력적인 동시에 강요적인 갈취를 통해서는 성취될 수 없다. 고유한 것은 하나의 지시에 따라 그것의 요구들이 실현되는 도그마처럼 선포하는 것을 허용하지 않는다. 고유한 것은 발견하기 가장 어려운 것이고, 따라서 잃어버리기 가장 쉬운 것이다. 심지어 이러한 것이 그리스인들에게 일어났다.

> 말하자면 그들은 예술의 왕국을
> 세우려고 했다. 그러나 그때

166

그들의 조국의 것을
잃어버렸고, 그리고 애석하게도 그리스,
그 가장 아름다운 나라는 무너져 갔다.

(제4권, 264쪽)

가장 어렵게 발견될 수 있는 것은 가장 오래 찾아야만 하는 고유한 것과 가장 가까운 것이다. 그것이 발견된다면, 그것은 다시는 잃어버릴 수 없다. 지나치게 서둘러 몰아대는 추구는 추구가 아니고, 하나의 어떤 것에서 다른 것으로의 혼란스러운 방황일 뿐이다. 추구에는 숙고의 꾸준한 침잠이 속한다. 숙고는 기대하던 경이로움 앞에서 머뭇거리면서 숨을 들이쉬는 것과 같다. 진정한 추구는 꾸준한 머뭇거림이다. 그것은 단지 어찌할 바 몰라 하는 비결정적인 것의 머뭇거림이 아니라, 앞을 내다보고 뒤를 돌아보면서 오랫동안 체류하던 이의 머뭇거림이다. 왜냐하면 그는 추구하면서 이행 안에 체류하기 때문이다. 고유한 것을 발견하여 자기 것으로 수용하여 획득하는 것은 머뭇거리는 이행과 하나이다.

'황금빛 꿈에 깊이 젖어 요람 속에 잠재우는 미풍', 이 고유한 것과 더불어 '느릿한 오솔길'이 함께 명명되고 있다. 오솔길은 보이지 않는 다리이다. 왜냐하면 오솔길은 그 사이에 이행이 속해 있기 때문에, 잘 보이지 않는다. 오솔길은 마치 이끼와 갈대, 오리나무와 자작나무, 시냇물과 암석과 더불어 자라는 것처럼 보인다. 오솔길은 보이지 않게 자라나는 좁은 다리이다. 그것은 언제나, 보이지 않는 것과 시원적으로 발원하는 것 속에서 고향에 있듯 친숙하게 존재하는 그런 몇몇 소수의 개인들을 위한 다리이다. 느릿한 오솔길과 요람 속에 흔들어 잠재우는 미풍은 우연한 풍경의 내부에서 둘로 나누어진 사물들이 아니다. 미풍은 느릿한 오솔길 위로 불고, 오솔길은 불어오는 미풍 안에서 단순하고 결정적으로 이행을 형성하고 있다.

다리는 늘 강둑에서 강둑으로 곧바로 인도하기 때문에, 다리의 활력이 없는 것처럼 보인다. 그러나 다리의 활력이 없는 것은 아니다. 그것은 단지 감추어져 있고, 사람들로 붐비는 드넓게 돌출해 있는 다리의 활력보다 더 높다. 오솔길로 통하는 흔들리는 다리의 높이는 황금빛 꿈의 본질로부터, 잠재우는 미풍의 지고함으로부터 규정된다.

머뭇거리며 경외함은 축제에 앞서는 축제일에 고유한 것이다. 머뭇거림과 경외함은 각각의 모든 축제와 각각의 모든 이행에게는 필연적이다.

있어왔던 그리스의 축제가 인사받고 있기 때문에만 그런 것이 아니라, 이러한 인사 자체가 이행이기 때문에, 인사를 완성할 때 '느릿한 오솔길'이라는 말이 있는 것이다. 시인의 고유한 말함과 그의 시지음 그리고 시인의 존재는 오솔길을 넘어가면서, 그 자체가 단지 느릿한 오솔길로 존재한다. 여기서 '단지'라는 말은 제한을 뜻하지 않고, 오히려 유일무이하고 단순하고 소박한 것의 충만을 뜻한다. 즉 여기 시 안에서 자신의 진리를 감추면서 드러내고 있는 그런 존재 자체 이외에 다른 것으로 존재할 수 없는 그런 것의 충만을 뜻한다.

우리가 〈회상〉이라는 詩 안에서 지금 해명된 두 개의 연으로부터 셋째 연과 그것을 뒤따르는 다른 연들로의 이행을 완수할 때, 우리는 이 길에 대해 어떤 것을 경험한다.

반 복

그의 후기 송가 안에서 발견되는, 인간에 대한 핀다로스의 말은 우리가 꿈과 꿈같은 것의 본질을 사유해야만 하는 그런 방향으로 우리에게 원동력을 제공해줄 것이다. 우리는 여기서 모든 심리학적인 설명과 생리학적인 설명을 옆으로 치운다. 왜냐하면 그 전에 꿈꾸어진 것과 꿈같은 것의 존재성격이 분명히 밝혀지지 않는 한, 그러한 설명은 어둠 속에서 필연적으로 암중모색을 하기 때문이다. 그러나 이러한 것은 우리가 우리에게 잘 알려진 존재자에 대해 꿈같은 것의 존재 방식을 두드러지게 드러냄으로써 일어날 수 있다. 근대적 사유방식에 따라 우리는 이렇게 잘 알려진 존재자를 현실적인 것이라고 부른다. 현실적인 것에 가늠해볼 때 꿈같은 것은 순전히 비현실적인 것이고 아무것도 아닌 것이다.

그러나 우리가 인간은 일상의 존재, 즉 그림자의 꿈이라는, 인간에 대한 핀다로스의 말을 그리스적으로 철저히 사유해 본다면, 꿈같은 것역시 현존 즉 존재의 고유한 방식이라는 것을 우리는 인식할 것이다. 그 현존은 부재의 현존이고, 자기 편에서 이미 빛나는 것의 부재 안에 근거하고 있는 그림자의 현존이다. 부재하는 것, 더욱 명확히 말해서떨어져 나가 존재하는 것 또한 존재한다. 따라서 꿈같은 것은 현존하기에, 그것은 현실적인 것에 대립해 있는 비현실적인 것이 결코 아니다.

거꾸로 말해서, 현존하는 것 역시 떨어져 나가 존재하기도 하고, 따라서 현실적인 것이 비현실적인 것 속으로 돌출하기도 한다. 현실적인 것이 어떤 작용에 의해 작용된 것이고 그리고 작용이 일종의 생성이라면, 그 안에는 어떤 것에서부터 떨어져 나와 어떤 것을 향해 감이 놓여 있다. 그 자체로 받아들여지는 순전히 현실적인 것이란 전혀 존재하지 않는다. 모든 현실적인 것은 아직은 현실적이지 않은 것혹은 더 이상 현실적이지 않은 것을 뜻하는 가능한 것 안으로 솟는다. 가능한 것 안으로 이렇게 솟음은 현실성 자체에 속하고, 그것은 옛날에 이미 현실적인 것에 덤으로 덧붙여진 것이 아니다. 바로 이러한 '옛날에 이미 현실적인 것'은 존재하지 않는다. 이러한 것으로부터다음과 같은 것이 결과적으로 생긴다. 우리가 꿈같은 것을 현실적인것에 입각하여 측정하려고 한다면, 현실적인 것을 자신의 완전한 현실성, 즉 그것의 본질적 가능성의 성격 안에서 함께 사유함으로써 그런 것은 가능해진다. 그러나 이제 꿈같은 것이 비현실적인 것이라면, 어떻게 그것이 현실적인 것에 속하지 않는가? 이러한 것으로부터 꿈같은 것을 '현실적인 것'에 대한 자신의 연관 안에서 비현실적인 것에

입각하여 사유하라는 지시가 생겨나는 것은 아닐까? 우리는 횔덜린
의 논문 "사라짐 안에서의 생성"의 단편 안에서, 꿈같은 것이 비현실
적인 것 즉 가능한 것으로서 사유되고 있는 한에서, 꿈같은 것의 본
질 속으로 빛을 밝혀주는 맥락을 만난다.

> "그러나 존재와 비존재 사이의 상태 안에서 가능적인 것은 도처에서
> 실재적으로 되고, 현실적인 것은 이상적으로 된다. 그리고 이것은 자
> 유로운 예술모방 안에서는 '무서운 꿈, 그러나 신적인 꿈'이다."

여기서 꿈은 역사의 본질적인 것, 즉 역사의 이행을 서술하는 것과의
맥락 속에서 명명되고 있다. 가능한 것은 여기서 그것의 실현 안에서
사유되어, 지금까지의 현실적인 것은 이상적으로 되고 기억 속에 현
존한다. 꿈과 꿈들은 다가오는 것이로되, 그것은 임의적으로 다가오
는 것이 아니라, 지금까지의 현실적인 것이 현실화되는 그런 것이다.
인간에게 다가오는 이러한 본질적인 것은 비현실적인 것의 규정되지
않은 임의적인 것 안에서 상실되지 않는 꿈꾸는 행위의 꿈같은 것이
다. 꿈같은 것을 꿈꾸는 행위는 가능한 것을 그것의 실재적으로 됨
안에서 미리 보아야 하고, 이러한 것을 그러한 것으로서 미리 앞서
말해야만 한다(πρόφημι, προφητεύειν).
  플라톤은 아름다움에 대한 그의 대화(《파이드로스》) 안에서 아직
완전히 현존하지 않는 것을 미리 말하는 무아경(μανία προφητεύουσα)
에 대해 말하고 있다. 횔덜린의 후기 詩〈무르익고…〉(제 4권, 71쪽)
에서는 다음과 같이 말해지고 있다.

> 열매들은 불에 잠겨 볕에 쪼여 무르익고
> 대지 위에서 음미되나니,
> 모든 것이 뱀처럼 예언하듯 꿈꾸면서
> 하늘의 언덕 위로 기어오르니,
> 이것이 법칙이리라.

우리가 이 시구를 아직 조금도 이해하지 못할지라도, 꿈꾸는 것과 예언하는 것 사이의 내적 관계, 다시 말해 꿈같은 것과 다가오는 것 사이의 관계는 명백하다. 그러나 이러한 꿈같은 것은 일상의 이용과 낮의 존재의 취급방법의 일반적인 현실적인 것보다 더욱 현실적이다.

따라서 이러한 꿈들은 황금빛 꿈이라고 불린다. 다시 말해 장차 '존재할 것'에 당도할 무겁고 순수한 황금빛 꿈이라고 불린다. 왜냐하면 그것은 도래하여 빛나는 것이자 자신의 광채 안에서 고귀한 것이고, 다시 말해 그 자체로 현성하면서 일반적인 것을 필요로 하지 않는 것이기 때문이다.

이렇게 본질적으로 도래하면서 다가오는 것은 이른바 '움켜쥠'(Zu-griff) 속에 전혀 도달될 수 없다. 역사의 본질적인 것, 즉 이행의 영역 안에서 모든 '움켜쥠'은 잘못 잡음이다. 왜냐하면 그 움켜쥠이 다가오는 것을 그것의 다가옴 안에서 파괴하고 가능한 것을 불손하고 우연한 현실적인 것 안으로 잡아끌기 때문이다. 인간은 본질적인 것의 영역 안에서 결코 역사를 '만들지' 못한다. 그것은 신도 마찬가지이다. 양자는 언제나 기껏해야 그들의 산물과 여기에 속하는 장인만을 만든다. 이러한 것 가운데는 우선 교회조직의 음모가 속한다. 왜냐하면 그것은 이른바 성스러운 것을 자신의 힘의 목적에 이용하기 때문이다.

이행은 여기서 만들 수 없는 것 앞에서 머뭇거리는 경외함의 느릿함 속에서만 완수된다. 황금빛 꿈에 깊이 젖어 무거운 바람이 불 때, 느릿한 오솔길은 보이지는 않지만 근원적으로 자라난, 단지 몇몇 소수의 사람들에게만 남겨진, 좁은 다리이다. 물론 이러한 다리, 즉 오솔길은 활력이 없는 다리처럼 보인다. 왜냐하면 그 다리는 바로 강둑에서 강둑으로 인도하기 때문이다. 그러나 다리에 활력이 없는 것은 아니다. 그것은 단지 일상적인 눈과 발에게는 숨겨져 있다. 그것은 모든 사람들이 수시로 서둘러 지나다니면서 붐비는 드넓게 돌출해 있는 다리의 활력보다 더욱 높다. 오솔길로 통하는 다리의 활력의 높음은 그 위로 불어가는 미풍의 지고함과 황금빛 꿈에 의해 규정되고 있다.

둘째 연의 마지막을 완성하는 시인의 인사함은 그 자체가 하나의 이행에 속하여 있다. 오솔길은 둘째 연의 마지막과 셋째 연의 시작 사이로 들어간다.

43. 그리스와 독일:
역사적으로 고유한 것을 배우기 위한 이행의 강둑과 양쪽

연에서 연으로의 이행은 단지 겉으로는 詩의 형식을 유지하는 것으로 보인다. 그러나 그 사이에 우리는 첫 두 연의 시구에서 약간의 것을 예감한다. 남쪽나라와 시인의 조국, 그리스와 독일은 그것들의 숨겨진 연관을 드러내고 있다. 이러한 것은 양자의 '문화'의 정신역사의 역사학적으로 설명할 수 있는 관계 안에서 다 길어내어지지 않는다. 그 연관 자체는 시적으로 수립하는 말 안에서 근거 지어진다. '남쪽나라의 강렬한 불'과 '북쪽나라의 쇠잔한 불'(비가 〈방랑자〉)은 여기서 눈앞에 현존하는 나라들과 민족들의 — 단지 비교하는 역사학적 고찰 안에서 서로가 서로에 대해 비교될 수 있는 — '유형'을 특징짓는 것이 아니다. 그리스와 독일은 이행의 강둑과 양쪽을 지칭하고 있다. 이행은 '다른 쪽이 이상적으로 됨'으로서의 '한쪽이 실재적으로 됨'을 자기 안에 간직하고 있기 때문에, 이행하는 말함은 여기서 말해져야 할 것에 상응해야만 한다. 예전에 현실적인 것이 이상적으로 되고, 또한 이 현실적인 것이 있어왔던 것으로서 자신의 본질의 친밀함 안에서 말해져야 하는 한, 이러한 말함은 단지 인사로만 존재할 수 있을 뿐이다.

시인은 어디로부터 인사하는가? 고향으로부터. 고향의 존재는 '독일'이라고 불린다. 그곳은 시인이 이미 거기로 건너갔던 다른 쪽이다. 여기서 모든 것은 다르게 존재한다. 고유한 것은 그리스의 고유한 것과는 다른 것이다. 낯선 것도 또한 다른 것이다. 이와 마찬가지로 고유한 것을 자유롭게 사용하는 것을 배우는 것 역시 다른 방식으로 존재한다. 가장 어려운 것은 여기서 달리 존재한다. 그리고 그것은 고대의 부활이라는 어떤 양식에 의해서, 즉 어떤 방식의 '르네상스'에 의해서 가볍게 될 수도 없고 심지어 전혀 감소될 수도 없다. 그것은 도대체 역사학적으로는 발견될 수 없다. 그리스에 대한 연관 안에서, 즉 그리스의 축제와 관련해서 본질적으로 역사적인 결단은 실패한다. 시인은 〈회상〉을 짓기 3년 전에 지은 송가 〈게르마니엔〉에서 그것을 분명히 표현했다. 출구와 중도를 찾으려는 노력으로부터 힘겹게 벗어나 궁핍에 이르러 그 궁핍을 건네주고자 결단하면서, 송가 〈게르마니엔〉은 다음과 같이 시작한다.

> 복된 자들, 그들 나타났던 바
> 옛 나라에서의 신들의 모습들
> 그들 나는 더 이상 부르지 않으리라, …

(제4권, 181쪽)

시인은 있어왔던 것에게 잘 인사하지만, 그러나 그는 더 이상 부를 필요가 없다. 다시 말해 그는 축제에 도래하여 축제를 함께 규정할 수 있는 것을 학수고대한다. 그러나 이미 그가 나타났던 것, 즉 있어왔던 것을 더 이상 부를 필요가 없다고 말할 때, 그는 부르는 자라는 것을 말한 것이다. 그는 학수고대하기에 말한다. 이러한 학수고대함은 충만함이 없음이고, 충만함에 대한 직접적인 전망이 없으며, 차라리 그것은 아무것도 없이 지냄, 상실, 그리고 궁핍이다. 그러나 비록 그것이 탄식과 슬픔이라고 하더라도, 그 안에서는 기쁨이 말하고 있다. 그리고 이 둘의 통일성으로부터 축제를 위한 근본기분이, 즉 축제다운 것, 다시 말해 성스러운 것을 학수고대함이 말을 한다. 근본기분을 수호하는 자와 수호여인은 '성스럽게 슬퍼하는 자'이다. 그

렇기 때문에 시인은 송가 〈게르마니엔〉의 시작에서 계속하여 다음과
같이 말한다.

> 그러나
> 그대들 고향의 강물이여! 이제 그대들과 더불어
> 마음속 사랑을 비탄한다면, 성스럽게 슬퍼하는 자는
> 달리 무엇을 원할 수 있을까?

시인이 지금 그 안에서 북동풍과 이 바람의 차갑고 맑고 칼날 같은
매서움을 견뎌 내면서 다시 머물러 있는 자신의 조국의 성스러운 것
이외에 달리 무엇을 명명하고 싶겠는가? 지금 그는 신들이 이전에 축
제일을 함께 규정했던 그곳에서 직접 신들을 추구하는 것을 포기해야
만 한다. 그러한 것을 의욕한다는 것은 그리스 사람들에게 천성적인
것을 직접 다시 가져오는 것을 뜻한다. 다시 말해 그것은 거기로 그
들이 언제나 다시 놓인 채 잠재워지는 그런 곳이자 거기로부터 그들
이 직접적으로 철저히 규정되는 그런 곳으로서의 그들의 요람 안에
놓여 있던 것을 직접 다시 가져오는 것을 뜻한다. 이렇게 그리스의
탄생지에 본질적으로 고유한 것은 타오르면서 매혹시키고 빛나면서
황홀하게 하는 하늘의 불, 즉 황금빛 꿈의 빛남이다. 이렇게 고유한
것을 본래적으로 자기 것으로 수용하여 획득하는 것이야말로 그리스
인들에게는 가장 어려운 것이다. 이 고유한 것과 그것을 자기 것으로
수용하여 획득하는 방식은 '독일 시인'이 고향에서 발견해야만 하는
고유한 것일 수 없다. 이러한 발견은 자신의 추구와 자신의 배움을
요구한다. 고유한 것을 발견하고 자기 것으로 수용하여 사용할 수 있
음 안에는 인간이 자기 자신이 되는 그런 자유가 존립한다. 그 안에
한 민족의 역사의 역사성이 고요히 근거하고 있다. 횔덜린이 뵐렌도
르프에게 보낸 서신(1801년 12월 4일)에서 모든 역사의 본질적인 것
에 대해 두 번이나 말한 것은 우연이 아니다.

"우리는 민족적인 것을 자유롭게 사용하는 것보다 더 힘겨운 것을 알지 못하네. 내가 믿는 바로는, 그리스인들에게 하늘의 불이 근원적으로 자연스러운 것이듯이, 바로 우리에게는 표현의 명확성이야말로 근원적으로 자연스러운 것이라네"(제5권, 319쪽).

지금까지 우리는 아직도 이 문장의 앎 안에서 드러나고 있는 진리를 파악하지 못하고 있다. 이러한 것은 부분적으로는 이 앎이 무엇을 뜻하는지 우리가 거의 경험하지 못한 채 '학문'의 앎을 기대하고 있는 것과 관련되어 있다. 따라서 우리의 사유의 시야는 혼란스러워져 휠덜린이 표현한 통찰에 대해 어찌할 바 모르고 있다. 우리는 이러한 해석의 과제가 허용하는 정도만큼만 이러한 혼란스러운 의견을 지적할 수 있을 뿐이다.

그리스인에게 고유한 것은 '하늘의 불'이고, 독일인에게 고유한 것은 '표현의 명확성'이다. 이렇게 고유한 것은 그때마다 가장 먼저 간과되고, 잘못 해석되고, 상실된다. 왜냐하면 그것은 자명한 것으로 간주되고, 따라서 간과되거나 혹은 대충 서둘러 파악되기 때문이다. 고유한 것을 발견하고 사용하는 것을 배우는 것이 가장 어렵다. 하늘의 불은 자기 것으로 수용하여 표현할 것을 요구한다. 표현의 명확성은 표현해야 할 것, 즉 하늘의 불을 요구한다. 고유한 것은 자기 안에 속박된 채 배양될 수 있는, 저 홀로 갇혀 있는 그런 성향 안에 존립하는 것이 아니다. 고유한 것은 바로 그때마다 다른 것에 관련되어 있다. 즉 불은 표현에, 그리고 표현은 불에 관련되어 있다.

고유한 것은 이러저러한 곳에 바로 나타나는, 무 혹은 임의적인 것과 관련된 특성과 같은 그런 성향을 탐색함으로써 결정되지 않는다. 고유한 것은 두개골을 측정하거나 발굴된 창과 머리핀을 기술함으로써 확립되는 것이 아니다. 그러한 확립이 고유한 것에 해당하는 것을 이미 전제하고 있다는 사실을 도외시한다고 하더라도, 그렇게 확립되는 것은 아니다. 또한 관습과 풍속은 고유한 것 자체가 아니다. 오히

려 그것은 〔자연스럽게〕 형성된 태도이고, 고유한 것에 의해 근거 지어
진, 고유한 것의 보호이다. 고유한 것이 이미 결정되어 있다면, 이러
한 태도와 보호는 고유한 것의 '표현'이라고 파악될 수 있을 것이다.

   세계의 '사실들'이 올바로 해석된다면, 그것들은 단지 '표식'에 지나
지 않을 뿐이다. 그러나 만일 우리가 역사의 본질을 그 전에 간과하
여 그러한 본질을 어떤 구역에서 물을 수 있고 또 물어보아야 하는지
를 도대체 알지 못한다면, 역사적 전승의 거대한 질료를 어떻게 해석
할 수 있겠는가? 역사가 무엇인지 역사학자는 결정할 수 없다. 민족
학이나 지리학, 이른바 '독일적인 선'(deutsche Linie)의 예술사학적 확
립이나 역사학은 고유한 것을 발견할 수 없다. 그런 학문들이 어디로
부터 그리고 어떻게 존재하는지는 사람들이 알지 못한 채 고유한 것
으로 여기고 있는 그런 것의 '현상들'의 축적만을 그런 학문들은 가지
고 올 뿐이다. 자연과 역사에 대한 그 어느 학문도 고유한 것을 발견
하지 못한다. 그것들은 학문으로서 자신의 본질에 따라 그러한 것을
추구할 수 없기 때문에, 그것을 추구하지 않으며, 또한 그것을 추구
하지 않기 때문에 그것을 발견하지도 못한다. 고유한 것을 수립하도
록 자신에게 과제가 맡겨져 있는 자들인 시인들만이 고유한 것을 발
견한다.

44. 신학과 역사학이 접근할 수 없는, 조국의 성스러운 것으로서의 고유한 것, '가장 지고한 것'

   우리는 이미 소포클레스 번역의 헌사에서 다음과 같은 횔덜린의 말
을 들었다. "그 밖에도 나는 〔…〕 시간이 허락하는 한 〔…〕 성스러운
조국의 천사들을 노래할 것이다." 그는 조국이 그 안에 자신의 본질
을 가지고 있는 저 성스러운 것과 조국의 본질을 지키는 자인 천사를
노래할 것이다.

176

그러나 이 성스러운 것은 단순히 눈앞에 현존하는 종교, 즉 그리스
도교의 신적인 것이 아니다. 성스러운 것은 도무지 '신학적으로는' 결
정될 수 없다. 왜냐하면 모든 '신학'은 테오스(Θεός), 즉 신을 이미
전제하고 있고, 또 그렇게 확실히 전제하고 있기에, 그 결과 언제나
신학이 출현하는 곳에서는 신은 이미 달아나 버린다.

그리스인들은 그들의 위대한 본래적 역사시대에 아무런 '신학'도 가
지고 있지 않았다. '독일 그리스도교'의 신학자나 신앙고백의 신학자
는 물론이고 가톨릭의 신학자도 조국의 성스러운 것을 발견할 수 없
다. 그들은 생물학자와 선사시대 역사가 그리고 예술사가와 더불어
같은 사정에 처해 있다. 그들은 이른바 현실성에 가깝게, 그들이 맹
목적으로 계승한 아주 신성모독적인 19세기가 결코 단 한 번도 유포
한 적이 없는 일종의 '지성주의'를 진행시킨다. 세계가 조화로운 섭리
에서 벗어나도록 위협하고 있는 그런 시대에 고유한 것은 결코 합당
하게 갈취될 수 없다. 이렇게 생각하는 자는 조국의 가장 고유한 본
질의 숨겨진 품위를 폄하하는 것이고, 또한 그가 무엇을 사유하든지
간에 결코 독일적으로 사유하지 않을 것이다.

그러나 앎과 알 수 있음 안에서 사람들이 겪고 있는 혼란은, 학문
적으로—다시 말해 오늘날에는 언제나 이성적-조직적-기술적으로
—본질적인 것을 결정하길 원하는 이 혼란스러운 의도의 거부가 고
유한 것과 독일적인 것을 부정하는 것과 같은 것을 뜻한다고 사람들
이 생각하는 그런 곳에서, 비로소 최고의 정점에 도달한다. 그 반대
가 참된 것이다. 그러나 거기에서 '이성적인 것'의 거절이 '비이성적
인 것'을 합당하게 요청하는 것과 동일시될 필요가 없다는 점은 마땅
히 숙고되어야 할 것이다. 왜냐하면 비이성적인 것은 다만 '이성적인
것'의 젖먹이 형제일 따름이고, 또한 이성적인 것과 똑같은 방식으로
그것은 근거가 없는 것이고, 게다가 사람들이 부정하는 '이성적인 것'
이 그 이전에 규정되던 그 방식에 그때마다 여전히 종속해 있기 때문
이다.

　그러나 시인이 조국의 고유한 것과 성스러운 것을 발견해야만 한다면, 그는 스스로 만든 명민함과 책략 그리고 어떤 총명을 증거로 끌어들일 필요가 없다. 시인은 역사다운 것, 즉 자신의 조국의 축제다운 본질을 **추구해야** 한다. 이미 첫 번째 휘페리온 단편 안에는 다음과 같은 횔덜린의 어두운 말이 담겨 있다(제 2권, 81쪽). "우리는 아무것도 아니다. 우리가 **추구하는** 것이 모든 것이다." 그러나 비록 시인의 '성스럽게 슬퍼하는 마음'과 추구 그리고 근본기분이 그대로 머물러 있다고 하더라도, 일찍이 발언된 이 말은 그 후 그 의미가 변화한다.

　그러나 추구함 안에서 추구된 것은 우리에게 가깝다. 추구된 것은 추구하여 발견된 것의 매혹시키는 형상이다. 추구된 것 안에서만 발견된 것은 나타난다. 발견된 것이 단순한 습득물이 되는 곳에서, 이미 그것은 박물관으로 이전될 준비가 갖춰지고, 박물관으로 넘겨진 후, 상실된다. 그것은 일종의 미국인을 위한 대상이 된다(미국주의에 빠져 독일의 본질을 포기하는 것은 때때로 이미 자신의 재앙으로 이렇듯 너무 멀리 가버렸기에, 독일인은 자신의 민족이 한때 '시인과 사상가의 민족'으로 명명되었다는 것을 부끄러워한다).

　시지음과 사유함은 본래적인 추구함이다. 추구한다는 것은 물어본다는 것이다. 시인은 성스러운 것을 하나의 골격처럼 확립할 수 없다. 그는 성스러운 것 자체를 물어보아야 한다. 이것은 다음을 뜻한다. 시인은 말해져야 할 것(*das Zu-sagende*), 즉 성스러운 것을 자신을 위해 보존하는 자인 뮤즈(Muse) 신에게 물어보아야 한다. 뮤즈의 어머니는 '므네모쉬네'인데, 이것은 독일어로는 '회상'을 뜻한다. 횔덜린의 송가시기에 모든 것을 말해주는 하나의 단편이 우리에게 보존되어 있다. 그 단편은 다음과 같이 말한다(제 4권, 249쪽).

　나는 언젠가 뮤즈에게 물었다, 그리고 그녀는
　나에게 대답했다

결국 너는 그것을 발견할 것이다.
가장 지고한 것에 대해 나는 침묵할 것이다.
그러나 금지된 열매는 월계수처럼,
흔히 조국이다. 그러나 그것은
결국 누군가를 필요로 한다.

가장 고유한 것, 즉 조국은 가장 지고한 것이다. 그러나 그렇기 때문에 흔히 금지된 것이다. 그렇기 때문에 그것은 오랜 추구와 많은 희생과 가혹한 고용살이 이후에 결국 비로소 발견된다. 각자가 준비되어 있다면, 어떤 강요된 것이 더 이상 가장 지고한 것에 대한 자유로운 시선을 가로막지 않는다면, 어떠한 쇄도도 금지된 것을 엉클어 놓거나 쫓아 버리지 않는다면, 각자는 결국 비로소 이러한 열매를 필요로 할 것이다. 가장 지고한 것이 추구될 때에만, 조국적인 것은 발견될 수 있다. 가장 지고한 것을 추구한다는 것은 그것에 대해 침묵한다는 것을 뜻한다. 그러나 이러한 침묵은 가장 지고한 것을 지나쳐 가는 것이 아니라, 오히려 그것을 보존한다. 이러한 보존이 필연적이다. 왜냐하면 우리는 오로지 가장 지고한 것으로부터 높은 곳에 다다르기 때문이다. 우리는 결코 아래로부터가 아니라, 언제나 오로지 위로부터만 높은 곳에 도달한다.

그러나 어떻게 가장 지고한 것에 대해 침묵하고 있는가? 때때로 참답게 말하는 자만이 참답게 침묵할 수 있다. 순전히 말을 하지 않음은 침묵함이 아니다. 따라서 이러한 침묵을 하려면 말을 붙잡아 말해야만 한다. 왜냐하면 정당한 것을 말하는 자만이 그러한 말함 안에서 가장 지고한 것을 침묵할 수 있기 때문이다. 그러나 이러한 말함이 먼저 그 전에 발견되어야 한다. 가장 고유한 것에 대해 고유한 말을 자유롭게 사용하는 것이 가장 어렵다. 고유한 것과 고향적인 것, 고향의 땅과 어머니는 가장 어렵게만 얻을 수 있다. 따라서 횔덜린은 친구에게 보낸 서신의 의미에 완전히 부합하게 〈편력〉이라는 송가에서 다음과 같이 말한다(제 4권, 170쪽).

> 내가 도망쳐 나온, 닫혀 있는 자, 어머니,
> 자애롭지 않으면 얻기 어렵다.

우리는 이제, 시인이 고향땅에 다시 머무는 것에 어떤 어려움이 있는지를 예감한다. 어떤 학수고대함으로부터 — 시인이 더 이상 머물러서는 안 되는 — 저 나라의 인사함이 나오는지를 우리는 측정할 수 있는가? 시인이 〈회상〉의 첫 두 연에서 인사하고 있듯이, 누군가가 진정으로 인사하고 또 그렇게 인사할 수 있도록 그가 어떻게 존재해야만 하는지를, 우리는 숙고해 보았는가? 고향적인 것 안에 다시 머물면서 고유한 것을 추구한다는 것이 무엇을 의미하는지를 우리는 예감하고 있는가? 우리는 고향적인 것 안에서 추구하는 것에 속하는 인내하는 마음에 대해 최소한의 것이라도 예감하고 있는가? 그러나 조국의 고유한 것을 추구하는 각자가 더욱 자유롭게 고유한 것의 자유로운 사용을 자유로움 안으로 가지고 올 수 있기 위해, 특히 이렇게 인내하는 마음(Langmut)으로 존재해야만 하는 저 관대한 마음(Groß-mut, 관용)을 우리는 예감하고 있는가? 횔덜린 자신이 〈회상〉을 지은 후에 바로 지은 〈무르익고…〉(1805)라는 詩 안에서 다음과 같이 말할 때, 우리는 지금 아직도 놀라고 있는가?(제 4권, 71쪽)

> ……… 또한 많은 것이
> 어깨 위에 올려진
> 장작더미의 짐처럼
> 지켜져야 한다.

따라서 이렇게 알고 있는 시인이 뮤즈에게 물어보았다면, 또한 뮤즈 자신이 무엇을 원하고 있는지를 그가 이미 이해하고 있다면, 그리고 시인이 가장 지고한 것에 대해 침묵해야만 한다는 것을 뮤즈가 자신의 의지에 알맞게 시인에게 요구하고 있는 것을 그가 이미 이해하고 있다면, 우리는 놀라워할 것인가? 침묵한다는 것은 여기서 다음을 뜻한다. 즉 말해져야 할 것이 말하고 있기에, 이로 인해 그 말은 침묵된 것으로서 예감되고 있고, 이렇게 예감된 것으로서 오랫동안 학수고대하는 모든 추구를 철저히 조율하고 규정하는 그런 것이 된다는 것이다. 〈회상〉이라는 詩의 어느 곳에 이러한 침묵함이 있는가? 그것은 둘째 연의 종결부분에서 다른 나라와 축제에 대한 인사가 완성되는 둘째 연에서부터 셋째 연으로 이행하는 가운데 있다. 이 두 연 사이에는 하나의 심연이 있다. 첫째 연을 포괄하는 둘째 연의 마지막과 셋째 연의 시작은 마치 벽처럼 가파르게 떨어지고 솟아나면서 서 있다.

이러한 심연 안에 침묵해야 하면서 침묵되는 것의 침묵함이 있다.

45. 둘째 연에서 셋째 연으로의 이행. 고향적인 것 안에서의 근거 지음

둘째 연에서 셋째 연으로의 이행은 오솔길을 넘어가면서 하나의 결단을 포함하고 있다. 셋째 연은 이렇게 말한다.

허나 내가 휴식하도록,
어두운 빛으로 가득 채워진
향기로운 술잔을
누군가 나에게 건네다오, 그늘 아래서
잠자는 것은 달콤하니까.
죽을 생각으로 인해
넋을 잃고 사는 것은
좋지 않으리. 그러나

하나의 대화가 있어,
마음속 생각을 말하고,
사랑의 나날과 일어난 일들에 관해
많이 듣는 것은 좋으리라.

이 연은 마치 하나의 착상과 상으로부터 다른 것으로 자의적으로 건너뛰듯, 갑자기 그리고 낯설게 시작한다. 그러나 우리가 지금까지 언급된 것을 마음속에 간직한 채, 이제 아마도 그 안에서 시인이 시인 자신에게 스스로 말하면서 자신의 본질을 발언하고 있는 저 시구에 따라 처음 세 개 연을 도식적으로 그리고 강압적으로 숙고해 본다면, 이 연으로의 이행은 우리에게 더욱 명백해진다.

첫째 연에서는 다음과 같이 말해졌다.

그러나 이제 가거라, 그리고 인사하여라.

시인은 인사하면서 자신의 나라에서 뒤에 머무르고 있다. 그러나 이러한 뒤에 머무름은 인사받는 것을 물리치지 않는다. 그리스는 잊히지 않고, 부정되지 않고, 보존되고 있다. 그래서 우리는 다음의 말을 추가할 수 있다. '그러나 이제 가거라, 그리고 〔나에게〕 인사하여라.' 이에 따라 둘째 연은 이렇게 시작한다.

아직도 내겐 기억이 생생하구나.

뒤에 머무는 자는 그가 인사하는 것과 더불어 생각되고 있다. 다시 말해 그는 독특한 방식으로 선사받고 있는 것이다. 인사하는 자는 자신이 인사받고 있다는 것을 경험한다. 있어왔던 축제는 성스러운 것으로서 본래적으로 인사하는 자인 친밀한 것을 기억하고 있다. 본래적으로 인사하는 자는 뒤에 머무는 자에게 자신의 장소에서 조국의 성스러운 것을 부르고 이 가장 지고한 것의 보호 안에서 고향에 있듯 친숙해지라는 눈짓을 준다. 따라서 고유한, 그러나 아직 자기 것으로 수용되지 못한 조국 안에서 뒤에 머무른다는 것은 의지에 반해서 일어나는 것이 아니라, 인사하면서 고유한 것을 발견하도록 자신을 규정하고 있는 것에 인사하는 시인이 동의함으로써 일어나는 것이다. 시인은 있어왔던 것과 단절되어 있지도 않고, 어찌할 바 몰라 하는 공허 속에 홀로 버려져 있지도 않다. 그는 있어왔던 것에 귀속해 있다. 그러나 이것은 가장 어려운 것에 이르려는 채비의 힘겨움으로 인해 그런 것이다. 여기서의 채비란, 고유한 것을 자유롭게 사용하는 것을 배워서 그러한 자유 안에서 자유로운 곳과 열린 공간을 형성하고 그 안에서 자신의 조국의 성스러운 것이 나타날 수 있게 하기 위한 채비이다. 그러나 시인이 가장 어려운 것을 자신의 과제로 떠안고 있기에, 그는 있어왔던 것으로의 직접적인 도망과 전승되어 있어왔던 것을 단순하게 떠맡는 것을 거부해야만 한다. 이러한 거부는 없이 지냄이되, 그럼에도 불구하고 이런 것은 단순한 결핍에서 발원하는 것이 아니라, 오히려 고유한 것을 자기 것으로 수용하여 획득하려는 동의로 말미암아 발원하는 욕구이다.

셋째 연에서는 이렇게 말해지고 있다.

> 허나 내가 휴식하도록,
> ································
> 향기로운 술잔을
> 누군가 나에게 건네다오,

이제 비로소 건네져야 하는 것을 부르는 부름이 분명한 대립 안에서 요람 속에 잠재우는 미풍의 순수한 허락을 따르고 있다. '허나 건네다오'의 이 '허나'는 대립을 날카롭게 세우고 있다. 이 대립은 우선 이 시구의 시작에 있는 'Es'[1]를 통해 독특한 비규정성 안에 머물고 있다.

---

1) 이 시구의 원문은 "Es reiche aber,"(허나 … 건네다오)로 시작되고 있는데,

이것은 이 연의 세 번째 시구 안에 있는 '누군가'에 의해 결코 제거되지 않는다. 마치 무로부터 솟아나는 듯한, 가져옴과 선사함에 대한 부름은 인사함과 인사받은 것을 갑자기 가라앉히듯, 여기에 적혀 있는 시구와 더불어 아직은 충분히 해석되지 않는다. 우리가 처음 세 개 연에서 이끌어낸 시구를 직접 다음과 같이 서로 연이어 놓아둔다면,

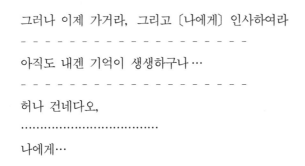

그러나 이제 가거라, 그리고 〔나에게〕 인사하여라

아직도 내겐 기억이 생생하구나…

허나 건네다오,

나에게…

이럴 경우에 우리는 물론 인사와 절박한 부름 사이의 심연을 인식할 것이로되, 그러나 우리는 또한 본질적인 관련을 아직도 여전히 오해할 위험에 새롭게 빠지게 된다. '허나 건네다오'라는 이 절박한 말은, 인사받는 것이 앞으로는 낯선 것으로 그리고 있어왔던 것으로 머무르면서 더 이상 선사될 수 없는 것이기에, 인사함도 또한 거의 일탈된 것처럼 보이는 결과적 인상을 주고 있다. 그러나 실은 모든 것이 이미 다르게 놓여 있다. 인사함은 이미 그리고 단지 고유한 것을 발견하도록 결정된 — 과제로 떠맡은 — 귀환으로부터 발원하고 있다. 독일의 고유한 것은 표현의 명확성이다. 그리스의 고유한 것은 하늘의 불, 즉 황금빛 꿈이다. 《휘페리온》에서 젊은 그리스인은 친구에게 다음과 같이 썼다(제2권, 92쪽).

"오 인간이 꿈꿀 때, 인간은 신이다,

Es는 비인칭 주어이다.

184

　　그가 숙고할 때, 그는 거지이다 …"

詩 〈회상〉은 다음과 같이 시작한다. "북동풍이 분다, /내겐, /바람 중에서 가장 사랑스러운 것이리."〈회상〉 안에서 조국의 역사의 역사성이 사유되고 있다는 것을 우리가 알고 있는 이제, 첫 번째 시구가 비로소 자신의 완전한 진리를 드러낸다. 눈을 깨우는 바람은 바라봄(표–상과 표현)의 명확한 대담성을 보증해 준다. 고향땅의 바람은 시인에게 가장 어려운 것으로 부과된 것을 약속해 준다. 북동풍은 인사를 남프랑스로 보내기에 적당하기 때문에만 가장 사랑스러운 것은 아니다. 그것은 또한 고향땅의 바람으로서의 북동풍과 시인이 친밀하기 때문에, 바로 이런 이유에서 가장 사랑스러운 것이다. "북동풍이 분다"는 것은 이제, 깨끗한 대기와 근본요소 안에서 견디어 내면서 그 안에서 고유한 것의 법칙을 발견하는 것이 중요하다는 것을 말한다. 시인은 고유한 것을 추구하려고 귀환하고 결단했기에, 그는 이제 비로소 자신의 본질 안에서 낯선 것을 인정할 수 있고, 또한 이러한 인정으로 인해 낯선 것을 그것의 고유함 속에서 인식할 수 있다. 또한 그렇기 때문에 그는 그렇게 자기 안에서 현성하는 것을 있어왔던 것으로서 인사할 수 있다. 있어왔던 것, 낯선 것은 고유한 것에 입각하여, 고유한 것을 위해 보존된다. 고유한 것은 고유하게 '존재하고', 본래 맨 먼저 오로지 자기 것으로 삼음 안에서만 존재한다. 그러나 이것은 낯선 것과의 대화가 없이는 일어날 수 없다. 그리스는 단지 내처지지 않을 뿐만 아니라, 새로운 의미 안에서 필연적으로 역사적으로 된다.

　　이러한 소견과 함께 이제 횔덜린의 시에 대한 오늘날 이미 익숙해진 오해가 사라질 것이다.

46. '조국적인 것'으로의 횔덜린의 전향에 대한
   세 가지 오해에 관한 사이소견

헬링그라트가 송가를 출간한 이래, 횔덜린이 1800년부터 해마다 명백한 전향을 수행했다는 것을 사람들은 알고 있다. 그 전향과 함께 그리스 정신문명에 대한 새로운 관계도 함께 변모해 간다. 이제 이러한 전향 안에서 조국적인 것, 즉 독일적인 것이 추구되기 때문에, 사람들은 횔덜린의 '서구적 전향'에 관해 말하면서 그리스 정신문명을 '아침의 나라'로 파악했고 아울러 그리스에 대한 관계를 심지어 등을 돌리는 전향이라고 파악했다. 그러나 이것은 단지 더 머나먼 의도의 서곡일 뿐이다.

서구적 전향은 그리스도교로의 전향으로 해석되었다. 횔덜린은 송가 시기에 '구세주'와 '마돈나'에 대해 말한다. 그러나 조심스럽게 숙고해 보았을 때, 여러 가지 근거로부터 알려진 횔덜린의 그리스도교적 전향은 꾸며진 것이라는 것을 사람들은 알고 있다.

이에 반해 또 다른 전향, 즉 조국적인 것으로의 전향은 더욱 구체적이고 명백한 것처럼 보인다. '정치적인 것'으로의 전향이라는 의미에서 조국적인 〔것으로의〕 전향보다 무엇이 더 가깝게 해석될 수 있겠는가? 그러나 횔덜린이 조국적인 것이라고 명명한 것은 사람들이 이것을 아주 멀리 파악한다고 하더라도, '정치적인 것' 안에서 소진되지 않는다.

세 가지 견해는 모두 잘못이다. 그리스 정신문명으로의 새로운 관계는 등을 돌리는 전향이 아니라, 오히려 더욱 근원적인 대결로 몰아가는 그리스 정신문명으로의 더욱 본질적인 방향전환이다. 물론 그 안에서 고유한 것의 근원과 근거를 찾을 수 있는 것은 아니다. 조국적인 것으로의 전향은 그리스도교로의 도피가 아니다. 구세주가 말해지는 한, 이것은 단지 신들 가운데 하나에 지나지 않고, 참으로 그리스도교적으로 명명될 수 없는 하나의 사유방식이다. 또한 조국적인 것으로의 전향은 정치적인 것으로의 전향이 아니다.

사람들이 조국적인 것과 정치적인 것을 동일시할 수 있다고 하더라도, 조국적인 것은 빛과 에테르 안에서 자라날 수 있는 어떤 하나의 결실이고, 이 결실은 가장 지고한 것, 즉 성스러운 것의 근본요소 안에 존재한다는 것을 숙고하지 않으면 안 될 것이다. 이것이 조국의 근거이자 조국의 역사적 본질의 근거이다. 조국이 가장 지고한 것, 즉 성스러운 것으로부터 유래하는 한에서만, 그리고 각자가 결국 이 최초의 것에서 자신의 몫을 가질 수 있도록, 자신의 본래적인 것으로서 이 가장 고유한 근원이 발견되는 한에서만, 가장 지고한 것은 조국으로 존재한다. 고유한 것의 자유로운 사용을 배운다는 것이 가장 어려운 것이다. 왜냐하면 자유로운 사용만이 고유한 것을 보존하는 올바른 방식이고, 심지어 그런 사용만이 고유한 것을 처음으로 발견하는 유일무이한 방식이기 때문이다. 시인이 고향으로 돌아온 이 시기에, 무거운 짐에 대해 말하면서 아직도 말해야 할 많은 것이 있다는 것을 우리로 하여금 알게 하려는 까닭은 오직 이것으로부터만 해명될 수 있다.

조국의 성스러운 것으로의 전향이 그리스도교 신앙의 안전한 항구로의 도피이거나 혹은 정치적 활동의 눈앞의 구역 안으로 전념하는 것이라면, 무엇 때문에 이러한 도피와 이러한 일의 직접적인 몰두가 이제 오랫동안 학수고대하는 절박함이자 하나의 짐이어야 하는지가 통찰될 수 없을 것이며, 또한 이와는 반대로 과연 어디에서 그것들이 영혼의 건강의 안전을 보증하고 직접적인 행동과 결과의 만족을 보증하는지도 통찰될 수 없을 것이다. 그러나 이 시 안에는 어디에서도 안전과 만족에 대한 언급이 전혀 없다. 모든 것은 [짊어져야 할] 과제이다. 이 시는 하나의 관점이 아니라, 오히려 고유한 것을 자기 것으로 수용하여 획득하는 것을 배우는 진행과정이다.

47. 고유한 것을 자기 것으로 수용하여 획득하는 것을 배움

> 허나 내가 휴식하도록,
> 어두운 빛으로 가득 채워진
> 향기로운 술잔을
> 누군가 나에게 건네다오,

그러나 이것은 고유한 것으로 가기를 중단하는 것처럼 울리지 않는가? 고유한 것을 획득하려는 대담함이 그렇게 말하는가? 이것은 차라리 고유한 것으로의 진행에서 벗어날 수 있기 위해, 고유한 것과 낯선 것에서 동시에 물러나 더 이상 그 무엇에 의해서도 성가시게 방해받고 싶지 않은 그런 도움을 요청하는 부름이 아닐까? 횔덜린은 그것을 충분히 명확하게 말하지 않고 있다. "내가 휴식하도록"이라고 말하고 있을 뿐이다. 그는 휴식을 찾는다. 그러므로 그는 진행 안에-머무르면서, 짐을 벗어던지고, 따라서 셋째 연에 대해 지금까지 설명한 것과는 반대되는 것을 찾고 있다.

그러나 우리는 시구의 조각난 일부분을 넘어서 셋째 연의 처음 부분 전체를 마음속에 간직해 두는 것이 좋겠다. 그 처음 부분은 다음과 같은 말로 끝난다.

> 그늘 아래서
> 잠자는 것은 달콤하니까.

이것은 그늘 아래서 잠자는 것이 달콤'하다'(*ist*) 는 것을 뜻하지 않는다.[2] 말하자면 잠이 밀려들 경우, 잠자는 것이 달콤할 수도 있을지 모른다(*wäre*) 는 것은, 여기서 휴식이 잠드는 것과 같은 뜻일 수도 '있

---

[2] 원문은 다음과 같다. "denn süss/Wär' unter Schatten der Schlummer." 하이데거는 여기서 동사가 ist로 쓰이지 않고 Wäre로 쓰여 있다는 것을 강조하고 있다.

다는 것을 의미한다. 물론 잠이 들어 망각 속에 빠지는 것이 더 좋으
리라고 생각할 수 있을지도 모른다. 그러나 이것은 시인의 사명이 아
니다. 따라서 그가 이미 쉬어야만 할 경우, 그늘 아래서 밤에 휴식을
취하는 그런 방식이 아니다. 그는 '성스러운 밤에' 방랑하는 자로 존
재해야만 한다. 그러나 이것은 그에게는 다음과 같은 것을 의미한다.
즉 밤이 자기 안에 준비하면서 감추고 있는 저 성스러운 것을 위해
그가 깨어 있어야 한다는 것을 그에게 말해주고 있는 것이다. 우리는
여기에서 비가 〈빵과 포도주〉의 일곱 번째 연을 숙고해 본다. 그것
은 이제 부름받은 시인에 대해 다음과 같은 말로 끝나고 있다(제4연,
124쪽).

> 그러나 그대는 말한다. 시인들은 성스러운 밤에 이 나라에서 저 나
> 라로 여행하던
> 주신(酒神)의 성스러운 사제들과 같다고.

성스러운 것이 두 번 명명되고 있다. 그러나 이제 달아나 버린 있어
왔던 신들의 시공간으로서의 밤을 관통해 거니는 시인은 포도주의
신, 바쿠스, 디오니소스와의 연관 안으로 데려와진다. 따라서 사람
들은 역사학적으로 비교하고 총괄적으로 헤아리는 방식에 따라 그리
스인과 독일인의 고유한 것 사이의 구분을 디오니소스와 아폴론에 대
한 니체의 구분으로 치환한다. 사람들은 한갓된 낱말들의 같은 울림
에 의존하여 말을 숙고하지 않는다. 그래서 우리는 요즘 많이 읽히는
책에서 가공스럽게도 휠덜린을 슈바벤의 니체로 표상하는 것을 만난
다. 니체의 구분과 힘에의 의지라는 그의 형이상학 안에서의 이러한
구분의 역할은 그리스적인 것이 아니라, 오히려 근대 형이상학 안에
그 뿌리를 내리고 있다. 우리는 이에 반해 휠덜린의 구분을 모든 형
이상학을 극복하는 선구자로서 이해하는 것을 배워야만 한다.
　포도주의 신은 일종의 있어왔던 신이다. '디오니소스적인 것 그 자

체'는 없다. 이에 반해 포도주는 미래의 축제 안에서 그 축제를 준비하기 위해 시인에 의해 규정된 하나의 본질적인 규정을 간직하고 있다.

> 허나 …
> 어두운 빛으로 가득 채워진
> 향기로운 술잔을
> 누군가 나에게 건네다오,

여기에서 포도주가 명명되고 있다면, 이 말은 고유한 것을 자기 것으로 수용해 가는 진행과정 앞에서 도피하려는 어떤 기회를 부르려는 것이 아니다. 이와는 반대로, 축제는 준비되어야 한다. 여기서 준비란 '고유한 것의 자유로운 사용을 배우는 것'이요, 또한 이것은 '가장 어려운 것 안에서 견뎌내는 것'을 뜻한다. 시인이 이제 그 안에서 고향에 있듯 친숙하게 머무르고 있는 그 나라의 고유한 것은 무엇인가? 그것은 뷜렌도르프에게 보낸 서신의 말에 따르면 이미 여러 차례 언급되었듯이, '표현의 명확성'이다.

48. 독일의 고유한 것: '표현의 명확성'

그러나 이것, 즉 '표현의 명확성'이란 무엇을 말하는가? 우리는 "몰락하는 조국"이라는 논문을 근거로 삼아, '사라짐'과 '생성' 안에 '표현'이 본질적이라는 것을 알고 있다. 독일인에게 '표현의 명확성'이 자연스럽고 고유한 것이라면, 바로 이 고유한 것은 우선은 가장 드물게 자기 것으로 수용되는 것으로 남아 있다. '교육의 진보' 속에서 바로 이러한 고유한 것이 점점 더 상실되어 간다는 것은 있을 수 있는 일이다. 왜냐하면 자유로운 사용이 학습되지 않기 때문이다. 교육의 '진보'란 눈앞에 현존하는 적합한 소질을 더욱 육성하는 것, 소질 안에서 알려진 경향을 성취하는 것, 이러한 것들의 노력을 수행하는

190

것, 수행능력을 강화하는 것, 소질을 고유한 양식으로 확실하게 지배하도록 배양하는 것이다.

그러나 눈앞에 현존하는 소질로서의 고유한 것을 연마하고 이용하는, 고유한 것의 이러한 사용은 자유로운 사용이 아니다. 왜냐하면 여기서 사람들은 이러저러한 때 이러저러한 방식으로 단지 확립되고 파악된 그들의 소질 안으로 강제되고 있기 때문이다. 사람들은 그렇게 맹목적으로 파악된 소질의 맹목적인 노예로 남는다. 얼마나 맹목적이고 눈이 멀었는가? 왜냐하면 여기서 각각의 소질과 특색을 처음으로 그러한 것으로 규정하고 있는 것이 무엇인지를 보지 못하고 볼 수도 없기 때문이다. 무엇을 위한 소질인지가 더욱 분명히 말해져야 하는데, 그것은 명확한 표현 속에서 표현되어야 할 것으로 존재하는 바로 그것이다. 명확하게 표현할 수 있는 이 단순한 능력으로부터 이러한 것이 전적으로 생기는 것은 아니다. 이와는 반대로 이러한 능력은, 표현해야 할 것과 표현된 것이 무엇인지 그리고 그것이 어떻게 표현될 수 있는지, 그 스스로 결단하도록 자기 자신을 데려올 수 있다. 고유한 것의 사용은 이런 식으로 자기에게 우연히 주어진 것에 제한된 그런 소질만을 수행하려고 의도한다. 이 경우에 사용은 자기 마음대로 자의적인 것이 된다. 그것은 자유롭지 않으며, 따라서 고유한 것의 자유로운 사용이 아니다. 왜냐하면 고유한 것의 규정은, 무엇을 위해 그것이 규정되는지 그리고 무엇에 의해 그것이 조율되는지, 이러한 것으로부터 함께 발원하기 때문이다.

고유한 것의 사용이 자유로운 것이 되기 위해서는, 고유한 것이 자신에게 할당되어 있는 것을 위해 열려 있어야 한다. 표현의 명확성이 비규정적인 것과 임의적인 것 안에서 공허한 능력으로서 연습되고 있는 한, 그것은 자기 자신에게 발견되지 않는다. 이 고유한 것, 즉 표현의 명확성이 표현이 요구하는 것에 의해 규정될 수 있다는 것이야말로 절박한 것이다. 명확성이 어두운 것에 자신을 섞고, 시험하고, 채우고, 그리하여 성숙해질 때, 오직 그때에만 명확성은 자유로운 것 안으로 다가올 수 있다. 자유로운 것은 근거 없는 임의적인 것이 아무런 방해도 받지 않고 있다는 사실에서 존립하는 것이 아니다. 자유는 근원적인 것과 시원적인 것에 대해 열려 있음이다. 고유한 것의 자유로운 사용을 배운다는 것, 바로 이것이 가장 어려운 것이라는 것은 다음을 뜻한다. 즉 모든 이기적인 것에 대해 다른 것과 다른 유래로 존재하는 근원적인 것, 그리하여 거의 완전히 낯선 것처럼 보이는 저 근원적인 것에 대해 스스로를 열어놓는 것을 배우는 것을 뜻한다. 자신에게 할당된 것을 표현하는 가운데 고유한 것은 비로소 자유에게로 다가오는데, 바로 이 할당된 것에 대해 스스로를 열어놓는 것을 이렇게 배운다는 것은, 따라서 그 안에서 오로지 표현의 명확성이 시험될 수 있는 그런 것을 준비함으로써 시작해야만 한다. 그리고 표현하여 지어지기(*das Gebautwerden*)를 고대하는 것은, 아직은 표현되지 않아 어둡게[3] 남아 있는 것이다.

> 허나…
> 어두운 빛으로 가득 채워진
> 향기로운 술잔을
> 누군가 나에게 건네다오,

그러나 우리에게 하나의 숙고가 새롭게 알려오고 있다.

49. 더욱 드높은 숙고의 도취함과 말로 표현하는 것의 냉철함

표현의 명확성을 자유롭게 사용하는 것을 배운다는 것은 무엇보다도 냉철하게 된다는 것을 말하는 것이 아닐까? 그러나 '허나 건네다

---

3) 여기서 어두운 것(*das Dunkle*)은 아래 시구에서의 'Des dunkeln Lichtes'(어두운 빛)와 연결된다.

오'라는 부탁은 오히려 아무런 숙고도 하지 않은 채 귀를 막아 버리고 망각해 버리려는 것이 아닐까? 이에 반해 명확한 표현을 자유롭게 사용하는 것을 배운다는 것은 모든 것에 앞서 스스로 숙고할 것을 요구한다. 그러나 여기서 숙고한다는 것은 무엇을 말하는가? 그것은 무엇을 정리하고 주변상황을 알아채는 것과 같이, 단순히 헤아리거나 계산하는 것은 아니지 않을까? 숙고함은 표현해야 할 것과 표현의 방식을 규정하는 것 속으로 관여해 들어가야만 한다.

표현해야 할 것은 역사이자, 사라짐 안에서의 생성이요, 축제의 다가옴이다. 축제는 성스러운 것의 역사이다. 그러나 성스러운 것은 가장 지고한 것이다. 따라서 숙고함은 더욱 높아져야 하고, 자신의 근원 자체가 성스러운 것에 합당하게 존재하는 그런 사유로부터 발원해야만 한다. 이 성스러운 것이 말해져야 하고 표현되어야 한다. 휠덜린은 이러한 더 높은 숙고의 필연성과 숙고의 근원의 필연성을 알고 있었다. 완성되지 않은 비가 〈시골로 가는 길〉(제4권, 112쪽, 제5권, 13쪽 이하)에서 휠덜린은 이렇게 말하고 있다.

> 하여 나는 바라노라, 우리가 소망하는 것을 시작하면,
> 비로소 혀가 풀려, 언어가 발견되고,
> 마음은 활짝 열리리라,
> 도취한 이마에서는 더욱 드높은 생각이 떠오르고,
> 우리의 꽃과 하늘의 꽃이 동시에 피기 시작하여,
> 빛나는 이가 열린 눈빛에 개방되어 존재하리라.

더욱 드높은 숙고는 '도취한 이마에서' 발원한다. 그것은 취함과 도취를 필요로 한다. 그래서 포도주로 가득 찬 잔을 건네 달라고 부탁하는 것이다. 따라서 이것은 자극하여 고취해줄 수단을 요구하는 것이다. 그러나 우리가 이렇게 생각한다면, 우리는 아마도 길을 멀리 벗어나게 될 것이다.

우선, 도취는 단지 취함인가? 우선은 이미 '취함'과 '취함'은 똑같은

것이 아니다. 순전히 술에 만취한 것으로서의 취함은 환희의 '취함'과
는 구별된다. 그러나 도취는 이 양자와 구분된다. 도취는 맹목적인
비틀거림도 아니고, 아무런 숙고도 없이 그저 마음을 빼앗기고 있는
것도 아니요, 그것은 가득 차 있는 것을 뜻한다. 도취는 고유한 집중
과 준비를 포함하는 가득 차 있음을 뜻한다. 도취는 자기 자신과는
아주 극단적으로 다른 타자에 대해 결단되어 있는 그런 고취된 기분
상태이다. 이것은 헤아리는 결단의 힘으로 인해 결단되어 있는 것이
아니라, 기분 자체가 철저히 조율하고 있는 것에 의해 지탱되고 있다
는 사실로 말미암아 결단되어 있는 것이다. '도취한 이마'는 사유를
혼란스럽게 하고 흐릿하게 만드는 것이 아니라, 숙고가 더욱 드높은
것이 될 수 있는 그런 높이로 고취된 기분상태를 옮겨 놓는다. 그렇
게 그것은 횔덜린이 성스러운 것이라고 명명한 가장 지고한 것의 가
까이에 머무른다. '어두운 빛으로 가득 찬' '향기로운 술잔'을 부탁하
는 것은 귀를 막아버려 취하게 하려는 것이 아니라, 오히려 성스러운
것을 사유하고 이러한 사유로서 냉철하게 존재하는 더욱 드높은 숙고
의 기분을 요구하는 것이다.

　이러한 냉철함은 또한 이중적으로 존재할 수 있는 일상적인 냉정함
과는 물론 다르다. 아무것도 요구하지 않고 순수한 방식으로 존재하
면서도 그 스스로 확실한 것에 대한 냉철함. 단순소박한 것의 하나의
형태로서의 이러한 냉철함은 메마르고 아무 활기도 없는 것, 황량하
고 공허한 것 속에서 비로소 보이는 그런 다른 냉정함처럼 결핍으로
존재할 필요가 없다.

　더욱 드높은 사유의 냉철함은 이와는 다르다. 가장 지고한 것의 높
이에 대담하게 머무르는 것은 이러한 냉철함에 속한다. 이런 냉철함
은 방지해야 할 혹은 제거해 버려야 할, 술 취한 상태에서 깨어나는
것이 결코 아니다. 이러한 냉철함은 도취함으로 가득 차 있고, 또한
도취는 이런 냉철함 속에서 그것에 상응하는 것을 발견한다. 다시 말
해 도취는 냉철함이 말을 걸어오면서, 말 안으로 끌어올리는 것을,

즉 표현하는 것을 발견한다.

詩 〈회상〉의 범위에서 이 詩와 더불어 같은 시기에 횔덜린 자신이 출간했던 〈반평생〉이라는 제목의 詩가 유래한다. 이 詩도 또한 '서정적인' 방식으로 해석되어서는 안 된다. 가장 아름다운 모습 속에 깊이 감싸여 있는 그 詩의 진리는 송시와 본질적인 연관 안에 서 있고, 또한 송시 안에서 수행된 고향적인 것으로의 이행과 고향적인 것의 근거를 정초하고자 이행해 나가는 그런 연관 안에 서 있다. 두 연으로 이루어진 이 詩의 첫 연은 다음과 같다(제4권, 60쪽).

> 노란 배 열매와
> 들장미 가득하여
> 육지는 호수에 매달려 있네,
> 너희 사랑스러운 백조들
> 입맞춤에 취하여
> 성스럽게 깨어 있는 물 속으로
> 머리를 담그네.

백조들의 '머리'가 말해지고 있는 것이 이미 우리를 놀라게 한다. '머리'는 단순히 머리가 아니라, 이마의 고귀한 것과 사유의 근원을 상기시킨다. 그러나 여기서 이마도 역시 두개골로서 해부학적으로 생각되는 것이 아니다. 우리가 마치 '전체성'처럼 말하는 대화방식의 공허한 포효와 더불어 속이 빈 소음을 낸다면, 또한 우리가 그때 여전히 그렇게 행하는 것인 인간형상을 '생물학적으로' 헤아리지 않는 그 즉시 우리는 그 말이 어떻게 생각되어야 하는지를 거의 바르게 말할 수는 없지만, 그것을 알 수는 있을 것이다.

머리와 이마 그리고 더욱 드높은 숙고는 그것들의 근본요소를 '성스럽게 깨어 있는 물' 속에 가지고 있다. 이러한 것에 담그는 것은 도취를 극복하여 없애 버리는 것으로서의 냉각함이 아니라, 명확한 것의 근본요소 안에 존재하는 이 도취를 전개하는 것이다.

50. '어두운 빛' :
고유한 것의 자유로운 사용 안에서 표현해야 할 것

허나 …
어두운 빛으로 가득 채워진
향기로운 술잔을
누군가 나에게 건네다오,

이것은 명확하게 표현할 수 있도록 처음으로 표현해야만 하는 것으로
서 데려와서 선사되어야만 하는 그런 것을 부르는 부름이다. 표현은
표현해야 하는 것의 어두운 것과 감춰져 있는 것 속에 자신을 잇댐으
로써 이러한 상응에 의해 명확성에 이르게 된다. 이제 우리는 왜 횔
덜린이 포도주를 위해 저 말을 사용했는지 비로소 예감한다. 그 말은
가장 드높은 단순소박함 안에서 모든 것을 말하고 있기 때문에, 그
말의 아름다움은 매우 섬뜩하다.

일상적인 사유에게는 '어두운 빛'처럼 보이는 것은 하나의 거친 모
순된 말이요, 따라서 불가능한 것을 가리키는 표식이다. 빛은 곧 언
제나 밝거나 혹은 어둠을 불어 날려버릴 정도로 그렇게 밝다. 이에
반해 여기에서는 그것의 어두움을 통해 비춰오는 그런 빛남이다. 그
래서 여기에서는 무엇인가가 스스로를 숨기면서 나타난다. 그것은
명백함을 거부한다. 그래서 그것은 어두운 빛남을 어떤 공허한 밝음
으로 대체하는 것이 아니라, 오히려 획득해야 할 표현의 명확성 안에
서 그것에게 상응하는 대담함 안으로 표현을 끌어올린다. 자유가 근
원적인 것에 의해 근원적으로 규정될 수 있다는 점에서 존립하는 것
이라면, 표현은 이러한 상응에 의해 자신의 자유로운 본질 안으로 다
가온다.

향기로운 술잔을 가득 채우고 있는 '어두운 빛'이라는 이 말은 결코
단지 포도주를 가리키기 위해 특별하게 성취된 시적인 모습을 포함하
고 있는 것이 아니다. 오히려 그것은 표현 자체의 자유로운 사용을

배울 수 있기 위해서라면 표현의 명확성이 처음부터 자신을 잇대고 있어야만 할 저 표현해야 할 것을 명명하고 있다. 고유한 것을 자유롭게 사용하는 것을 배운다는 것은 여기에서는 표현되어야만 하는 것 ─이것은 고유한 것이 아니라 낯선 것이다─에 대한 관계로부터 천부적으로 주어진 표현능력을 펼치는 것을 배우는 것이다.

그러나 또한 이러한 낯선 것과 그것에 대한 관계는 배워져야만 하는데, 특히 고유한 것과 더불어 배워져야만 한다. 왜냐하면 낯선 것과 비로소 도달되어야만 하는 것이 부적합하게 받아들여짐으로써, 그 결과 낯선 것은 고유한 것을 자기 것으로 수용하도록 일깨우는 대신에 오히려 고유한 것의 수용을 망각하도록 이끌기 때문이다.

51. 그늘 아래에서의 잠의 위험.
축제 안에서 현성하는 성스러운 것을
'혼으로 충만하여' 숙고함

향기로운 술잔에 담겨 건네진 어두운 빛은 사실상 순전히 고삐 풀린 향수 안에서 달콤한 선잠의 비용을 치르도록, 그리하여 빛에서 달아나 안전한 그늘을 찾도록 잘못 인도될 수 있다.

> 그늘 아래서
> 잠자는 것은 달콤하니까.

그러나 오솔길을 걸어서 고향으로 돌아온 시인은 오로지 그것만이 그에게 가장 지고한 것이 될 수 있는 그것을 알고자 결의한다. 고유한 것과 낯선 것의 배움을 다루고 있는, 뵐렌도르프에게 보낸 서신이 그것을 말해 주듯이, "모든 엄습 앞에서 안전하게 존재할 수 있는 그런 길을 추구하는 것은 신이 없이 미쳐 날뛰는 것이다…"(제5권, 321쪽). 그러나 이 詩에서 '허나 건네다오'라고 부르는, 이 같은 결의성은 건네진 것 속에 침잠할 위험에 직면하여 분명한 기별을 주고 있다.

> 죽을 생각으로 인해
> 넋을 잃고 사는 것은
> 좋지 않으리.

달콤한 선잠을 말하는 앞의 시구의 마지막 말과 〔그것을〕 따르는 시구의 말 사이에서, 고유한 것을 배우려는 결의성이 마치 예리한 절단처럼 가르고 있다. '… 좋지 않으리.' — 게다가 자주 사용되면서, 여기에 가까이 놓여 있는 '그러나'라는 말이 이 시구 안에는 없고, 오히려 단호하게 '않으리'라는 말이 이어지고 있다.

그늘의 보호 아래 달콤한 선잠에 단지 빠진다는 것은 '죽을 생각으로 인해 넋이 없이 사는' 것이라고 말해진다. '죽을 생각'이란 무엇을 의미하는가? 그것은 '생각'이 덧없다는 것, 그리고 이러한 덧없음은 현실적으로 작용하는 사업과 행위의 현실적인 것과의 구별 속에서 곧바로 '그저 순전한 생각'에 지나지 않기에 이미 비현실적이고 지속적이지 못한 그런 '생각'과 관련되어 있다는 것을 의미하는가?

'죽을 생각'은 여기서 죽을 자들에게 고유한 생각을 뜻한다. 죽을 자들은 인간들이다. 횔덜린이 인간들과 신들의 마주하는 대구를 회상할 때, 즉 그가 신들에 마주하여 대지의 아들들인 인간들을 마주 세울 때, 그는 인간존재를 지칭하기 위해 이 말을 사용하고 있다. 그러나 이러한 대구는 축제로서 고유하게 생긴다. '인간적 사유'는 여기서 단지 인간이 수행한 사유가 아니라, 오히려 그것은 인간존재의 근거를 찾아내서 그것을 자신의 규정으로 조율하는 그런 사유를 말한다. 이러한 사유는 축제 안에서 고유하게 생기하는 저 성스러운 것을 사색하는 그런 숙고이다. 축제일의 사유는 성스러운 것에 자신을 열어 놓는다. 그렇게 사유한다는 것은 그것의 말이 성스러운 것을 명명하는 그런 것의 부름이다. 따라서 이행이 일어나고 있는 '지금', '시인의 영혼 속에서 점화된 하나의 불'(〈마치 축제일처럼…〉)이 있다. 인간의 본질적인 것을 '인간적으로' 사유하는 그런 사유가 없다면, 시인은 '넋을 잃고' 있는 것이다. 그가 '넋'(*Seele*)이 없이 있다면, 그는 또한 '혼을 불어넣는 자'(*Beseeler*)일 수 없다. 여기서 '넋(혼)', '혼을 불어넣음', 그리고 '넋이 없음'은 무엇을 의미하는가? '영혼', '정신', '생각', '사유' 등과 같은 이러한 낱말들과 개념들은 오래전부터 복잡한 전승을 통해 다의적인 것이 되었고, 그렇기 때문에 혼란스러워진 채 임의적으로 사용되어 왔다.

이러한 상황에서 우리는 기꺼이 역사학적인 조망 속으로 도피한다. 물론 영혼개념의 역사 안에서 제시되는 다양한 단계의 목록은 우리에게 많은 것을 알려줄 수 있다. 그러나 이런 알림으로부터 우리 자신이 스스로 숙고를 열어가지 못한다면, 우리는 아무것도 배울 수 없다. 오늘날의 우리 자신은, 횔덜린이 '영혼'을 말할 때 그가 의미한 것과 관계를 맺도록 노력해야 할 것이다.

사실은 수십 년 이래로 니체의 형이상학과 그것의 해석방식은 영적인 것의 생동적 평가에 대한 이러한 요구를 반갑게 맞아들이고 있다. 사람들은 영혼에게 다시금 정신보다 우위를 부여한다. 물론 이 경우에, 인간존재를 구성하고 있는 존립 부분은 전통적으로 육체, 영혼, 정신, 이 세 가지 부분으로 명명될 수 있다는 견해가 결정적인 것이라고 통용되고 있다. '영혼'은 아리스토텔레스의 사상에 따르면 삶의 '원리'라고 파악된다. 영혼은 육체에 혼을 불어넣는다. 영혼이 육체에 혼을 불어넣기 때문에, 그리고 육체는 니체에게서 세계해석의 실마리로 규정되고 있기 때문에, 영혼은 본질적인 것이다. 1885년에 작성된 하나의 비망록에서[4] 니체는 이렇게 말했다. "육체(몸)로부터 시작하여 육체를 실마리로 이용하는 것이 본질적인 것이다. 육체는 더욱 분명한 관찰을 허용해 주는 아주 풍부한 현상이다. 육체에 대한

---

4)〔원주〕《힘에의 의지》, 532번.

믿음이 정신에 대한 믿음보다 더욱 확고하다.”

《차라투스트라는 이렇게 말했다》의 제 1부에 실려 있는 〈육체를 경멸하는 사람에 대하여〉에서 니체는 이렇게 말하고 있다. “그러나 깨어난 자, 아는 자는 말한다. 나는 전적으로 육체이다. 그리고 그 밖에 나는 아무것도 아니다. 영혼은 육체 곁에 있는 어떤 것을 부르기 위한 하나의 이름에 불과하다.” ‘혼을 불어넣음’은 니체의 의미에서는 ‘육체의 몰아댐과 충동 안에서 육체를 철저히 지배하여 자유롭게 함’이다. 육체적으로 살아가는 것으로서의 ‘영혼적인 것’은 사람들이 ‘지성’과 동일시하는 ‘정신’보다 우위를 갖는다. 영혼이 그리스도교적인 의미에서 생각되어 육체의 무상함에 맞서 ‘불멸적인 것’으로서 사유되고 있기 때문에 그런 것이 아니라, 오히려 거꾸로 육체를 몰아대는 것이 ‘영원한 것’으로서 여겨지고, 또한 ‘영혼’은 이러한 분망함을 몰아대는 것을 지칭하기 위한 이름, 즉 그것의 작용을 작용하는 것을 지칭하기 위한 이름이기 때문에, 영혼적인 것은 우위를 갖는다. 이에 반해 ‘지성’으로 이해된 정신은 몰아댐을 저지하고 약화시킴으로써 ‘영혼의 적대자’[5]가 되고 만다. 정신과 영혼에 대한 생각과 담론이 약화된 것 안에 머무르고 있는 한, 영혼과 정신의 이러한 서열과 함께 ‘올바른 것’이 적중되고 있다는 것은 심지어 모든 사람에게 분명하게 보인다. 왜냐하면 인간이 아주 ‘정신으로 가득 차’ 있더라도 그가 ‘넋이 없이’ 존재할 수 있다는 것을 누구든지 알 수 있기 때문이다.

그러나 여기에서 영혼은 앞에서 언급된 해석과 같은 것을 명백히 뜻하는가? 아니다. 영혼은 이제 우리가 또한 ‘정감’(Gemüt)이라고 부르는 그것을 뜻한다. 물론 이 이름은 우리에게서 본래적인 명명력을 잃어버렸다. 우리는 단지 ‘편안한’(gemütlich), ‘다정다감한’(gemütvoll), ‘우울한’(gemütkrank)이라는 낱말들 안에서 은은히 울려오는 의미의 방향을 따라갈 필요가 있다. ‘정감’은 나약한 것, 휘기 쉬운 것, 어떤 경우에서

---

5) 〔원주〕루드비히 클라게스(Ludwig Klages), 《영혼의 적대자로서의 정신》, 1~3권, 라이프치히, 1929~1933. 증보된 제 2판, 1~2권, 라이프치히, 1937~1939.

든 감정적인 것, '우수적인 것', '영웅적이지 않은 것'이 전혀 아니라고 하더라도, 그것은 부드러운 것이다. 그러나 '정감'이라는 말은 우리가 어느 날 다시 귀 기울여 듣게 될 어떤 하나의 다른 숨겨진 울림을 가지고 있다. 정감의 다른 숨겨진 울림이란 심정(Gemut)이다. 심정은 근원적 의미에서 마음(Mut, 심정)의, 즉 muot(마음, 심정, 기분)의 원천이자 터전이다. 이 마음이 평정심(Gleichmut, 평정한 마음), 가난함(Armut, 가난한 마음), 온화함(Sanftmut, 부드러운 마음), 고결함(Edelmut, 고결한 마음), 우아함(Anmut, 우아한 마음), 희생심(Opfermut, 희생하는 마음), 관대함(Großmut, 관대한 마음), 인내심(Langmut, 오래 참는 마음) 등의 근원이자 친밀성이다. 이러한 정감은 심리학적으로나 생물학적으로 '사유된' 것이 아니다. 이렇게 경험된 정감이 바로 횔덜린이 '영혼(넋)'이라는 낱말로 부른 그것이다.

생각과 사유는 인간으로 하여금 '넋이 없이' 살아가도록 허용하지 않는다. 그러나 또한 생각과 사유는 이제 비로소 인간에게 하나의 '영혼'을 부여하는 것이 아니다. 오히려 생각과 사유는 모든 드높은 마음에 이르려는 정감의 가장 내면적인 깨어남과 해방을 인간에게 선사해 준다. '영혼(넋)이 없음'의 반대는 단순히 '영혼을 소유함'이 아니라, '혼으로 충만한 것'(Seelenvolle), 즉 가장 지고한 것에 이르려는 그런 마음으로서의 고귀한 마음(das Hochgemute)이다.

이미 자주 언급된, 뵐렌도르프에게 보낸 서신에서 횔덜린은 고유한 것과 낯선 것의 고유한 수용을 논구하는 맥락에서 호메로스에 대해 이렇게 말하고 있다. "자신의 아폴론 영역을 지키고자 서양의 주노의 냉철함(Junonische Nüchternheit)을 획득하기 위해, 그리고 그렇게 진정으로 낯선 것을 자기 것으로 수용하기 위해, 이 특별한 인간은 충분히 혼으로 가득 차 있었다"(제5권, 319쪽). '아폴론'은 횔덜린에게는 빛과 불타오르는 것 그리고 작열하는 것을 지칭하기 위한 이름이다. 그것은 니체가 디오니소스적인 것이라고 사유하면서 아폴론적인 것에 대립시켰던 바로 그것이다.

정신은 그의 생각의 사유함 안에서는 '영혼의 적대자'도 아니고 또한 한갓된 고용살이 노예도 아니다.

> 죽을 생각으로 인해
> 넋을 잃고 사는 것은
> 좋지 않으리.

생각은 정신의 사유함이다. 정신은 완성, 즉 근원적인 채움이고 영혼의 충만이다. 정신에 의해 인간은 비로소 '혼으로 충만해진다'. 환희 안에는 정감의 근원적인 마음이 주재하고 있다. 정감을 철저히 조율하고 영혼의 충만한 '본질'을 보증해 주는 그런 것이 없이 존재하는 것은, 즉 죽을 자들의 방식을 따라 아무런 생각도 없이 존재하는 것은, 좋지 않다.

> 좋지 않으리.

이 말은 마치 하나의 보편적인 '삶의 지혜'와 법칙으로 표현되는 '금언'처럼 단적으로 말해지고 있다. 그러나 '좋지 않으리'라는 이 말은 여기 이 詩 안에서는, 시인으로부터 시인에게로, 그리고 고향적인 것으로의 이행을 수행한 자들에게로 말해지고 있으며, 또한 어두운 빛을 건네받아 〔축제를〕 준비하도록 이제 평안을 보존해야만 하는 자들에게로 말해지고 있다. 그들이 준비해야만 하는 그것은 독일인의 축제일, 즉 그들의 축제의 전날들이다. 운명을 위해 독일인은 밤새 깨어 있으면서 학수고대하는 것이 중요하다. 그렇기 때문에 무엇보다도 먼저 다가오는 역사의 본질적인 것 속으로 자신을 보내는 저 숙명에 알맞은 것이 축제를 준비하기 위해 요구되는 것이다. '좋지 않으리'라는 말에서 '좋은' 것은 '숙명에 알맞은' 것을 의미하고, 또한 신들이 달리 도착하는 저 유일무이하고 시원적인 순간에 알맞은 것을 의미한다. 그것이 운명이 균형을 이루는 잠시 동안이다.

제 4 부
숙명에 알맞게 축제를 준비함으로서의 친구들과의 대화

52. 통속적 이해에서의 '대화'와 횔덜린의 시어사용에서의 '대화'

운명을 위해 알맞은 것을 추구하는 것이 중요하다. 오직 숙명에 알맞은 것만이 고유한 것을 위한 적합한 재능을 준다. 오직 고유한 것으로부터만 그리고 이것에게로만 인간은 진정으로 다가오는 것을 받아들인다. 이제 그러한 의미에서 숙명에 알맞은 것이란 무엇인가? 시인의 고대함 안에서 본질적으로 인간적인 사유함의 결핍이 숙명에 알맞지 않은 것이라면, 숙명에 알맞은 것이란 무엇인가? 그 안에 고향적인 죽을 자들의 본래적인 것이 근거하고 있는 그것을 제대로 사유하여 숙고하지 않는 것이 좋지 않은 일이라면, 좋은 것은 무엇인가?

> 그러나
> 하나의 대화가 있어,
> 마음속 생각을 말하고,
> 사랑의 나날과 일어난 일들에 관해
> 많이 듣는 것은 좋으리라.

'하나의 대화'는 좋은 것이다. 하나의 '대화'가 무엇인지, 우리는 알고

있는 것처럼 보인다. 그것은 개개인이, 그리고 몇몇 사람들이 서로 이
야기하는 것이다. 그러나 우리는 일상적인 이해 안에서 '대화'라는 말에
강조를 둔다. 서로 이야기하는 모든 말함이 이미 대화는 아니다. 우리
에게 대화란, 서로 각별하게 이야기를 나누는 것이라고 여겨진다. 때때
로 우리는 그 안에서 교대로 하나의 '사태'와 '경우'가 분명히 밝혀지게
되는 그런 '의사표명'이라고 불리는 것을 대화라고 생각하기도 한다. 때
때로 '대화'는 어떤 하나의 만남을 유인하여 오는 것을 뜻하기도 한다.
'서로 대화 속으로 들어온다'는 것은 '관계를 받아들인다', '토의한다'는
것을 뜻한다. 우리가 또한 이미 대화 아래서 언제나 특별한 방식으로
서로 함께 이야기를 나누는 것을 생각하고 있다면, 이러한 것은 대화와
의사표명, 대화와 토의, 대화와 소통을 동일시하는 것일 뿐, 횔덜린이
시적으로 '대화'라는 낱말로 명명한 것을 맞히지는 못한다.

  '언제나 믿지 못하던 그대 속죄자여…'라는 말로 시작하는, 아주 장
황하게 얽힌 채 거창하게 펼쳐지는 초고에서 우리는 '대화'가 인간들
과 신들의 마주하는 대구를 지칭하기 위한 이름이라는 것을 알고 있
다.[6] 이것은 '저녁시간'에 있게 될, 다가오는 축제를 위한 것이다.
'대화'는 여기서 단순히 언어의 수행형태를 뜻하지 않는다. 대화는 그
것의 근원적 본질에 따라 대구 안에서 하나가 되는 것이다. 그러한
대구를 통해 인간들과 신들이 그들의 본질을 서로에게 속삭이면서 말
건네준다. 이렇게 받아들여질 경우, 대화는 '천상의 대화'이다.

  그러나 인간들의 경우에 그리고 신들의 경우에 그들의 본질은 그때
마다 본질적 절박함으로 존재하기 때문에, 그들은 대화 안에서 서로
그들의 본질을 고백한다. 이러한 고백은 서로가 서로에게서 들을 수
있는 가능성으로서의 이해를 지탱해 주는 근거이다. 대화는 축제다
운 본질이다.

---

6) 〔원주〕〈횔덜린과 시의 본질〉, 1936, In : 《횔덜린 시의 해명》, 프랑크푸르
   트, 1971(4판), 33~48쪽 참조 ; 하이데거 전집, 제4권, 1981, 79~151쪽
   (신상희 옮김, 아카넷, 2009, 61~92쪽) 참조.

이렇게 받아들여질 경우, 대화는 언어를 사용하는 하나의 형태가
아니다. 오히려 언어는 자신의 근원을 대화 안에, 즉 축제 안에 가지
고 있고, 그리하여 이러한 축제 자체가 근거하고 있는 그런 것 안에
가지고 있다. 언어가 무엇인지, 그리고 언어의 낱말들이 그때마다 말
의 본질영역 안에서 여전히 말하고 있는지 그 여부는, '문법'이 결코
알려줄 수 없고, 또한 어떠한 언어학도 결정할 수 없다.

53. 대화 안에서의 '마음'의 '생각' : 성스러운 것

언어의 시원적인 본질의 영역 안에는 또한 詩 〈회상〉 안에서 '대화'
라는 말을 채워주는 의미도 속한다. 그것은 본질적으로 축제와 관련
된 '축제다운' 의미이다. 여기서 대화가 무엇을 뜻하는지, 횔덜린 자
신이 말하고 있다.

그러나
하나의 대화가 있어,
〔마음속 생각을〕 말하고,
… 듣는 것은 좋으리라. 7)

이 시구에서 '그리고'(und)는 어떤 것을 계속 나열하여 이어가는 것
이 아니라, 해명하는 역할을 하고 있다. '그리고'는 여기서 '그리고
그것은 …을 뜻한다'는 것을 의미한다. 즉 '대화'는 '마음속 생각을 말
하고, 사랑의 나날과 일어난 일들에 관해 많이 듣는 것'을 뜻한다.
'대화'는 '말하고 듣는 것'이다. 그러나 이렇게 우리는 단지 말하고 듣
는 이런 대화의 구성부분만을 소묘한다. '대화'는 그때 말해진 것과

---

7) 원문은 다음과 같다. "Doch gut/Ist ein Gespräch und zu sagen/......zu
   hören......"

206

들은 것을 통해 드러난다. 말하면서 귀에 들려오는 소리(*Stimme*)를 조율하는 그것이 본질적인 것이다. 이것에 의해 말함과 들음의 방식은 동시에 규정된다.

'마음속 생각'은 말해질 수 있다. 우리가 여기서 생각을 '견해'와 동일시한다면, 우리는 이러한 어법의 진리를 맞히지 못할 것이다. '생각을 말한다'는 것은 여기서 어떤 것에 대해 자신의 견해를 표명하는 것을 의미하지 않는다. 사람들은 '생각'이라는 말을 '사랑'과의 연관 속으로 정당하게 가져온다. 생각된 것은 여기서, 그것을 향해 우리의 의미가 서 있는 그런 것이다. 따라서 '마음속 생각'은 '성스럽게 슬퍼하는' 것이 '욕구하는' 그런 것이다. 그것은 마음이 자신의 근저에서 단호히 결단을 내린 그런 것이고, 그런 것이 없다면 그것이 자신의 본질로 존재하지 않고 또한 존재할 수도 없는 그런 것이다. 이렇게 마음속에서 생각된 것이 성스러운 것이다. 이 성스러운 것은 그 자체가 그때그때마다 단지 역사적으로 인간들과 신들의 마주하는 대구 안에 있을 뿐이다. 이렇게 생각된 것은 마음이 먼저 그리고 언제나 회상하고 있는 그런 것이다. 그렇게 사유된 것은 그 안에 마음이 걸려 있는 것이고, 또한 마음이 자신의 근저로부터 '욕구하는' 그런 것이다.

이러한 의미에서 사유된 것, 생각된 것, 그리고 '욕구된 것'은 모든 소원이 그 안으로 모이는 그런 것이다. 이러한 본질적 의미에서의 '소원'은 자신의 열망된 것을 그때그때마다 단지 자기를 위해 욕구하고, 그리하여 단지 자기만을 욕구하는 단순한 열망과는 구별된다. 그런 것은 숙명에 알맞은 모든 것을 회피하는 '자아'의 해방된 자만일 뿐이다. 그러한 소원은 자만에 가득 차 있고 공허하며, 올바른 사유함이 없고, 따라서 아무런 이해도 없다. 이러한 '소원'에 대해 휠덜린은 송가 〈라인 강〉의 셋째 연에서 이렇게 말한다(제4권, 173쪽).

그러나 소원은 운명 앞에서
어리석은 것이리라.

이에 반해, 마음이 생각하는 것을 욕구하고 또한 마음이 그것을 어떻게 생각하는지를 욕구하는 이런 '의욕함'(Wollen, 원함)의 의미에서의 소원함은 이해적인 것이고 올바른 이해의 방식이다. 다시 말해 그것은, 죽을 자들이 본질적으로 자신의 본질에 대해 사유할 때, 그들이 사유하는 그것을 올바로 사유하는 사유의 한 방식이다. 마음속 생각이 욕구하는 것은 숙명에 알맞은 것과 축제를 향해 가고 있다. 이러한 본질적인 '소원'으로부터 횔덜린은 이미 언급된 단편들과 비밀로 충만한 비가 〈시골로 가는 길〉(제4권, 122쪽 이하)에서 이렇게 말하고 있다. 그 둘째 연은 다음과 같이 시작한다.

> 왜냐하면 우리가 원하는 것은 강력한 것이 아니더라도, 그러나 그것은 삶에 속하고, 숙명에 알맞은 듯 보이고, 동시에 즐거워 보이기 때문이다.

'강력한 것이 아닌 것', 다시 말해 이것은 훌륭한 것, 효과적인 인상을 주는 것, 지배력을 행사하는 것, 그리고 이로 인해 비로소 가치를 안전하게 하는 그런 것이 아니다. 그러나 강력하지 않은 것은 또한 결코 비참한 것 그리고 본질이 없는 것이 아니라, 오히려 그것은 '삶'에 속하는 것 그리고 삶을 삶답게 만드는 그런 것이다. 의욕된 것과 생각된 것은 숙명에 알맞은 것이고 운명과 관련된 것이다. 그렇기 때문에 비록 그것이 때때로 '슬프다'고 말해지지 않을 수 없다고 하더라도, 그것은 기쁜 것의 광채 안에 서 있다.

　대화 안에서는 그 안으로 자기를 보냈던 그 마음을 시원적으로 철저히 규정하는 것이 말해진다. 이렇게 말해진 것을 통해 대화는 비로소 그 자체가 숙명에 알맞은 것이 되고 좋은 것이 된다. 그러나 대화에서 말해진 것은 말해진 것 안에서 다 길어내어지지 않는다. 대화에서 말해진 것은 동시에 들은 것이다. 말해진 것과 들은 것은 동일한 것이다. 왜냐하면 진정한 들음은 결코 순전히 뒤따라 말함이 아니라 근원적으로 다시 말함이기 때문이다. 이와 마찬가지로 진정한 말함과 말할 수 있음은 그 자체가 이미 일종의 들음이다. 우리가 말함과 들음을 입과 귀에 분배하고, 또한 이 시각도구와 청각도구는 그 모습에서 서로 다르기 때문에, 우리는 말함과 들음이 서로 함께 속해 있을 뿐만 아니라, 본질적인 의미에서 동일한 것이라는 사실을 거의 알지 못한다. 그것들은 동일한 것이기 때문에, 말해진 것과 들은 것은 또한 동일한 것이다. 따라서 대화 안에 존재하는 것은 언제나 다시 모든 것을 말하지 않을 수 없었고, 또한 이와 동시에 늘 아무것도 말하지 않았다는 진기한 경이로움이 발원하는 것이다.

54. 휴식으로서 축제를 앞서 근거 짓는 사랑과 행위를 대화 안에서 들음

대화는 '마음속 생각을 말하는 것'이고, '사랑의 나날과 일어난 일들에 관해 많이 듣는 것'이다. 들음은 '많이' 듣는다. '많이'는 결코 많은 것의 한갓된 다수를 의미하는 것이 아니라, 일종의 충만을 의미한다. 들음은 있어왔던 것, 일어났던 것을 듣는다. 그러나 들은 것은 지나간 것에 대한 표명이 아니며, 오히려 들음은 있어왔던 것을 있어왔던 것으로서 듣는다. 들음은 있어왔던 것 속으로 축성되어 그것의 본질 안에 있게 된다. 듣는다는 것은 자신의 본질 안에서 발견되어 그렇게 있어왔던 것으로서 비로소 현성하는 사랑의 관대하고 온화하고 오래 참는 그런 마음을 기억하게 되는 것이다. 대화 안에서 듣는다는 것은 일어났던 것으로서 언제나 완성된 행위이자 이렇게 본질적인 것으로서 근거 짓는 그런 행위의 자유로운 마음과 희생하는 마음을 기억하게 되는 것이다.

사랑과 행위는 원기 발랄한 고귀한 마음(*das Hochgemute des Mutes*)을 가득 채운다. 이 고귀한 마음으로부터만 죽을 자들의 정감은 고유한 것을 〔획득하기〕 위한 준비를 요구할 수 있다. 이런 것을 요구하는 권리로부터 자유는, 인간들이 그 안에서 그때마다 역사적으로 자기 자신으로 존재할 수 있는 자신의 척도를 받아들인다. 왜냐하면 오직 고유한 것에 이르려는 자유로부터만, 그리고 고유한 것 안에 머무르려는 자유로부터만 인간들은 자신들의 역사를 지탱해 주고 그들의 축제에 장소로 존재해야 하는 이 땅 위에서 고향적으로 되기 때문이다.

사랑은 '결혼축제'인 축제를 위한 마음을 조율해 준다. 그러나 행위는 결과 안에서 그리고 작용된 것 안에서 다 길어내어지지 않는다. 왜냐하면 행위는 그 자체가 운명 안에 머무르려는 마음을 자유롭게 해방하는 것이기 때문이다. 죽을 자들의 영역 안에서 사랑과 행위는 휴식(Feier, 제전)이요, 이러한 휴식을 통해서 축제(Fest)는 앞서 근거 지어지고 확실하게 시로 지어진다. 사랑과 행위는 그 안에서 죽을 자들이 본래적으로 '거기에' 있는 그런 시공간의 시적인 것이다. 그렇기 때문에 시인은 사랑과 행위에 관해 기꺼이 귀 기울여 듣는다. 그렇기 때문에 시인 자신도 사랑과 행위와 더불어 같이 명명되지 않을 수 없다. 그래서 횔덜린은 '먼 옛날에 전쟁의 영웅들', '아름다운 여인들', '시인들' 그리고 '많은 남자들'에 대해 자주 말한다. 그러한 것을 기억하게 된다는 것이 대화 안에서 듣는 것이다. 그리고 대화 안에서 말한다는 것은 동일한 것을 기억함이다.

그러므로 '마음속 생각'은 그때마다 숙명에 알맞은 것을 생각함이고, 기억함이며, 이미 현성하는 것을 말함이다. 말함과 들음의 상호연관으로서의 대화는 기억함과 기억하게 됨의 상호놀이이다. 대화는 기억이다. 그것의 놀이는 장난삼아 하는 것이 아니다. 왜냐하면 이러한 놀이는 하나의 조화로운 울림(das Eine des Einklangs)이 울려나오게 하여, 이러한 화음의 영역 안에서 말하는 자와 듣는 자가 서로 마주하여 대구하는 것이기 때문이다.

올바로 이해할 경우, 기억은 여기서 언제나 한때 이미 현성하였던 본질적인 것과 친밀해지는 것이다. 그렇게 현성하는 것은 죽을 자들에게 자신을 자발적으로 친밀하게 내맡기지 않을 수 없다. 이것이 개방화되는 자신의 방식이다. 그러나 자기를 친밀하게 내맡기는 것은 이미 현성하였고 또 현성하고 있기 때문에, 그것은 늘 자기 안에 ― 자신을 나타내 보이지 않으면서, 뒤로 물러서는 ― 더욱 이른 것을 간직하고 있다. 기억된 것은 동시에 스스로 물러나면서 숨겨진 것 속에 기억을 동여매는 그런 것에 의해 채워진다. 그러나 스스로 물러나는 가운데 개방적으로 된다는 것은 축제 안에 역사적으로 존재하는 운명이 현성하는 방식이다. 축제의 휴식은 사랑과 행위의 형상 안에서 죽을 자들에게 친밀하게 내맡겨져 있다. 따라서 마음속 생각을 말하고 사랑과 행위에 관해 듣는 대화는 죽을 자들에게 허락된 천상의 대화를 준비하는 것이요, 이러한 대화 속으로 죽을 자들은 이미 관련되어 있지 않을 수 없다. 이렇듯 친밀하게 내맡겨져 있는 것과 친밀해지는 그런 기억으로부터만 대화의 말하는 자와 듣는 자는 서로 신뢰할 수 있고, 또한 신뢰하는 자인 동시에 신뢰받는 자, 즉 친구로 존재할 수 있다. 그러나 이렇게 친밀하게 내맡겨진 것 안에서 친밀해진다는 것은 친구들 사이의 대화의 친밀성을 가늠하는 유일무이한 척도이다. 그럼에도 불구하고 친구들이 비로소 그들의 대화를 '만드는' 것은 아니다. 왜냐하면, 말하는 자와 듣는 자가 대화 안에서 말해지긴 하였으나 전혀 발언되지 않은 그런 것에 의해 이미 말이 건네져 요청되고 있을 때, 이러한 대화에서 말해진 것은 단지 기억된 것 그 자체로 존재하기 때문이다. 대화가 비로소 친구들을 '만들고', ―그들이 그 자신에 의해서는 전혀 곧바로 만족하지 못하는― 그들의 본래적인 본질로 그들을 데리고 간다. 따라서 말함과 들음 안에서 말하는 자는, 기억 안에서 그리고 기억을 위해 그들에게 친밀하게 내맡겨진 것에 의해서 항상 순수하게 말이 건네져 요청되고 있는 것이 아니다.

55. 잡담에 의해 사랑과 행위에 대한 시적인 대화를 위태롭게 함

앞에서 언급된 방식의 말함과 들음의 대화는 좋은 것, 즉 숙명에 알맞은 것이다. 그러나 그러한 대화가 늘 성공할 수 있는 것은 아니다. 왜냐하면 그런 대화 안에서는 죽을 자들의 '생각'의 사유가 그때마다 수행되기 때문이다. 그러한 생각을 통해 그들의 기분은 원기 발랄해지고, 그런 사유에 의해 고유한 것의 자유로운 사용을 배우기 시작해야만 하는 집중된 마음의 평안을 채우기에 적합해진다. 그러나 이것은 가장 어려운 것이다. 그러나 가장 어려운 것이 적어도 모든 엄습 앞에서 안전하다고 하더라도, 사랑과 행위의 시적인 것의 기억인 대화에는 비본질이 들이닥치지 않을 수 없다. 대화를 계속 위태롭게 하는 것은 잡담이다. 이 잡담은 모든 것을, 즉 높은 것과 낮은 것을 언제나 구별하지 않고 지껄이면서, 가장 지고한 것과 하늘을 자기에게 끌어당겨 어디에서나 시적인 것을 놓쳐 버리곤 한다.

횔덜린은 대화의 비본질을 알고 있었고 또한 끊임없이 위협받고 있는 본질적인 대화의 진기함과 어려움을 알고 있었기에, 대화와 기억하게 하는 대화의 시적인 본질을 진정으로 알고 있었다는 사실을 우리는 여기서 잊어서는 아니 될 것이다. 송시의 단편들 가운데 우리는 대화의 비본질에 대한 횔덜린의 앎을 증명해 주는 하나의 말을 발견한다(제 4권, 257쪽).

하늘을 어지럽히는 밤의 정령은
우리의 대지를 쏘다니며
비시적인 언어로 많이 웅얼거렸고,
이 시간까지
자욱한 먼지를 피워댔다.
그러나 내가 원하는 것이 오고 있구나.

212

시인이 원하는 것은 숙명에 알맞은 것이다. 이것이 오고 있다. 그러나 그것의 옴은 적합한 도착을 발견해야만 한다. 그러기 위해서는 비가 〈시골로 가는 길〉의 말에 따르면, "좋은 대화를 나누면서 땅이 정결해지도록 축성해야만 한다". 잡담의 '수많은' 언어는 자욱한 먼지를 피워 대면서, 땅을 축성하는 대신에 황폐화시킨다.

잡담은 '비시적이다'. 시인은 이 말을 보존된 단편의 초안에서 더욱 명료하게 말하려고 시도했다. 헬링그라트는 거기에 대해서 다음과 같이 적어 놓았다(제4권, 392쪽). "'비시적'이라는 말 위에는 '끝없는, 평화롭지 않은, 구속되지 않은, 속박됨이 없는'이라는 변양된 말이 탑 모양으로 포개져 있다."

헬링그라트의 이러한 소견으로부터 우리는 다음과 같은 것을 끌어낼 수 있다. 시적인 것은 끝이 없는 것이 아니라, 숙명에 알맞은 것 속으로 순응하는 것이다. 시적인 것은 사려 깊은 안식의 평화로운 것이다. 시적인 것은 자기 자신을 매어놓는 구속적인 것이요, 이렇게 구속된 것으로서 구속력이 있는 구속적인 것이다. 시적인 것은 굴레와 척도를 지니는 것이요, 척도로 충만한 것이다. 그러나 이러한 모든 것은, 언어가 잡담이 아니라 대화인 한에서, 이런 언어에 대해 말해진 것이다.

대화는 잡담의 비시적인 언어와는 반대로 시적인 것이다. 그러나 대화의 이러한 본질은 또한 고유한 것의 자유로운 사용을 배우려고 집중하는 시인을 위해 대화의 필연성을 다루는 셋째 연의 내적 맥락에 상응한다.

이제 비로소 여기에서는 '대화'가 일반적으로 다루어지고 있는 것이 아니라는 것이 분명해졌다. 그러나 시는 지엽적인 것이 아니라 상주하는 것을 수립하는 것이기 때문에, 대화의 이러한 본질은 모든 진정한 대화를 자신의 방식 안에서 앞서 규정하고 있다는 것을 널리 알리려고 애쓸 필요가 없다. 대화는 시적이다.

56. '회상'으로서의 시적인 대화

우리는 대화가 회상이라는 규정과 동일한 것이라고 말한다. 이것은 이미 현성하는 것과의 친밀함 속으로 정립하면서, 사랑의 말함과 행위의 들음에 의해 운명의 친밀성을 명백하게 보여준다. 대화는 이러한 친밀함으로서 친구들의 우정의 본질중심이다. 그러나 서로 신뢰하는 자들은 그들의 기억에 친밀하게 내맡겨져 있는 친밀성에 의해 말이 건네져 요청되고 있을 때에만 친밀한 자들이다. 우리는 여기서 인사와 인사하는 자들의 본질 안에서 현시되었던 동일한 연관들을 발견한다. 인사하는 자들은 그들이 인사받은 자들로 존재하는 한에서만 인사할 수 있을 뿐이다.

대화 안에는 일종의 자기발견이 존재한다. 그래서 말하는 자와 듣는 자가 그때마다 자신의 고유한 본질로 귀환하도록 요청되고 있는 한에서, 그들은 서로에게서 멀어지게 된다. 이러한 멀어짐은 갈라짐이 아니라, 자기를 자유롭게 해방함이요, 이러한 해방을 통해 말하는 자들 사이에는 환히 트인 곳과 열린 곳이 나타난다. 또한 환히 트인 곳의 놀이-공간 안에서 고유한 것이 나타나도록 허용되는데, 이 고유한 것의 지반 위에서 말하는 자들이 숙명에 알맞은 것의 진리 안에서 자기를 발견하게 된다면, 그때 그들은 고향에 있듯 친밀하게 존재할 수 있고, 또한 고향적으로 존재하게 된다. 이러한 진리의 형상이 우정이다. 대화가 말하는 자들보다 더욱 근원적이듯이, 우정은 친구들보다 더욱 근원적으로 존재한다. 대화는 그때마다 오로지 대화에 관여해 들어오는 자들, 즉 말하는 자들을 기다리고 있다. 따라서 대화는, 마치 생각된 것을 추후에 알려주는 것처럼, 혼으로 충만한 생각을 단지 표현하는 것이 아니다. 오히려 생각된 것은 대화 안에서 비로소 생각된다. 대화는 그 자체가 숙명에 알맞은 것을 사유함이다. 그리고 대화는 기억이기 때문에, 이러한 사유는 '회상'이다. 이러한 사유가 회상하면서 사유하기 때문에, 그리고 이러한 사유는 단지 눈앞에 현존하는 것을 표상하는 것이 아니기 때문에, 그것은 동시에 다가오는 것을 회상해야만 하고, 심지어 때로는 이렇게 다가오는 것을 이제 — 사랑과 행위에 대해 알고 있는 시인으로서의 — 각 개개인의 집중된 휴식 안에서 스스로 준비해야만 한다.

시인은 인간들과 신들의 마주하는 대구인 다가오는 축제를 학수고대한다. 그러한 대구 안에서 천상적인 것들은 인간들을 필요로 한다. 그렇기 때문에 천상적인 것들을 도와주는 그러한 자들이 있어야만 한다. 숙명에 알맞은 것을 아는 시인만이 천상적인 것들을 도와주기에 적합한 것을 알 수 있다. 그래서 횔덜린은 송가 〈거인족〉에서 이렇게 말하고 있다(제4권, 208쪽 이하, 제5권, 43쪽 이하).

> 많은 것이
> 하늘을 돕는다. 이것을
> 시인은 본다. 다른 것에게 자기를 의지하는 것은
> 좋다. 왜냐하면 어느 누구도 삶을 혼자서는 영위하지 못하므로.

우리가 "그러나 하나의 대화가 있어 〔…〕 좋으리라"라는 이 다른 말을 듣는다면, 우리는 이제 "다른 것에게 자기를 의지하는 것은/좋다"라는 이 말을 더욱 분명하게 사유할 것이다.

57. 친구들은 어디에 있는가라는 물음, 그리고 미래의 우정의 본질

하나의 대화는 정말로 좋다. 그러나 대화는 항상 존재하는가? 그것은 그때마다 강요와 계획을 허용하지 않는가? 아니다. 그것은 주어져 있어야만 한다. 회상하는 사유, 즉 대화를 위한 개개인과 특히 시인의 준비는 언제나 시인이 단지 청할 수 있는 하나의 선물이다. 이러한 '부탁'은 축제를 대체하여 축제의 준비를 면제하는 어떤 선물을 무리하게 요구하지 않는다. 이러한 부탁은 숙명에 알맞은 것을 요구하고, 축제의 시간들과 축제의 앞선 시간을 요구한다. 송가 〈거인족〉은 그 시의 시작부분에서 〈회상〉의 셋째 연과, 이 셋째 연에서 넷째 연으로 넘어가는 이행에 상응하는 하나의 시구들을 포함하고 있다.

> 그동안에, 내가 쉬고픈
> 휴식시간에 죽은 이들을 생각해야 하리라.
> 옛날엔 전쟁의 영웅들이
> 많이 죽어갔으며,
> 아름다운 여인들과 시인들도,
> 그리고 요즘엔
> 남자들도 많이 죽어갔지만,
> 그러나 나는 홀로 있다네.

"그러나 나는 홀로 있다네"라는 이 마지막 시구는 〈회상〉의 넷째 연에서 제기되는 그 물음을 위한 근거를 명명하고 있다. 시인이 홀로 있기 때문에, 그는 이렇게 묻는다.

> 그러나 친구들은 어디 있는가? 벨라르민은
> 동행하는 이와 함께 있을까?

이 물음은 이 詩 안에서 제기된 유일한 물음이며, 아마도 이 詩의 물음일 것이다. 친구들을 향한 물음은 지금까지 이미 늘 친구들을 회상하고 있었던 것처럼 그렇게 직접적으로 물어지고 있다. 그들에 대해 밖으로 말해지지 않았다고 하더라도, 사실은 친구들이 회상되고 있었다. 왜냐하면 대화가 명명되고 또한 그런 대화가 좋다는 것이 명명되었을 때, 친구들의 우정이 사유되고 있는 것이기 때문이다. 그리스에게 인사하는 가운데, 이미 친구들은 사유되고 있다. 우정은 이미 존재하고 있다. 그러나 친구들이 어디에 있는지, 이제 물어지고 있다.

216

그러나 동일한 연은 친구들이 누구인지, 그들이 무엇을 하고 있는지, 그리고 그들이 어떻게 머물고 있는지를 말하면서 그들이 어디에 있는지를 알려준다. 그렇다면 "그러나 친구들은 어디 있는가?"라는 물음은 어쩌면 전혀 진지한 물음이 아니라, 오히려 단지 시인이 "홀로" 있기 때문에 친구들이 거기에 없다는 확정적인 언어적 표현에 지나지 않을 것이다.

그러나 친구들이 거기에 없기 때문에 시인이 홀로 있는가? 아니면 시인이 홀로 있기 때문에, 친구들이 아직 '거기에' 있지 않은가? 후자가 본질적으로 맞다. 시인은 유일한 자로서 먼저 고유한 것으로 다가와서, 있어왔던 것에게 인사하면서 회상한다. 그러나 이러한 '회상'과 더불어 대화는 이미 본질적으로 시작되었다. 친구들이 '거기에' 없다는 것은 시인이 가버린 곳에, 그리고 거기로부터 인사하는 그곳에 그들이 없다는 뜻이다. 친구들은 고향적인 것과 고유한 것 안에 존재하지 않는다. 더욱 정확하게 말해서, 그들은 그 안에서 고유한 것의 자유로운 사용을 자기 것으로 수용해야만 하는 그런 배움의 길 위에 있지 않다. 친구들이 친구들이라는 것은 그들이 고향적인 것을 자유롭게 사용하고, 근원적인 우정으로부터 고향땅의 절박함을 이루고 있는 것을 만족시킬 수 있다는 것을 보증해 주지 못한다. 그렇게 친구들은 낯선 것 안에서 고향적인 것 바깥에 머물러 있다.[8] 시인은 고향적인 것으로의 이행을 통해 낯선 나라에 다시 남아 있게 된다. 이 낯선 나라에서 그 자신이 예전에 머물러 있었고, 또한 그는 그 낯선 나라에서 고유한 것을 숙고하지 않은 채 낯선 것 안에서 '본래적인 것'을 추구하였다.

그 당시에 그는 그리스에서 '휘페리온'이라는 이름의 젊은 그리스인이었다. 그 당시에 그가 친구들에게 보낸 서신들의 형태 속에는 이미 대화가 있었다. 횔덜린의 시 〈휘페리온 혹은 그리스의 은둔자〉는 서

---

8) 고향상실을 가리킨다.

신의 형태로 지어졌다. 많은 서신을 받은 자의 이름은 '벨라르민'이라
고 불린다.

> 그러나 친구들은 어디 있는가? 벨라르민은
> 동행하는 이와 함께 있을까?

이러한 이름을 명명하는 것은 시인의 예전의 편력을 가리키는 것이
다. 그것은 또한 동시에 친구들이 어디에 있는지를 시인이 알고 있다
는 것을 누설한다. 무엇 때문에 친구들이 어디에 있는지를 아직도 묻
고 있는가? "그러나 어디 있는가 …"라는 물음에 의해 단지 친구들의
체류장소가 알려지고 있을 뿐이라면, 그 물음은 사실상 필요 없는 것
이리라. 언어적 용법은 단지 하나의 가상의 물음이고 이미 결정된 대
답의 표현일 것이다. 그러나 그 물음은 하나의 진정한 질문이다. 어
째서 그런가? 우리는 아직도 무엇에 대해 물어지고 있는지를 충분히
숙고하지 못하고 있다.
　"그러나 친구들은 어디 있는가?" 그러나 이 물음은 진정한 것으로
서, 친구들이 거기에 있지 않다는 것을 전제하고 있다. 거기는 어디
인가? 집에 체류하는 횔덜린의 주위가 아닐까? 즉, 슈바벤 고향이 아
닐까? 아니기도 하고 그렇기도 하다. 이 물음은 이중적이다. 친구들
은 어디에 있지 않은가? 그곳은 지금 하나의 훌륭한 대화가 있는 곳
이 아니다. 그곳은 지금 하나의 대화가 오솔길을 넘어가는 이행을 필
요로 하는 그런 곳이 아니다. 여기서 명명된 의미에서의 대화는 고유
한 것의 자유로운 사용을 배우기 위해 생각을 집중하기 시작하는 것
이다. 서로 대화해야 할 자들이 바로 그곳에 현존하고 있다는 사실만
으로는 충분하지 않다. 그들은, 이러한 표현이 허락된다면, 그들의
장소가 요구하는 '그 자리에' 체류할 준비를 갖추어야만 한다. 장소에
체류할 준비가 되어 있다는 것은 그들의 본질에 개방적으로 기울어져
있다는 것을 뜻한다. 이제 체류의 본질은 단지 눈앞에 현존하는 풍경

으로서의 고향이 아니라, 고유한 것으로 다가가는 것으로서 고향적으로 되는 것이다.[9]

"그러나 친구들은 어디 있는가?"라는 물음은 친구들이 이미 고유한 것으로 가는 도중의 길 위에 고유하게 있는지, 혹은 그들의 길이 다른 방향으로 향해 있는지를 묻는다. '어디?'라고 묻는 말은 단순히 지리학적인 장소를 묻는 것이 아니라, 그들이 체류하는 본질방식에 대해, 다시 말해 친구들이 '거기에' 있는 방식에 대해 묻는다. 그러나 시인이 이런 것을 물어보아야 하는 한, 친구들이 평온한 대화에 이르는 본질방식을 아직 성취하지 못했다는 것이 말해지는 것이다. 게다가 대화 및 대화의 본질을 위한 체류의 본질은 물어보아야 할 가치가 있는 것으로 여전히 남아 있다.

따라서 "그러나 친구들은 어디 있는가?"라는 물음은 장차 '천상의 대화'를 준비해야 하는 친구들의 이러한 대화가 어떤 본질로 존재하는지를 더욱 근원적으로 규정할 수 있도록 도와주어야만 한다. 친구들의 이러한 대화가 '회상'이다. 그러나 회상은 배움의 시작이자, 고유한 것을 자기 것으로 수용하고 획득해 가는 과정이다.

친구들을 향한 물음은 장래의 우정의 본질에 대한 물음이다. 이러한 우정의 영역 안에서 시인 자신은 친구와 함께 있다. 넷째 연이 묻는 것은 물론 친구들과 관련되어 있으나, 그러나 그 물음은 시인과 관계하는 것이고, 특히 그와 제일 먼저 관계하는 것이다. 우리는 다음의 것을 다른 이들 — 이들과 시인은 뚜렷이 구분될 수 있을 것이다 — 에 대한 시인의 가르침으로 오해하지 않도록, 이러한 것을 숙고해 보아야만 할 것이다. 친구들을 향한 물음이 이렇듯 결정적으로 유일무이하게 시 전체 안에 들어서 있기 때문에, 우리는 친구들과 시인의 여러 상이한 본질장소를 규정하기 위해 알맞지 않는 영역을 선택할 위험 가까이에 놓여 있다.

---

9) 고향회복을 가리킨다.

58. 원천으로 감 앞에서의 친구들의 경외

"그러나 친구들은 어디 있는가?"라는 물음에 대해 대답이 직접적으
로 따르지 않는 것처럼 보인다. 오히려 그 이전에 친구들의 태도에
대한 어떤 확정이 뒤따르고 있는 것처럼 보인다.

많은 이들이

원천으로 가는 것을 경외한다.

이것은 단지 친구들의 태도에 대한 하나의 말일 뿐인가? 차라리 그것
은 물음에 대한 본래적인, 따라서 시적인 대답이 아닐까? 친구들이
'거기에' 있지 않다는 것이 감추어진 방식으로 입증되고 있다. 그곳에
친구들이 있지 않은 장소, 그러나 거기로 시인이 가고 있는 그런 장
소의 본질이 드러나고 있다. "많은 이들이 원천으로 가는 것을 경외
한다." 이것은 송가 〈거인족〉의 말과 동일한 것을 말하고 있다.

그러나 나는 홀로 있다네.

그러나 이것은 내가 고향적인 것으로 가는 것과 그러한 감의 필연성
을 파악한 유일한 사람이라는 것을 의미하지 않는다. 마치 다른 사람
들에 비해 나는 우월한 '유일한 자'라고 미리 헤아려지고, 이와 동시
에 다른 사람들은 용기와 통찰력이 부족한 것처럼 헤아려지고 있듯,
'나'는 여기에서 시인들 가운데 예외적 존재라는 것을 자랑하는 것이
아니다. 그 말은 이러한 모든 것을 전혀 뜻하지 않는다. 그것은 오히
려 자신이 가장 어려운 것의 시작에 서 있다는 자백의 어려움을 드러
내고 있다. 그 말은 탄식도 아니고 평가절하도 아니다. 그것은 질책
하지도 않고, 자신의 '시적 능력'에 대해 뽐내지도 않는다. 그 말은
니체에게서 종종 갑자기 나타나는 자기 자신만을 인정하는 자만심과

같은 어떤 것도 전혀 누설하지 않는다. 그 말은 희생 앞에 처음으로
바쳐진 희생물의 경외심을 입증한다.

"많은 이들이 〔…〕 경외한다." '많은 이들'…에는 우선은 또한 지금
여전히 다른 곳으로 이행하면서 이 말을 하고 있는 시인이 속해 있
다. 그것은 이행의 시인으로 존재하라는 동일한 부름에 귀속해 있다
는 근거로 말미암아 서로 친구 사이로 존재하는 그런 친구들의 우정
을 확증해 주고 있다. 미래의 시인의 우정을 확증해 주는 이 말은 친
구의 말로서, 강하면서 동시에 부드러워야 한다.

　　　　　　　　　많은 이들이
　　원천으로 가는 것을 경외한다.

'많은 이들', 이것은 단순히 양적인 '많은'을 말하는 것이 아니다. 그
러나 또한 '적은'도 아니다. 오히려 그것은 때로는 어느 누구, 그리고
언제나 다시금 어느 누구를 뜻한다. 이러한 '많은'(manchen)은 '여러
번'(manchmal)이다. 그것의 '시간'은 균형을 이룬 운명의 잠시 동안에
상응한다. '많은'은 하나의 '수'가 아니라, 운명을 통한 하나의 선택을
뜻한다. '많은'은 그들의 감이 경외에 의해 확증되는 부름받은 자들을
가리킨다. '많은'은 또한 나 자신을 가리킨다. 이러한 본질의 직인을
받는 이러한 자들은 자기 안에, 즉 마음 한가운데, 경외의 무게를 떠
맡고 있다.

경외란 무엇인가? 그것은 수줍음과는 아주 다른 것이다. 수줍어하
는 자는 자신이 만나는 모든 것을 도처에서 언제나 겁내고 불안해할
뿐이다. 이에 반해 경외는 명백히 유일무이한 경외의 대상에 의해 유
지된다. 경외는 전혀 불안해하지 않고 스스로 자제한다. 그러나 경외
의 이러한 자제는 두려워하는 것과는 달리 자기 자신에 대한 염려에
휘말리지 않는다. 그러나 그럼에도 불구하고 경외의 자제는 유보를
전혀 알지 못한다. 경외는 경외되는 것 앞에서 근원적으로 굳건히 자

제하는 것으로서 있고, 또한 동시에 이러한 것을 향해 가장 친밀한 애정을 품는 것이다. 경외로 조율하는 것은 망설임(머뭇거림)을 허용한다. 그러나 경외의 망설임은 겁을 먹고 낙담함을 알지 못한다. 경외의 망설임은 인내하고자 기다리는 결연함이다. 망설임은 느긋한 것에 이르는 오랫동안 결단된 느긋한 마음이다. 망설임은 오래 참는 마음이다. 그러나 경외는 자신의 본질을 이러한 망설임 안에서 다 길어내지 못한다. 경외는 망설임보다 더욱 근원적이다.

왜냐하면 경외 안에서는 무엇보다도 경외되는 것으로 기울어지는 경향이 현성하기 때문이다. 경외되는 것의 친밀함은 멀리 머무르는 가운데 감추어지고, 먼 것에 대해 경이로워함으로써 자신의 먼 것을 가까이하게 된다. 경외는 자제하고 오래 참으면서, 가까움 안에 가까이 있는 것으로 기울어져 스스로 성취하는 사유함이다. 가까움은 먼 것을 자신의 충만 속에서 멀리 유지하고, 이렇게 함으로써 늘 그것이 샘이 솟듯 솟아나기를 기다리고 준비하는 가운데 유일무이하게 솟아오른다. 본질적인 경외는 근원을 멀리 바라보면서 사유하는 기분이다. 경외는 인류의 역사적 진행과정을 고향적인 것 속으로 데려오는 시인의 마음이 그 안에서 평온해지는 삶의 무게이다. 경외는 방해하지 않고, 느릿한 것을 길에 놓으면서, 오솔길을 걸어가는 기분이다. 경외는 걸어감을 조율하고 근원적인 것으로 다가가도록 규정한다.

경외는 오직 시원적으로 멀리 떨어져 있는 것이 본래적으로 귀속해 있는 어떤 먼 것이 나타나는 곳[10]에서만 발원하고 깨어난다. 이렇게 먼 것은 우선 낯선 것으로서 자신을 나타내 보인다. 이 낯선 것이 기이한 느낌을 준다. 그러나 경외는 기이한 것 앞에서의 경외가 아니라, 낯선 것 자체 안에서 빛나기 시작하는, 고유하면서도 멀고도 친밀한 것 앞에서의 경외이다.

---

[10] 존재의 비밀스러운 시원을 가리킨다.

59. '원천'과 '강물'. 근원의 풍요로움

경외에 의해 특징지어진 친구들은 무엇 앞에서 경외하는가? 원천
으로 가는 것 앞에서 경외한다. 이러한 것 안에는 다음의 사실이 놓
여 있다. 즉 가장 머나먼 경외의 대상, 그리고 다시 말해 경외의 가
장 가까운 것과 본래적인 것에 입각해 바라보자면, 경외는 원천 자체
앞에서의 경외이다. 여기서 '원천'이란 무엇을 뜻하는가?

원천은 여러 가지다. 시인은 규정되지 않은 것 속에서 말을 허용한
다. 우리가 단지 이 개별적인 시구만을 듣고, 詩가 시짓는 것의 근거로
부터 詩 전체를 숙고하지 않는 한, 그것은 그렇게 보일 것이다. 이렇게
시로 지어진 것은 송시 전체 안에서 말이 추구되는 유일한 것이다.

'원천', 그것은 흘러가는 물의 근원이다. 이 물은 강물이다. 이 강
물에 관해서는 다음과 같이 말해지고 있다.

강물은
메마른 것 안에서 헛되이 가지 않는다. 그러나 어떻게?
말하자면 강물은 언어로 존재해야 한다.

강물에 대한 이러한 말은 〈이스터 강〉(〈도나우 강〉)이라고 불리는 하
나의 송가 안에 있다(제 4권, 221쪽).

이 이름의 두 번째 송가가 우리에게 보존되어 있는데, 그것은 〈도
나우 강의 원천에서〉이다. 이 두 개의 도나우 송가와 라인 송가는
'고향의 물'과 '게르마니엔'의 언어를 말로 가지고 온다. 도나우 강은
모든 다른 강물들에 앞서 시인의 고향의 강이다(그러나 횔덜린이 '슈바
벤의 고향시인'이라는 오해를 멀리하기 위해 기나긴 설명을 할 필요는 없
을 것이다. 이렇듯 우직한 직업은 자신의 고유한 만족과 권리를 가지고 있
다). 〈도나우 강의 원천에서〉라는 이 도나우 송가는 자신의 제목에서
시인의 슈바벤 고향의 좁은 지역을 명명하고 있다. 〈도나우 강의 원

2

천에서〉는 그 안에서 인간들과 신들의 마주하는 대구가 장차 결정되고 고유하게 생기하는 그런 본질적인 대화를 위해 자신의 원천이 '언어로' 존재하는 그런 강을 명명하고 있다. 11)

많은 이들이
원천으로 가는 것을 경외한다.

'원천' — 그것은 고향의 물의 근원이다. 물의 흘러감은 고향을, 축제를 위해 신성하게 되어야 하는 땅으로서 표현한다. 그러나 원천은 고향의 근원적으로 토착적인 것을 본래적으로 고유한 것으로 명명한다. 그곳에 이르는 길을 발견하는 것과 고향의 자유로운 곳 안에서 자유로운 체류지를 갖는 것이 가장 어려운 것이다. '많은 이들이 근원으로 가는 것을 경외한다.' 그러나 누군가가 한때 그 길을 걸어가 원천 가까이에 거주하고 있다면, 어떻게 될 것인가? 그때에는 가장 어려운 것이 극복될 것이다. 고유한 것의 자유로운 사용이 어려운 것이라면, 그것은 확실하다. 그럼에도 불구하고 가장 고유한 것과 근원은 자기 안에 어려운 것을 포함하고 있다. 그러나 한때 근원으로 걸어간 자의 경우에 이제는 거꾸로 그가 고향의 장소를 상실하는 것이 — 전혀 불가능한 것은 아니라고 하더라도 — 어려운 한에서, 어려운 것은 이제 변화된 방식으로 나타난다. 그래서 횔덜린은 '많은 이들이 원천으로 가는 것을 경외한다'고 하는 말에 반대되는 말을 하기도 한다.

근원 가까이에 사는 것은
그곳을 떠나기 어렵다네.

'원천'은 근원 가까이에 있는 장소를 뜻한다. 여기에 거주한다는 것은

_____

11) 언어의 근원이 존재의 샘이다. 도나우 강의 원천은 독일 민족의 역사적 세계가 개시되는 고향의 근원을 가리킨다.

고유한 것 중 가장 고유한 것에 대해 이웃관계를 유지한다는 것을 뜻한다. 가장 고유한 것은 소유할 수 있는 것이 결코 아니다. 그것은 추구함의 추구된 것으로서만 가장 고유한 것이다. 추구함은 이제 명백하다. 그것은 원천으로 가는 것이다. 많은 이들이 그 앞에서 경외하기에, 친구들은 거기에 있지 않다. 다시 말해 그들은 고향에서 고향적으로 있지 않다. 그러나 이러한 경외로 인해 비록 시인이 오솔길을 넘어갔다고 하더라도, 그 자신도 또한 아직은 고향적으로 존재하지 않는다.

귀향과 더불어 본래적으로 고향적으로 됨이 비로소 시작된다. 왜냐하면 가장 고유한 것이 근원이고, 그 근원은 다 길어낼 수 없는 것이기 때문이다. 원천으로부터 가장 고유한 것의 순수한 충만이 솟아난다. 그러나 이러한 충만이 이미 '원천에서' 직접적으로 발견되는가? 사람이 도대체 그때마다 원천'에' 직접적으로 있을 수 있는가? 만일 원천이 우선은 바로 자기로부터 떨어져서 거기에서 솟아난 강물의 방향을 가리키고 있다면, 어떻게 될 것인가? 그렇다면 원천으로 간다는 것은 자신의 의미와 거의 반대되는 것이리라. 따라서 원천에 알맞게 그것의 영역에 가까이 접근하는 것은 또한 가장 어려운 것이다.

원천은 고유한 것을 닫아 버린다. 그러나 우리가 그것을 '소유'하기에 적합한 진정한 자산은 그 자체로 풍요로운 것이다. 어째서 이렇게 풍요로운 것을 발견하고 획득하는 것이 가장 어려운 것일까? 그러나 우리는 이미 고유한 것을 소유하고 있다. 하지만 그것은 우리의 본래적으로 유일무이한 풍요로움이다. 이것은 확실하다. 그러나 이러한 풍요로움 안에서 풍요롭게 존재하는 것은 어렵고, 또한 가장 어려운 것이다. 왜냐하면 먼저 가난(Armut) — 가난은 결코 궁색함(Entbehren)이 아니다 — 이라는 의미에서 가난한 자만이 풍요로울 수 있고 풍요로움을 사용할 수 있기 때문이다. 궁색함은 직접적으로는 마치 가지지 못한 것과 같아서 실은 가질 자격조차 없으면서도 직접적으로 모든 것을 갖고자 하는 것, 즉 가진 게 없음(Nichthaben) 속으로 언제

나 휘말린 채 머무르고 있다. 이러한 궁색함은 가난이라는 마음에서
생기지 않는다. 갖길 원하는 궁색함은 풍요로움의 참된 본질을 알 수
도 없고 풍요로움을 자기 것으로 수용하여 획득하는 제 조건을 인수하
려고 하지도 않으면서 끊임없이 풍요로움에 매달리는 가엾음(Arm-
seligkeit)이다. 본질적으로 근원적인 가난은 어떤 것에 매달릴 필요가
없는 단순하고 소박한 것과 근원적인 것에 이르려는 마음이다. 이러
한 가난은 풍요로움의 본질을 통찰하며, 따라서 풍요로움의 법칙과,
이 법칙이 제공해 주는 그 방식을 알고 있다. 이러한 것 안에 풍요로
움의 본질이 은닉되어 있다. 따라서 풍요로움은 직접적으로 자기 것
으로 수용하여 획득되는 것을 허용하지 않는다.

　풍요롭게 존재한다는 것은 배움의 과정을 거쳐야 한다. 오직 본질
적인 가난만이 진정한 풍요로움은 배워지길 원한다는 것을 알고 있
다. 배움은 풍요로움12)이 가장 쉽게 자신을 나타내 보이는 곳에서
시작해야만 한다. 그러나 풍요로움이 널리 펼쳐져 있는 곳에서, 풍요
로움은 우선 자신을 나타내 보인다. 왜냐하면 풍요로움은 우선 널리
펼쳐져 있는 곳에서 자신을 제공해 주기 때문이며, 또한 이러한 제공
은 오직 단순한 받아들임과 길어냄만을 요구하고 모든 획득과 추구를
우선은 면제해 주기 때문이다. 원천의 풍요로움이 널리 펼쳐져 있는
곳은, 원천에서 발원한 강물 자체가 스스로 널리 펼쳐놓은 곳이고,
바다로 흘러드는 강물이 바다로 퍼져 나간 그런 곳이다. 여기서 풍요
로움은 시작한다.

　풍요로움은 말하자면
　바다에서 시작한다.

강물은 바다로 흘러갔다. 강물 자신이 그러한 모습으로 원천으로 '존

---

12) 근원에서 샘솟아난 존재의 풍요로움을 가리킨다.

재하고', 다시 말해 강물은 '자신의 원천으로부터 떠밀린' 물이다(제 5권, 273쪽). 강물이 널리 퍼져 나간 그 바다 안에 원천이 자신을 은닉하고 있되, 그러면서도 바다 속으로 퍼져 나가면서 자신을 베풀어 주고 있다. 따라서 바다는 고유한 것으로 회상하면서 다가감에 대해 독특한 이중적 의미를 갖는다. 바다는 풍요로움을 베풀어 주는 시작이다. 그러나 이러한 시작은 시원이 아니다. 시원, 즉 근원으로부터 시작하는 것이 최종적인 것이다. 이 최종적인 것 안에서 비로소 최초의 것과 유일무이한 것이 본래적으로 주재한다.

따라서 우선은 원천으로부터 멀리, 하류로, 바다를 향해 강물이 흘러가는 것이 중요하다. 원천에서 벗어나, 다시 말해 고향으로부터 낯선 것을 향해 앞으로 나가는 것이 중요하다.

60. 시인이 낯선 것으로 항해하면서 '풍요로움'을 처음으로 자기 것으로 수용함

낯선 것에서 고유한 것이 빛나기 시작하기 위해서는, 낯선 것 안에서의 체류와 낯선 것 안에서의 기이함이 반드시 있어야 한다. 이러한 아득한 빛남은 고유한 것에서 멀어졌으나 이 고유한 것을 향해 다가가려는 마음을 깨운다. 망설임이 시작된다. 인내심은 강해진다. 경외가 모든 태도를 철저히 조율한다. 고유한 것의 추구가 자신의 본질 근거를 찾은 것이다. 그것은 이기적인, 구속되지 않은 이리저리 추적함이 결코 아니다. 고유한 것의 추구는 경외에 의해 먼저 고유한 것의 먼 것에 내맡겨진다. 항해는 고유한 것으로의 귀향의 숨겨진 법칙 아래 그렇게 서 있다.

근원적인 것의 풍요로움을 우선 바다로 항해하면서 자기 것으로 수용하고 획득하는 이러한 사공들은 누구인가?《휘페리온》시의 시적인 시기에 함께 동반했던 이들은 누구인가?

그들은
화가처럼 대지의 아름다움을 모아들이고,

항해자들은 화가의 방식으로 존재한다. 그들은 '모아들인다'. '모아들인다'는 것은 그리스어로는 쉬나게인(συνάγειν)이고, 라틴어로는 콤포네레 (componere)이다. 그들은 대지의 아름다움을 단순히 베끼는 것이 아니다. 아름다움은 도대체 베껴 씀을 전혀 허락하지 않는다. 아름다움은 '모아져야' 한다. 항해자는 화가처럼 그들의 모아들임 안에 존재한다. 항해자는 화가가 아니다. 왜냐하면 시인의 동반자들은 바로 시인 자신이라고 생각되고 있기 때문이다. 이러한 시인이 '모아들인' 아름다움, 즉 일자의 통일성 속으로 다시 모은 그 아름다움이란 무엇인가?

아름다움은 여기서 어떤 식으로든 마음에 드는 것, 갖가지 매혹적인 것이 아니다. '대지의 아름다움'은 아름답게 있는 대지이다. 그것은 아름다움 자체를 뜻한다. 이것은 《휘페리온》 시의 시기에 휠덜린에게는 '존재'를 지칭하는 명칭이다. 많은 증언 대신에 1920년에 처음으로 발견된 《휘페리온》 서언의 초고에서 하나의 구절을 인용해 보도록 하자(제 2권, 546쪽).

"우리 자신과 세계 사이의 저 영원한 항쟁을 종결짓는 것, 모든 평화 중에서 보다 높은 평화에게 일체의 이성을 되돌려주는 것, 우리를 자연과 합일시키는 것, 이런 것들이 우리가 그것을 이해하든 이해하지 못하든, 무한한 전체의 일자를 향한 우리 모두의 노력의 목표이다. 우리의 앎도, 우리의 행위도, 현존(Daseyn)의 어느 시기에 모든 항쟁이 중지되고 모든 것이 하나로 존재하는 그곳까지는 도달하지 못한다. 정해진 선은 정해지지 않은 선과 무한히 접근함으로써만 합일하는 것이다.
우리는 저 무한한 평화도 감지하지 못하며, 말13)의 유일무이한 의미

---

13) 존재라는 낱말을 가리킨다.

에 있어서 저 존재를 감지하지도 못할 것이다. 우리는 자연과 우리
를 합일시키려고 추호도 노력하지 않을 것이다. 우리는 사색하지도
행동하지도 않을 것이다. 도대체 아무것도 존재하지 않으며, (우리
를 위해) 우리는 스스로 아무것도 사색하지 않을 것이다. 만일 저 무
한한 합일을 통하여 저 존재가 말의 유일무이한 의미에 있어서 현전
하지(*vorhanden*) 않는다면. 그것은 현전해 있다 ─ 미(美)로서. 휘
페리온의 말을 빌린다면, 미가 여왕으로 있는 그곳, 즉 신생국이 우
리를 기다리고 있다. ─
우리는 모두 종국에 가서 이렇게 말하게 될 것이라고 나는 믿는다.
'거룩한 플라톤이시여, 용서하시라! 사람들이(원래는 "우리가"라고
씌어 있었다) 당신에게 무거운 죄를 범했음을'이라고."(엮은이)

존재로서의 아름다움은 사실에 대한 산재하는 베낌을 통해서 시선
안으로 가지고 올 수 있는 것이 아니라, 쉬나고게(συναγωγή)를 통해
서, 즉 하나로 모아들임을 통해서만 시선 안으로 가지고 올 수 있
다. 모아들임은 이제 비로소 하나를 성취하는 것이 아니라, 하나로
통합하는 것으로서의 이러한 하나를 이미 시선 안에 가지고 있어서
그것을 하나의 어울림 속에서 나타나게 한다. 하나는 자기 안에서
평안히 쉬고 있는 것, '여왕'의 여왕다움, 즉 '아름다움'이다. 화가와
비교하는 언급은 이 하나의 기투와 그것의 근거(ὑπόθεσις)가 이러한
모아들임 안에서 본질적인 것으로 머무른다는 사실을 암시하고 있
다. 앞에서 인용한 동일한 서언에서 말해지고 있듯이, 시인들은 언
제나 새로운 '사실들'의 피상적인 변화의 뒤를 쫓아다니기만 하는 '보
고자'가 아니다.
　시인을 화가와 비교하는 것은 결코 '서술하는 시(*Poesie*)'에 토를 달
려는 것이 아니다. 횔덜린이 이것을 거절하는 까닭은 《휘페리온》 직
후에 성립된 다음의 이행시(제3권, 6쪽)에서 엿보인다.

아는가! 아폴론은 신문기자의 신이 되었노라,
그리고 그의 시종은 그에게 사실을 충실하게 이야기하는 자로다.

시인들은 보고하는 것이 아니라, 모습(*Bild*, 상)을 기투하고 이러한 모습 안에서 — 존재자의 형상, 즉 이데아(ἰδέα)를 형성하는 — 그것의 내보임(*Anblick*)을 시야 속으로 가지고 온다. 그러나 그들은 여행하는 도중에 이것을 대지의 다양한 현상들로부터 경험해야만 한다. 그들은 모든 존재자로부터 존재로 올라가야 한다.

   (시인이 여기서 '화가처럼' 사유되고 있다는 것은 아직 다른 쪽으로 넘어가지 않은 시인들의 '시인의 본분'의 본질에 대한 숨겨진 진리를 포함한다. 그들은 '형이상학'의 본질영역 안에 있는 시인들이다.)

   그러기 위해서는 그들이 많은 것을 경험하고 낯선 것을 배우는 가운데 다양하게 여행하면서 낯선 것과 대결해 봄으로써 자신의 고유한 능력을 시험해 보는 것이 필요하다.

   그리하여 날개 돋친 싸움을 마다하지 않는다.

'날개가 돋쳤다'고 함은 그들의 싸움이 '배의 날개' — 횔덜린의 이 낱말은 〈그리스 군도(群島)〉(*Archipelagus*, 제4권, 91쪽, 제5권, 81쪽)라는 비가에서는 돛대를 가리킨다 — 에 따르고 있음을 말한다. 날개 돋친 싸움은 역행하는 바람과의 싸움이요, 궂은 날씨와의 싸움이다. 그러한 싸움은 바다에서 시작된 풍요로움을 처음으로 열어 놓는다. 이렇게 싸우는 동안에 시인들은 근원 가까이에 거주하는 것이 아니며, 오히려 그들은 결연하다.

   내려진 돛대 아래서
   몇 해이고 고독하게 사는 것〔을 마다하지 않는다〕.

61. 축제 없는 오랜 시간의 항해 도중에
낯선 것을 '오래' 배움

그들은 낯선 것을 사용하는 것을 배워야 한다. 그러나 그들은 그 안에서 고향에 있듯 친숙해질 필요가 없다. 낯선 것 안에서도, 고유한 것 안에서도 그들은 편치 못하다. 바다로의 항해와 낯선 것 안에서의 체류는, 마치 이 모든 것이 단지 가볍게 받아들일 수 있는 한담이나 되는 듯, 그렇게 서둘러 지나가지 않는다. 낯선 것을 배우기 시작하면, 그것은 '몇 해 동안' 지속된다. 낯선 것을 배우는 일은 고유한 것을 본래적으로 배우는 것에 선행해야만 한다. 여기에서는 어떠한 서두름이 있어서도 안 되고, 아무것도 헛되이 강요되어서는 안 된다.

돛대 아래서 항해하는 시간이란, 나무가 벌거벗은 채 서서 성장의 활력과 수액을 억제하고 있는 기나긴 겨울과도 같은 것이다. 앙상한 기둥나무와 뱃줄과 함께 돛대는 잎이 다 져버린 겨울나무처럼 폭풍 속에서 흔들리고 있다. 원천으로 가기 위한, 그리고 고유한 근원을 자기 것으로 획득하기 위한 준비는 아득하게 기나긴 결단의 시간이라는 것을 시인은 알고 있다. 이행과 오솔길은 느리다. 그 시간은 밤의 시간이다. 밤은 낮이 오기 전 시간이다. 축제일로서의 낮은 아직은 축제의 전날로 머무른다. 이러한 축제에 멀리 앞서가는 시간 동안, 동반자들은 여행한다.

> 도시의 축제일이
> 밤하늘을 환히 비추지도 않고
> 현악기 연주와 토속적인 춤도 없는 그곳,

그러나 그러한 밤 시간의 항해는 미혹된 항해이어야만 하는가? 순수한 모험 이외에 무엇이 여기서 아직도 가능성에 머물러 있는가? 모험가는 '아무것에도 자신의 용무를 가지고 있지' 않다. 다시 말해 그는 자신의 유일한 쾌락에 세워져 있지 않다. 모험가에게 낯선 것은 종종 '이국적인 것'(*das Exotische*)이며, 이 이국적인 것을 그는 열광적으로 두루 음미하면서 그때 의외로 돌발적인 것을 추적하여 그것과 맞부딪치거니와, 그 이국적인 것을 그는 '경이로운 것'(*das Wunderbare*)과 동일시한다. 그러나 모험가와는 달리, 다른 쪽으로 가버린 시인의 동반자들의 항해는 고귀하고 냉철하다. 동반자들의 항해는 낯선 것을 이국적인 것의 매력으로 아는 것이 아니라, 고유한 것의 최초의 반영이라고 알고 있다. 밤은 '성스러운 밤'이다. 왜냐하면 밤은 이미 성스러운 것을 학수고대하는 가운데 철저히 깨어 있기 때문이다.

모험가의 형상은 단지 근대적 인류의 주체성의 역사공간 안에서만 가능하다. 오디세우스는 모험가가 아니었다. 횔덜린이 생각한, 즉 시로 지은 항해자는 더 이상 모험가가 아니다. '모험정신'[14]은 힘에의 의지의 형이상학에 속한다. 횔덜린의 동반자들의 마음은 이와는 다르다. 그들의 마음은 경외하는 마음이다. 이러한 항해는 오랜 축제 없는 시간의 명백한 횡단이다. 기나긴 시간은 참된 것이 고유하게 생기하는 것을 보증해 준다. 기나긴 시간은 숨겨진 역사의 시공간이다. 근대적 사유와 그 어떤 형이상학도 그것을 경험하고 아는 데에는 전혀 이르지 못한다. 그러나 우리의 고유한 사유와 행동은 어디에서나 형이상학적이기 때문에, 우리는 이러한 역사의 역사공간 안에서 자신을 발견하지 못한다. 우리 자신은 이제 여전히 잠정적인 것을 먼저 배워야만 한다. 잠정적인 것이란 여기서, 오랫동안 본래적으로 학수고대할 수 있다는 그런 호의를 기다리는 것이다. 그러한 기다림은 전혀 아무런 준비도 되어 있지 않은 우리에게 그릇된 구원을 던져주는 성공의 경우를 헛되이 기다리는 것이 아니다. 호의를 기다리는 것은 숙고함이다. 숙고는 앎을 준비하는 것이다.

역사의 역사성에 대한 횔덜린의 앎에 이르는 길은 오로지 하나만이

---

14) 〔원주〕에른스트 윙어, 《모험정신》(*Das abenteuerliche Herz*), 베를린, 1929.

있을 뿐인데, 그것은 횔덜린 자신이 그 길의 징표를 그의 시 안에 적어놓은 그 길이다. 미완성의 송가 〈므네모쉬네〉(제 4권, 225쪽)는 다음의 말을 포함하고 있다.

> 시간은 장구하다, 그러나
> 참된 것은 고유하게 일어난다.

이 '장구한 시간', 아득한 시간 그리고 언제나 다시 새롭게 '아직은 때가 아닌' 그런 시간을 항해자들은 철저하게 기다려야 하고, 인내심을 훈련해야 한다. (인내심은 공허하고 무딘 기다림이 아니라, 오히려 다가오는 축제를 그리워하는 마음이다.) 여행 후, 고향으로 돌아온 시인은 인내를 내동댕이칠 수 없다. 그는 동반자의 동반자로 남는다. 그리고 때때로 '사랑하는 이가 연주하는' 고향의 현악기 연주가 그를 기쁘게 할 때, 그는 대화와 말할 수 있음을 학수고대한다. 그에게는 처음으로 인내가 그것의 본질 안에서, 있어왔던 것을 고대하고 유지하는 저 오랜 시간이 진정으로 지속하고 현성하게 하는 그런 것으로서 열린다. 본질적 역사의 근원적인 역사시간 안에 존재하면서 견뎌내는 것이 염려(Sorge)이다.

 (모험적인 인간은 염려를 단지 나약함과 걱정거리로서 파악한다. 왜냐하면 그는 단지 주관적으로, 즉 형이상학적으로 사유하고, 이른바 강인한 것을 사랑하기 때문이다. 강인한 것이 거부되면, 그는 어떤 열광적인 것으로 도피할 것인데, 이것은 살기(Blutrausch, 殺氣)에 불과할 것이다.)

 염려의 본질근거 안에서 '거기에' 존재하는 것은 소수의 숨겨진 부름이거나, 혹은 무엇보다도 어떤 유일한 자의 부름일 것이다.

 비가 〈귀향〉(제 4권, 107쪽)은 다음과 같이 종결된다.

> 성스러운 이름이 결여되어 있기에, 우리는 종종 침묵해야 하리라.
> 마음은 고동치는데, 말은 거기에 따라오지 못하는가?
> 그러나 시간의 흐름에 선율을 선사하는 현악기 연주는

아마도 천상의 신을 기쁘게 하여, 그는 가까이 다가오리니,
그렇게 되면 기쁨 속으로 밀려들던 근심도 이미 거의 평온해지리라.
이 같은 근심을, 좋든 싫든, 노래하는 이는 영혼 속에 종종 지녀야
하나,
다른 이들은 그렇지 않으리라.

그 안에서 숙명에 알맞은 것이 추구되어야만 하는 시간은 길다. 숙명
에 알맞은 것은 운명에 역사적으로 속해 있는 인류에게 떠맡겨진 고
유한 것이다.

　(개인에게 여행은 길고 상이하다. 그러나 그것은 언제나 다시금, 추구
하는 자가 그의 여행에서 어디에 있는지, 그들이 가버린 장소는 어떠한 본
질로 있는지를 아는 것을 필요로 한다. 왜냐하면 그때마다 고유한 것으로
다가감은 낯선 것의 멂에서 이리로 다가옴이기 때문이고, 또한 낯선 것을
그것의 본질 안에서 체득한 이후에만, 고향적인 것은 고향땅 안에서 어렵
게 발견될 수 있기 때문이다. 원천으로 가는 것은 언제나 그리고 또한 여
기에서는 경이로운 것이요, 원천에 적합한 자유로운 태도를 자유롭게 자기
것으로 수용하여 획득하는 것 역시 이로운 것이다.)

　독일인에게 고유한 것은 표현의 명확성이다. 여기서 사유되고 있
는 것은 시이다. 그러나 '표현의 명확성'은 진술의 명료한 전달이라는
피상적인 특징과 같은 것이 아니다. '표현의 명확성'은 밝음이자 빛이
며, 다시 말해 그 안에서 시어가 말해져야 할 것을 획득하여 건립하
는 열린 장이다.

62. 친구들의 장소와 시로 지어야 하는
숙명에 알맞은 것에 대한 약간의 회상

　'표현의 명확성'은 여기에서 시적인 것의 진리의 본질을 의미한다.
그러나 시적인 것은 인간이 자신의 고유한 것 안에서 편히 쉬기 위해

234

이 땅 위에 거주하는 방식에 대한 본질근거이다. 따라서 '자유로운 사용'은 아무런 방해도 받지 않은 채 작업도구를 사용하는 것과는 다른 어떤 것이다. '자유로운 사용'은 시의 본질과 시의 진리의 열린 곳 안에 열려 있어, 시로 지어져야 하는 것이 무엇인지를 아는 것이다.

고유한 것의 자유로운 사용을 배우는 것은 무엇보다도 시인들에게 맡겨져 있다. 시인들은 숙명에 알맞은 그들의 말함을 발견하고 이러한 말함의 본질 안에서 결연해야 한다. 표현의 근본특성은 무엇이고, 또한 그것의 명확성은 어디로부터 규정되는가?

항해 중 낯선 해변에 있는 시인은 화가처럼 아름다움(존재)을 모아들인다. 그러나 고향으로 돌아온, 조국의 성스러운 것을 노래해야 할 시인은 그런 식으로는 더 이상 시를 지을 수 없다. 그들은 고향적인 것에 고유한 방식을 자의적으로 고안해낼 수 없다. 표현은 표현해야 하는 것에 알맞아야 한다. 고유한 것은 척도로서 발견되어야 하고 '경험되어야' 한다. 원천으로 감은 항해와 더불어 시작되어야 한다. 따라서 고향으로 돌아올 수 있음은 이전의 여행을 단순히 자기 뒤에 던져버릴 수 없다. 여행 자체가 낯선 것으로 돌아가고, 원천으로 돌아가고, 고향에 도착하여 고향 안에서 친숙하게 되도록, 여행은 자신의 고유한 본질을 완전히 견뎌내야 한다.

그렇기 때문에 '그러나 친구들은 어디 있는가?'라는 물음은 언제나 '나 자신은 그들의 친구로서 어디에 있는가?'라는 물음으로 되물어져야 한다. 이렇게 일치하는 하나의 물음은 이제 더욱 분명하게 원천으로 가는 것을 묻는 물음이고, 다시 말해 그 물음은 동시에 어디로 가는 도중에 있는지, 어디로 갔는지, 친구들과 묻는 시인 자신은 어디로 가고 있는지를 묻는 물음이다.

그래서 친구들이 어디로 갔는지 친구를 회상하는 것과, 모든 것 안에서 비로소 획득해야 하는 것, 즉 가장 고유한 것을 회상하는 것은 하나의 유일한 '회상' 안에서 결합된다. 이러한 '회상'은 특히 회고하면서 앞서 사유하는 것이고, 언제나 고유한 것으로 다가가 그것을 자유롭게 사용하기 위해 사유하는 것이다.

> 그러나 이제 남자들은
> 인도인들에게로 가버렸다.
> 그곳, 맑은 공기 가득한
> 포도나무 숲 산정,
> 그곳으로부터 도르도뉴 강이 흘러나와
> 장려한 가롱 강과 합류하여
> 강물은 넓은 대양으로 흘러간다. …

첫째 연과 둘째 연에서 인사받은 나라가 다시 한 번 나타난다. 다시 금 '아름다운 가롱 강'이 명명되고 있다. 이 남쪽나라와 그것의 불은 그리스를 지칭한다.

이것은 자의적인 해석이 아닐까? 이러한 의구심을 멀리하기 위해 서는 언제나 다시금 1802년 12월 2일에 뵐렌도르프에게 보낸 서신을 기억해야 한다. 그러나 남프랑스로 여행하기 전에 1801년 12월 4일 에 작성한 서신은 그리스를 '아폴론의 왕국'이라고 말하고 있다. 그것 은 호메로스가 그리스인들에게 낯선 것으로서의 냉철함을 자기 것으 로 수용해야만 했던 저 하늘의 불의 나라이다. 프랑스에서 돌아온 뒤 에 횔덜린은 '강력한 요소'와 '하늘의 불'에 관해 말하면서, '아폴론이 자기를 내리쳤다'고 말했다.

남프랑스는 詩〈회상〉에서는 시적으로 그리스를 가리킨다. 그러나 그사이에 시인 자신은 그곳으로부터 원천으로 가버렸다. 그러나 친 구들은 어디로 갔는가?

> 그러나 이제 남자들은
> 인도인들에게로 가버렸다.

'인도인들'에게로? 인더스 강으로? 시인에게 고향땅으로 존재하는 것
으로부터 아주 멀리 가버린 것이다. 우리가 수와 거리로 잴 수 있는
것보다도 훨씬 더 멀리 가버린 것이다. 그럼에도 불구하고 우리가 본
질적인 것을 숙고해 본다면, 원천으로 가서 게르마니엔에 도착하는
것보다도 더욱 가까운 곳으로 가버린 것이다. 《휘페리온》에서 이 이
름을 가진 젊은 그리스 청년이, 아다마스가 '때로는 플루타르코스의
영웅세계로, 때로는 그리스 신들의 마법나라로'(제2권, 98쪽) 들어가
버린 이후에, 갑자기 그의 연상의 남자 친구인 아다마스를 떠나갔다
는 것은 이미 아주 수수께끼 같은 사건이다. 휘페리온은 그의 친구인
벨라르민에게 이에 관해 다음과 같이 쓰고 있다.

> "나의 아다마스가 나를 떠나간 데 대해 내가 화를 내는 것처럼 보입
> 니다만,
> 그러나 나는 그에게 화나지 않았습니다.
> 오, 그는 진정으로 돌아가길 원했습니다!
> 아시아의 깊은 곳에 드물게 보는 탁월한 민족이 숨겨져 있는 것 같아,
> 그의 희망이 그를 저 멀리 내몬 것이지요"(제2권, 102쪽).

인더스 강가의 인도인들에게로? 독일의 먼 유래가 인더스 강에 있다
면, 그리고 거기로부터 고향땅의 부모가 온 것이라면 어떻게 되겠는
가? 헬링그라트가 〈독수리〉라고 제목을 붙인 송가 단편 안에는 다음
과 같은 시구가 있다(제4권, 223쪽).

> 그러나 시원적으로
> 강렬하게 향기 나는
> 인더스 강의 숲 속에서
> 부모가 나왔다네.

인더스 강은 송시의 영역 안에서는 멀리 떨어져 있는 근원적 고향을

가리키는 시적인 이름이다. 근원적 고향은 오직 고향적인 것을 위해 존재하고, 또한 인더스 강으로 갔으나 동시에 거기서 다시 돌아오는 그런 방식 속에서 고유한 것을 추구하는 자들을 위해 존재한다. 고향으로 돌아온 이들은 멀리서 도착한 자들로서 존재한다. 그러나 원천에서부터 낯선 것으로 그리고 먼 것으로 떠나가기 위해서는 넓은 바다로 흘러 나가는 강물이 필요하듯이, 그 안에 원천이 고갈될 수 없을 정도로 무진장 숨겨져 있는 강물은 귀환을 위한 징표이자 길로 존재하지 않으면 안 된다.

이것은 오로지 이 시인의 본래적 고향의 강, 즉 도나우 강과 이스터 강으로 존재하지 않을 수 없다. 따라서 송가 〈이스터 강〉의 첫 연에는 다음과 같이 말해지고 있다(제 4권, 220쪽).

그러나 우리는 인더스 강으로부터
멀리서 도착하여 〔…〕 노래 부르네.

63. 거꾸로 흐르는 강물에 대한 말 : 시원과 역사의 본질을 경외하며 예감함

아주 멀리서부터, 가장 머나먼 근원의 본래적인 먼 곳으로부터, 귀환한 자들의 도착은 자신의 원천을 고향땅에 가지고 있는 강물을 따라가야만 한다. 만일 그렇게 원천으로 가는, 멀리서 도착한 자들이 강물을 따라가야만 한다면, 강물은 이들을 근원으로 다시 데려다준다. 강물 자체는 마치 거꾸로 흐르는 것처럼 보인다. 인더스 강을 말하는 송가 〈이스터 강〉의 셋째 연은 고향의 물, 즉 도나우라고 불리는 강물에 대해 이렇게 말한다.

그러나 그것은 거의
거꾸로 흐르는 것처럼 보이지만

     내 생각엔, 그것은 분명히
     동쪽에서 오리라. 15)

거꾸로 흐르는 고향의 강물에 대한 이렇듯 비밀로 충만한 말 안에는
시인이 고유한 것의 근거 지음과 자기 것으로의 수용에 대해 알고 사
유하는 모든 것이 숨겨져 있다. 가장 머나먼 멂만이 가장 고유한 것
에 이르는 가까움에 상응한다. 원천은 솟아오르고, 원천은 넓은 바다
로 흘러나가 그렇게 바다로 존재하는 강물로서 존재한다. 바다 자체
는 자신의 가장 머나먼 멂 안에서 원천으로 존재한다. 강물은 원천이
고 바다이다.
  거꾸로 흐르는 강물에 대한 말은 한갓된 가상이나 상이 아니다. 강
물은 실로 거꾸로 흐른다. 그러나 이러한 진리는 단순히 올바로 확립
할 수 있는 모든 것에 맞서, — 올바로 받아들일 경우, 원천으로부터
단지 앞으로 흐르는 강물처럼, — 거꾸로 달리는 본질적인 것의 진리
이다. 거꾸로 흐르는 강물에 대한 말은 시원과 역사의 숨겨진 본질을
경외하면서 예감하는 것이다. 역사는 축제 안에서 균형을 이루어 잠
시 동안 머무르는 운명 안에 자신의 본질을 갖는다. 운명은 오직 숙
명에 알맞은 것 안에서만 표현된다. 숙명에 알맞은 것은 추구되어야
만 한다. 이러한 추구함은 오랫동안 학수고대하면서, 고향의 강으로
존재하는 비밀로 충만한 강물을 따라가야 한다.

     그러나 우리는 인더스 강으로부터
     멀리서 도착하여
     알페우스 강에 대해 노래 부르네, 오랫동안
     우리는 숙명에 알맞은 것을 찾아 왔다네,

이렇게 추구하면서 거꾸로 흐르는 강물과 함께 흘러가는 것이 역사의

---

15) 이 시구에서의 그것은 '강물'을 가리킨다.

비밀이기 때문에, 이러한 비밀의 풍요로움은 어떤 생각이나 말 안에서 어떤 책략처럼 파악되지 않고, 또한 수수께끼를 푸는 것처럼 예언되지도 않는다. 따라서 횔덜린은 '강물'에 대한 저 말에, 이와 마찬가지로 '송가 시기'에 상이하게 변화하는 가운데 다시 회귀하는 비밀로 충만한 다음과 같은 말을 잇고 있다.

> 그것에 관해서는
> 할 말이 많이 있으리.

도나우 송가 〈이스터 강〉에는 거꾸로 흐르는 강물에 대해 말하는 시구가 있다.

> 그러나 그것은 거의
> 거꾸로 흐르는 것처럼 보이지만
> 내 생각엔, 그것은 분명히
> 동쪽에서 오리라.
> 그것에 관해서는
> 할 말이 많이 있으리.

횔덜린이 〈회상〉의 마지막 연에서 인도인들에게로 가버린 남자들을 회상할 때, 이러한 회상은 '시원적인 것'을 사유하는 것이다. 시원적인 것으로부터 추구하는 자는 그의 고향의 고향적인 것을 도착하면서 물어보고, 그것을 그것의 본질 안에서 발견할 수 있다. 그것은 독일인에게는 숙명에 알맞은 것이다. 시작부분에서 등장하는 먼 남쪽나라를 넘어서 가장 머나먼 곳인 인더스 강을 사유하는 詩 〈회상〉의 동일한 마지막 연은, 그렇기 때문에 마지막 시구에서 고유한 것에 관해 말하면서, 어떻게 그것이 발견되고 보존되는지를 말하고 있다.

> 그러나
> 바다는 기억을 앗아가거나
> 주기도 하나니,
> 사랑도 또한 부지런히 눈길을 부여잡는다.
> 상주하는 것을 그러나, 시인들은 수립하노라.

우리가 지금까지 횔덜린의 역사의 본질에 대한 앎을 단지 대략적으로 숙고할 수 있었다 하더라도, 우리는 그사이에 횔덜린이 통찰한 역사성의 본질에서, 그것[16]의 비밀이 우리에게 여태까지 논의한 모든 것을 새롭게 사유하도록 이끌어 주는 하나의 근본특성을 예감한다.

역사는 운명 안에서 현성한다. 운명은 축제 안에서 균형이 이루어져 머무른다. 축제는 축제일 안에서 준비된다. 축제일의 형상 안에서 고향적인 것이 꽃피어난다. 축제는 인간들과 신들의 마주하는 대구의 방식으로 결혼축제이다. 축제다운 것을 조율하는 근본기분은 사랑이다. 그러나 사랑이 유일무이한 것은 아니다.

그러나 대개 운명은 균형이 이루어지지 않은 채로 머무른다. 신들과 인간들은 그들의 고향적인 것 안에서 비고향적으로 존재한다. 비고향적이기에, 또한 섬뜩하다. 비고향적인 것에게는 무엇이 낯설고 무엇이 고유한지가 결정되지 않은 채로 남아 있다. 고유한 것도 다른 것도 발견되지 않는다. 이제 비로소 고유한 것이 낯선 것과 함께 배워져야만 하기 때문이다. 고유한 것을 자유롭게 사용하는 것이 가장 어려운 것이라면, 낯선 것의 존립도 머물기 어렵고 자신의 고유한 절박함도 가지기 어렵다. 그렇기 때문에 횔덜린은 뵐렌도르프에게 보낸 서신(1801년 12월 4일)에서 이렇게 말한다. "그러나 고유한 것은 낯선 것이 그렇듯이 잘 배워져야 한다"(제5권, 320쪽). 고유한 것을 발견하는 데에는 항해가 속한다. 축제를 조율하는 근본기분은 사랑과는 다른 방식으로 존재하는데, 그것은 그때마다 여행과 행위로 존재한다.

---

16) 근본특성을 가리킨다.

64. 낯선 것으로 감, 고유한 것의 '대담한 망각'과 귀향

대개 운명이 균형을 이루고 있지 않다는 것은 균형을 준비하기 위한 본질적 필요를 포함한다. 그 안에서만 직접적인 것이 나타나는 저 간접적인 것에 대한 염려가 거기에 속한다. 직접적인 것은 신들에게도, 그리고 인간들에게도 직접적으로 주어져 있지 않다. 균형을 이루지 못한 것, 비고향적인 것은 어떤 곤란한 상태가 아니라, 신들과 인간들의 본질입장에 속한다. 인간들이 역사적으로 시원 안에서 바로 집에 있듯 편하게 존재하지 않는다는 것, 그러나 인간들의 사유와 숙고는 고향적인 것을 추구하기에 먼저 곧바로 낯선 것을 찾아간다는 것이 이러한 사실 안에 놓여 있다.

'정신은 식민지를 사랑한다.' 이러한 연관과 함께 우리는 역사와 시원의 비밀을 건드린다. 시원은 시원과 더불어 시작하지 않는다. 인간도 또한 역사적으로 존재의 한가운데에 직접적으로 존재하지 않는다.

인간들은 '중심에서 벗어난 길'을 '달려 나간다'. 《휘페리온》의 초판은 이미 이러한 생각으로 시작한다(제2권, 53쪽). 완결판의 서문의 초고에는, "우리는 중심에서 벗어난 모든 길을 달려 나간다, 그리고 그것은 완성에 이르는 유아다움의 길 이외에 다른 길이 아니다"(제2권, 545쪽). 인간존재의 기이함에 대한 이러한 생각은 물론 송시에 밑바탕을 제공해 주는 역사의 본질에 대한 더욱 근원적인 철저한 사유와 합치하지 않는다.

이러한 비밀에 대한 앎은 시인들과 사상가들의 경우에는 가장 은닉된 것에 대한 모든 앎이 그렇듯이, 대개는 단지 부수적으로 어떤 하나의 사이문장에서, 혹은 제대로 형상화된 방식으로 충분히 말해지지 않은 어떤 대략적인 초고에서, 단지 드물게만 말해진다. 다행스럽게도 우리에게는 횔덜린의 비가 〈빵과 포도주〉의 초안이 보존되어 있는데, 특히 이 시의 마지막 연의 초고는 헬링그라트조차 알아차리지 못한 채 빠뜨렸던 것이다.[17) 언급된 이 비가의 시구 152~

156행은 다음과 같다.

>말하자면 정신은 처음엔
>집에 없었고, 원천(源泉)에 없었다네. 고향은 정신을 먹고 살아간다네.
>정신은 식민지를 사랑하고, 대담한 망각을 사랑한다.
>우리의 꽃과 우리의 숲들의 그늘은
>초췌해진 자들을 즐겁게 한다. 혼을 불어넣는 자는 거의 타 죽고 말
>았으리.

여기에서 말해지는 것은 횔덜린이 알고 있는 역사의 본질과의 모든 연관으로부터 철저히 갈라져 있다. 그러나 말해진 것은 단지 몇 가지를 구속되지 않은 채로 분명히 인식하도록 허용해 준다. 직접 파악할 경우, 그것은 이해될 수 없다. 그러나 그사이에 우리는 전혀 아무런 준비도 되어 있지 않다. 우리는 여기서 〈회상〉의 마지막 연과 관련되어 있는 것을 끄집어내는 것으로 만족해야만 한다.

　정신은 ‘원천에서는’ ‘집에 있지 않다’. 그렇기 때문에 원천으로 가는 것이 꼭 필요하다. 왜 역사의 시작에서 말하자면 정신은 고향 안에서 고향에 있듯 친숙하게 존재하지 않는가? 왜냐하면 정신은 고향을 ‘먹어 치우기’ 때문이다. ‘먹어 치운다’는 것은 서서히 파괴하여 황폐하게 만드는 것이다. 힘을 모조리 소모하는 것, 다시 말해 그 자체로 적절하지 못하게 힘을 단순히 사용해 버림으로써 본래적인 사용에서 물러나 버린다는 것을 뜻한다. 언제나 피상적인 사용 안에서는 능력이 자신의 본질에 의해 자유롭게 규정되지 않고, 본래적으로 사용되도록 자유롭게 해방되지 않는다. 이에 반해 자유로운 사용은 능력을 다 소모하지 않는다. 오히려 자유로운 사용은 샘이 솟는 풍요로움 안으로 능력을 데려와 성장의 필요에 쓰이게 한다. 먹어 치워 소모하는 것은 자유롭지 못해 능력이 제대로 쓰이지 못하는 곳에 있다.

---

17) 〔원주〕 프리드리히 바이스너, 《횔덜린의 ‘그리스 문학’ 번역》, 1933, 147쪽.

시작 안에서 고향은 자기 자신 안에 아직 갇혀 있고, 환히 밝혀져 있지 않고, 자유롭지 못하고, 그리하여 아직 자기 자신에게로 다가오지 않은 채로 존재한다. 이렇게 자기 자신에게로 다가옴은 다른 것으로부터의 다가옴을 요구한다. 다른 것으로 떠나감은 능력이 할 수 있는 것에 대해, 그리고 그 안에서 능력이 자유롭게 사용되어야 하는 것에 대해 아직 능력이 자기 것으로 삼지 못한 최초의 멀어짐이다. 그러나 고향은 자기 자신에게로 다가와 귀향하는 것으로서의 고향적으로 되는 것 (das Heimischwerden)[18]을 요구하기 때문에, 고향 자체의 정신은 거기로부터 그때마다 귀향이 이루어져야 할 저 낯선 것을 요구한다.

정신은 식민지를 사랑하고, 대담한 망각을 사랑한다.

낯선 것 안에서 체류하면서 낯선 것을 배우는 것은 낯선 것을 위해서가 아니라, 고유한 것을 위해서 그런 것인데, 이러한 체류와 배움은 더 이상 고유한 것을 회상하지 않는 기나긴 기다림을 요구한다. 이러한 회상의 부재는 무관심에서 나오는 망각이 아니라, 다가오는 고유한 것에 확실히 머무르려는 마음의 대담함이다.

"정신은 식민지를 사랑하고, 대담한 망각을 사랑한다"라는 시구 다음에는 다음과 같이 말해지고 있다.

우리의 꽃과 우리의 숲들의 그늘은
초췌해진 자들을 즐겁게 한다. 혼을 불어넣는 자는 거의 타 죽고 말았으리.

정신이 아직 낯선 것 안에 체류하는 것이 먼저 사유되고 있다. 그 사이에 여기서 특별히 표현되지는 않고 있지만, 정신은 고향을 다시 발견했다. 정신은 초췌해진 자, '혼을 불어넣는 자', '거의 타 죽은 자'

---

18) 진정한 의미에서의 고향회복을 뜻한다.

이리라. '혼을 불어넣는 자'는 영혼으로부터 말로 잉태되기 위해 정신의 상념이 그의 영혼에 조용히 닻을 내리고 있는 자, 즉 시인이다. '혼을 불어넣는 자'를 명명하고 있음은 이 시구가 도처에서 시인이 집에 존재하면서 집에 존재하지 않다는 것을 뜻하기도 하고 또한 시인이 낯선 것으로 가서 귀향하고 있다는 것을 뜻하기도 한다는 것을 분명히 말해주고 있다.

낯선 나라에서는 하늘의 불이 고유한 요소이다. 이것이 다른 고향에서 태어나 자신의 고향을 추구하는 시인을 불태우려고 위협하기에, 이로 말미암아 그가 고유한 것의 사용을 완전히 배우는 것은 불가능해진다. 왜냐하면 이러한 배움은 마치 공허한 기술을 연마하는 것처럼 규정되지 않은 것 속에서는 수행될 수 없기 때문이다. 자유로운 사용은 표현되어야 하는 것, 다시 말해 고향땅을 신성하게 해주는 저 성스러운 것과의 내적인 연관을 필요로 한다. 그러나 시인이 원하는 것은 '강력한 것'이 아니다. '소망하는 것'을 수호하기 위해 취해지는 '것'은 어떤 외적인 장치를 필요로 하지 않는다. "우리의 꽃과 우리의 숲들의 그늘은 〔…〕 즐겁게 한다." 이것은 주어진 선물이다. 즉 단순하게 만발한 꽃과 현존하는 숲의 그늘로 도움을 주면서 가장 어려운 것을 수행해 나가도록 호의를 허락해 주는 그런 선물이다. 가장 어려운 것이란 여기서, 시원으로부터 시원과 더불어 시적으로 시작하는 것, 다시 말해 축제를 위해 축제일을 준비하는 것이다.

그러기 위해서는 축제다운 근본기분이 깨어 있어야만 한다. 이러한 근본기분이 조율해 주는 저 현성하면서 있어왔던 것은 회상하는 대화 안에서 말함과 들음을 철저히 주재해야 한다. 고향으로 돌아온 시인은 낯선 나라의 시인과 동반자들을 내버리지 않았다. 모든 시원적인 것이 낯선 것의 고유한 것과 고향적인 것의 고유한 것을 어떻게 나누고 있는지가 이제는 명백히 결정되고 있을 뿐이다.

다른 도나우 송가 〈도나우 강의 원천에서〉 안에서 횔덜린은 이렇게 말하고 있다(제4권, 160쪽).

그것은 멈출 수 없는 영원한 사랑이었고 사랑이다.
우리는 분명 다르지만, 그러나
우리는 서로 생각한다.

이러한 사유가 시인의 사유로서 자신의 고유한 본질 안에서 발견하면서 고유한 것의 자유로운 사용 안에, 즉 표현의 명확성 안에 당도될 경우, 회상은 머무르면서, 이렇게 머무르는 것(das Bleibende, 상주하는 것)을 '사유하도록' 조율된다.

그사이에 고유한 것으로 가기 시작하였다. 시인은 많은 사람들이 알아차리지 못한 사이에 귀향했다. 그러나 동반자들은 귀환을 발견하기 위해 아주 먼 곳으로 더욱 멀리 갔다. 특히 항해와 멈출 수 없는 영원한 사랑이 있고 또한 고향땅에서 고유한 것을 고유하게 추구하는 열정이 있는 그런 시간에, 시를 짓기 위해 처음으로 '표현의 명확성'이 발견되어야 하고, 다시 말해 시로 지어져야 한다. '회상'이 자신의 본질적 충만 속에 있는 것이 다음과 같이 말에 이르고 있다.

그러나
바다는 기억을 앗아가거나
주기도 하나니,
사랑도 또한 부지런히 눈길을 부여잡는다.
상주하는 것을 그러나, 시인들은 수립하노라.

항해는 낯선 것으로 떠나간다. 바다는 사유를 고향을 향해 '들어 올린다'. 왜냐하면 식민지를 사랑하는 정신은 '대담한 망각'을 사랑하기 때문이다. 그러나 바다가 아직 자기 것으로 획득되지 못한 망각된 고향에 대해 회고하는 가운데, 바다는 낯선 것에게로 흘러 들어가 이 낯선 것 안에서 이제 비로소 낯선 것과는 다른 것을 앞서 사유하도록 이끌어 준다. 낯선 것과는 다른 것, 바로 이것이 고유한 것이다.

65. 다가오는 성스러운 것을 말 안에 수립함

사랑은 우연적인 것의 속박에서 시선을 떼어내어 '부지런히', 다시 말해 의도적으로 본질적인 것을 목표로 하는 본질시선으로 바꾼다. 그것은 인간들과 신들의 마주하는 대구, 결혼축제이다.

그러나 있어왔던 것을 회상하는 가운데 항해와 사랑이 이미 다가오는 것을 앞서 사유하고 있다고 하더라도, 이러한 것들만으로는 모든 노력과 부지런함에도 불구하고 염려해야 할 것을 만족시키지 못한다. 그것들은 균형을 이룬 운명이 머무를 잠시 동안을 준비하되, 그러나 그 운명에게—그 안에서 그것이 역사적으로 존재하면서 인간에게 거주지를 보증해줄 수 있는—열린 장을 마련해 주지 못한다. 그러나 인간은 '이 땅 위에서 시적으로 거주한다'. 체류하는 것이 명백해질 수 있고 또한 표현의 열린 장이 발견될 때, 잠시 동안은 비로소 준비된다.

성스러운 것은 자신의 시원적인 다가옴 안에서 말해지고, 말 속에 근거 지어지고, 말로서 대지의 아들들에게 선사되고, 그리하여 그들의 언어를 다시 대화로 데려와야만 한다. 말 안에서 비로소 사랑과 행위는 그들의 본질근거를 얻는다. 그러나 시원적으로 다가오는 것은 화가의 방식으로 '모아들이는 것'을 허락하지 않는다. 시원적인 것을 근거 짓는 선사가 수립이다. 오솔길을 넘어 원천으로 간 시인만이 수립할 수 있다. 그러나 원천에서는 모든 것이 시원적으로 존재하기 때문에, 이러한 시의 본질도 또한 이제 비로소 시로 지어져야만 한다. 횔덜린은 다가오는 시인들의 본질을 시로 지었고 모든 것을 하나의 말 안에 담아 두었다.

상주하는 것을 그러나, 시인들은 수립하노라.

詩 〈회상〉에서 시로 지어진 것은 지금까지의 모든 사유이론에는 전혀 알려지지 못한 채 남아 있어야만 했던 그런 사유의 본질이자 이러

한 본질의 시공간이다. 회상하는 사유는 다가오는 것을 앞서 사유하면서, 있어왔던 축제를 회상한다. 그러나 이렇게 되돌아보면서 앞서 사유하는 회상은 그 전에 먼저 숙명에 알맞은 것을 회상한다. 숙명에 알맞은 것을 사유하는 것은 운명에 속하는 것이다. 이렇게 '사유하는' 속함(Angehören)이 회상의 시원적 본질이다.

상주하는 것을 수립할 수 있기 위해서는, 시인 자신이 머무는 자로 존재해야만 한다. 오랫동안 짊어지고 있어야만 할 것으로, 그리고 노래 안에서 말해져야 할 것으로 남아 있는 저 수많은 것 안에 머무르고 있는 그 하나를 그는 〔노래〕할 수 있어야만 한다.

도나우 송가 〈도나우 강의 원천에서〉(제4권, 161쪽)는 다음과 같이 맺고 있다.

> 그대 친절한 이여! 나를 가볍게 감싸주오,
> 내가 머물 수 있도록, 노래해야 할 많은 것이 아직 있되,
> 허나 나에게 노래는,
> 사랑의 말처럼, 심금을 울리면서
> 이제 막을 내렸다, 그렇게 노래는 또한
> 얼굴이 붉어지고 창백해진 나에게서
> 시원으로부터 가버렸다. 허나 모든 것이 그렇게 가리라.

부록

언급된 시의 해석 구조

1941년 9월

1. 〈회상〉의 해석은 뒤따르는 모든 것을 위한 근거와 전망 그리고 관점을 제공해 준다.

사유하는 시인의 근본기분. 감사함.

2. 〈회상〉 자체의 해석에서는 첫 두 연의 해명과 셋째 연으로의 이행이 본질적이다.

여기서 드러나는 것은, 역사에 대한 횔덜린의 사유, 역사성과 축제, 인간의 시적인 거주, 인간들과 신들의 마주하는 대구, 반신, 시인, 고유한 것의 자유로운 사용, 고향적인 것 안에서의 근거 지음, 준비의 필연성, '대화' 안에서의 배움 등이다.

3. 언급된 시 안에서 본질적인 맥락에 대해 도처에서 이미 앞서 해석함.

이렇게 시를 해석하기에 앞서, 수립된 것, 즉 송가가 수립하는 것이 자신의 영역의 시공간 안에 열린 채로 있어야 한다. 오직 이렇게 함으로써 해석의 말은 조금이나마 알맞은 것이 될 수 있다.

엮은이의 말

1.

이 책의 제목은 그 형식에 있어서 마르틴 하이데거의 자필원고에 따른 것이 아니라, 이 강의와 곧바로 이어진 횔덜린 강의(전집 53권)를 구별하기 위해 그가 이 강의록의 겉표지에 적어 놓았던 표제에 따른 것이다.

하이데거는 1941/42년 겨울학기에 행해질 강의주제를 우선은 '니체의 형이상학'이라고 공고했다. 1941년 10월 20일에 총장의 허가를 받아 강의주제가 변경되면서 '횔덜린의 송가와 독일 형이상학'이라는 새로운 주제가 명명되었다. 이 제목은 지금까지 하이데거의 서신이나 그의 자필원고를 통해서는 확인되지 않고 있다. '독일 형이상학'이라는 표현은 강의에서 사용된 적이 없다.

1942년 여름학기의 강의제목과 마찬가지로, 이 강의의 자필원고는 '횔덜린의 송가들'이라는 제목을 달고 있다. '송가들'이라는 이 복수형은 이 강의의 시작부분에 언급된 5개의 송가들 및 단편들과 연관이 있다. 또한 이 강의의 의도를 보여주는 〈부록〉의 메모도 이러한 맥락 속에서 해석되어야 할 詩들을 복수형으로 언급하고 있다. 원문의 39쪽에서는 '참고해야 할 두 번째 詩'가 언급되고 있다. 횔덜린의 송가 〈이스터 강〉에 대한 강의도 또한 '약간의 횔덜린의 시들'이라는 복수로 시작하고 있다. 따라서 하이데거는 이 대목에서 자신이 앞으로 다루고자 하는 시원적인 계획을 눈앞에 가지고 있었다. 〈부록〉도 또한 앞에서 살펴본 모든 시들을 해석하기 위한 〈회상〉의 근본적 의미를 확립하고 있다. 따라서 〈회상〉 안에서 시로 지어진 것을 사유해보려는 노력으로 1941/42년 겨울학기 강의가 개설되었다는 것을 알수 있을 것이다. 처음에 언급된 4개의 다른 詩들도 조금 다루어지기는 하였으나, 매우 간략하게 다루어졌을 뿐이다. 그러므로 '횔덜린의 송가들'이라는 제목으로는 강의의 내용을 알 수가 없다.

〈회상〉이 그것의 근본적 의미 안에서 논구되었기에, 하이데거의 머릿속에는 1942년 여름학기 강의인 〈이스터 강〉을 시작하기 위한 근원적 계획이 떠올랐을 것이다. 아마도 그는 1941년에 그것의 해석을 예견하였던 '두 번째 詩'인 〈이스터 강〉이 강의시간 전체를 차지하리라고는 예상하지 못했을 것이다. 이미 알려져 있듯이, 〈회상〉과 〈이스터 강〉의 자필원고에는 '횔덜린의 송가'라는 동일한 제목이 공지되어야만 했는데, 이것은 두 강의의 공속성이 원래의 계획에 따라 철저히 숙고될 수 있도록 그가 의도하였기 때문이다. 1943년에 출간될 '횔덜린 기념 논문집'을 위해[1] 〈회상〉에 대한 짧은 글이 이 강의와 관련되어 1942년 8월에 작성되었는데, 이러한 사실은 하이데거의 횔덜린-해석을 위해 여기 〈부록〉에 기입해둔 이 詩의 근본적 의미로 함께 소급되어 간다.

하이데거는 자필원고 안에는 아무런 보충적인 말도 추가하지 않은채 이 자필원고의 겉표지에 〈회상〉과 〈이스터 강〉이라는 제목을 기입하여 따로 표시해 놓았다. 비에타 여사가 만든, 두 번째 강의의 복사본의 별쇄본 겉표지에 그는 '마르틴 하이데거/횔덜린/이스터 강'이라는 제목을 적어 놓았다. 자필원고에 담긴 적이 없는 이 말을 최종적인 제목으로 간주해야 할지는 열어 두어야 할 것이다. 이에 상응하여 이책에 대해 '횔덜린/회상'이라는 제목을 붙일 수 있다면, 그것은 '횔덜

---

1) 〔원주〕〈회상〉, In 《횔덜린, 그의 타계 백주년 기념 논문집》, 파울 클루크혼, 튀빙겐, 1943, 267~324쪽.

린 기념 논문집'에 실린 시론 제목과 거의 유사하게 들릴 것이다.

그 밖에도 두 개의 강의가 두 권의 책으로 나왔기에 지금처럼 첫 번째 강의의 제목을 선택하는 것이 적절할 것이다. 그것은 자필원고의 제목과 겉표지의 제목을 조금 변형하여 달고 있되, 내용을 정확하게 특징짓고 있다. 그 제목은 《회상》이라는 제목과 분명히 구별되는 동시에 전집 39권(《횔덜린의 송가 〈게르마니엔〉과 〈라인 강〉》)에 상응한다.

2.

이 강의는 매주 한 시간 동안 행해졌다. 원문은 하이데거의 자필원고와, 그가 자신의 형 프리츠 하이데거(Fritz Heidegger)의 복사본에 가미한 약간의 수정과 간단한 교정에 기초한다. 자필원고는 67장으로 이루어져 있는데, 가로로 놓인 폴리오 형식으로 한쪽에 적혀 있고, 1쪽부터 64쪽까지 (3장의 번호가 매겨져 있지 않은 쪽과 함께) 번호가 매겨져 있다. 여기에는 참고도서 목록과 〈부록〉으로서 다시 주어진 메모, 즉 (1쪽에 '1941/42 겨울학기'라는 메모를 제외하고는) 유일하게 날짜가 매겨 있는 메모가 첨가된 4개의 작은 종이가 곁들어져 있다. 각쪽의 왼쪽 편에는 원문이 적혀 있고, 오른쪽 편에는 수많은 짧은 메모와 원문 안에 줄을 그어놓은 구절의 새로운 초안이 적혀 있는데, 이 초안은 그 자체가 자주 다시 수정되고 보안되면서 뒤엉켜 있다.

폴리오 가로 형식으로 한쪽에 적어놓은 '반복'의 별도의 자필원고는 19장으로 이루어져 있다. 강의 원문에 대해 말해졌던 오른쪽 면과 왼쪽 면이 중요하다. 반복이 삽입되어 있는 강의 원문의 대목들은 하이데거가 정확하게 표시해 놓았다. 그곳에서 그 글들은 그때마다 인쇄본으로 삽입되어 있다.

자필원고와 복사본을 대조하는 작업이 사본의 보충과 교정을 위해 행해졌다. 이를 통해 하이데거가 두 원고를 꼼꼼히 대조해 보지 않았다는 사실이 드러났다. 왜냐하면 자필원고에서 잘못 읽은 것 중 극소

수만이 복사본 안에서 교정되었기 때문이다. 원문의 수정(대개는 아주 섬세한 것들이다)과 사본에서 그가 직접 수고로 확장해 놓은 글은 보존되었다. 그러나 그런 것은 전체적으로 너무 적기에, 1941/42년에 작성한 그의 원고가 최종적인 것이라고 말해도 무방할 것이다. 강의록을 간행하기 위한 적당한 원칙과 난외의 주석, 그리고 'SS 1942'(1942년 여름학기)와 같은 참조지시, 혹은 규정된 맥락을 위한 여러 가지 메모들을 표시하는 것은 고려에서 제외되었다. '그리고…'로 시작하는 문장의 서두와 허사(虛辭)의 삭제, 그리고 단어들의 도치는 하이데거의 원칙에 따라 신중하게 실행되었다. 다시 말해 '그리고…'로 시작하는 것이 일목요연할 정도로 연결을 분명하게 하고 있는 곳이라든지, 혹은 삭제가 원문과 문장의 리듬을 파괴하는 곳에서는 특히 이러한 원칙이 신중하게 지켜졌다. 때로는 문단 사이에, 때로는 해석의 원문 단락 안에 있는 시구들의 상이한 인용방식은 어디에서나 대개 그대로 유지되었다. 책에서는 자필원고에서 알아볼 수 있는 것보다 훨씬 더 많이 문단을 나누었다.

자필원고와 복사본에는 하이데거가 직접 자기 손으로 분류해 놓은 목차는 전혀 보이지 않는다. 오직 '〈회상〉'이라는 제목만이 원래의 전체 계획을 위한 예비고찰에 따라 이 詩의 해석이 시작되는 곳을 표시하고 있다. 사실상 강의의 주제적 주요 부분이 시작되는 이 제목은 그 자리에 놓아두었다. 목차 7까지 이르는 예비고찰 다음에, 목차 8에서부터 목차 10까지는, '〈회상〉'에 더욱 가까이 그리고 특별히 다가가는 '두 번째' 예비고찰인 듯 받아들여질 수도 있다. 예비고찰 안의 목차와 본론의 네 개 주요 부분의 목차는 세부목차와 함께 모두 엮은 이가 붙여놓은 것이다. 이 강의록은 이러한 목차들에 의해 내용적으로 긴밀하게 관계를 맺으면서 세분되고 있다. 이러한 것은 목차를 개관하는 가운데 강의의 구조와 개별적인 전개과정이 명확하게 나타나도록 형성해야 한다는 하이데거의 요구를 최대한 충족시켜야 했다.

3.

자필원고의 모토처럼 보이기도 하는, '이 강의는 단지 하나의 가리 킴일 뿐이다'라는 문장에 주목하는 것이 좋을 것이다. 그 말은 꺾쇠 괄호 안에 담겨 있는데, 아마도 낭독되지는 않은 것 같다. 하이데거 가 이 강의에서 강연된 것을 '소견'이라고 부르고 있고, 또한 〈이스 터〉 강의에서는 '주해'에 대해 말하고 있다면, 하이데거가 자신의 해 석에 부여하고 있는 이 자제된 특성은 더욱 머나먼 것을 가리키면서 암시하고 있는 것이리라(1943년에 출간된 해명 ―《횔덜린의 시 〈회상〉 에 대한 주해》―에 대한 최초의 제목 초안은 이와 비슷하게 들린다). 이 러한 말을 선택함에 있어 조심스러운, 고유한 시작의 거의 경이로운 특성은 그 안에서 하이데거의 사유함이 횔덜린의 시지음과 관계하는 직접적인 가까움에 상응한다. 이로써 주의 깊게 사유되길 원하는 어 떤 것이 일어난다는 것은 이미 일찍이 (막스 코머렐에 의해) 통찰된 적이 있다. 그러나 여태까지 그것은 올바른 접근 속에서 언어로 데려 와지지 못했다. 하이데거의 세 개의 횔덜린 강의는 일찍이 출간된 《횔덜린 시의 해명》에 대해, 그의 사유함 안에서 횔덜린의 시지음 과의 만남이 가지고 있는 그 비상한 의미를 물어보는 그런 물음을 위 한 새로운 척도와 전망을 열어주고 있다.

작업 도중에 생긴 여러 가지 물음들에 관해 친절하게 도움을 주었 고, 또한 문학적 조사와 참고문헌 조사 그리고 문헌 조사에 도움을 주었던 헤르만 하이데거(Hermann Heidegger) 박사와 프리드리히 빌 헬름 폰 헤르만(Friedrich Wilhelm von Herrmann) 교수에게 진심으로 감사를 드린다. 아울러 문장을 세심히 함께 읽으면서 교정작업을 도 와준 루이제 미하엘젠(Luise Michaelsen) 박사와 게르다 우테르묄렌 (Gerda Utermöhlen) 박사 그리고 발터 비멜(Walter Biemel) 교수에게 감사함을 전한다.

쿠르드 오흐바트(Curd Ochwadt)

횔덜린과 하이데거

1. 횔덜린 시의 본질장소에 대한 하이데거의 해명

하이데거는 횔덜린을 '시인 중의 시인'이라고 칭송한다. 그의 시는 그의 시대의 여타의 시인들과는 다르게, 그 안에서 사물의 본질이 티 없이 맑게 현성하는 존재의 성스러운 장소를 순수하게 열어 놓으면서 시의 본질을 근원적으로 시짓고 있기 때문이다. 여기서 본질이란 모든 개개의 시들에 공통적으로 타당한 어떤 보편적 규정이나 혹은 모든 시문학에 공통적으로 적용되는 시의 일반적 개념을 가리키는 것이 아니라, 상주(常住)하는 것 자체를 언어 속으로 데려와 개방적으로 드러내어 참답게 보존하는 그런 시 예술의 본래적 활동을 가리킨다.

시 예술의 본래적 활동으로서의 시짓기란, 시인이 자신의 상상력을 동원하여 임의적으로 어떤 것을 착상하여 구성하는 그런 한갓된 상상의 언어활동이 아니라, 오히려 그것은 무상한 시간의 흐름 속에서 "상주하는 것(*das Bleibende*)을 포착하여 그것을 낱말로 가져와" "낱말 속에 수립하는 것"이다.[1] 여기서 상주하는 것이란, 일체만물을

---

[1] M. 하이데거, 〈횔덜린과 시의 본질〉, 《횔덜린 시의 해명》, 신상희 옮김, 아카넷, 2009, 76쪽 이하 참조.

지탱해 주고 두루 지배하면서 도처에 편재하고 있는 성스러운 자연 (φύσις)으로서의 단순하고 소박한 존재를 말한다. 이러한 존재가 열린 장 속으로 들어와 환히 밝혀질 경우에, 사물은 있는 그대로 현상할 수 있다. 그래서 예술의 본래적 활동으로서의 시짓기란, 그 안에서 존재자가 존재자로서 환히 밝혀져 존재하게 되는 그런 존재의 열린 장을 환히 밝히는 창조적 기투행위이다. 하이데거가 보기에, 휠덜린의 시는 모든 유희의 작업에 앞서 이러한 존재의 진리가 생기하는 성스러운 장소를 가장 순결한 시어로 담아놓고 있기 때문에, 하이데거는 그를 특히 위대한 시인이라고 부른다. 시인은 신들을 부르고 모든 사물들을 그것들이 존재하는 그 본질에 있어서 명명하는 가운데, 이러한 존재를 낱말 속에 수립한다. 이런 점에서 시짓기란 "낱말에 의한 존재의 수립"이다. 2)

휠덜린은 혼잡한 세상의 일상으로부터 벗어나 성스러운 것이 현성하는 존재의 근원으로 다가가 시의 본질을 새롭게 수립함으로써, 신들이 사라져 버린 세계의 밤의 시대에 신들이 다시 도래하도록 온전한 것의 흔적을 노래하면서 새로운 시대의 여명을 밝히는 역사의 선구자요, 이런 의미에서 그는 "신들의 흔적을 죽을 자들에게로 가져오는" "궁핍한 시대의 시인"이다. 3) 궁핍한 시대란, 신성의 빛이 세계사에서 사라져 버려 신을 상실한 사람들이 신의 결여를 더 이상 신의 결여로서 감지할 수조차 없게 된 그런 암울한 시대의 밤을 가리킨다. 그러나 시인에게 그 밤은 "성스러운 것을 데려오는 낮의 어머니로서의 성스러운 밤"4)이다. 그러기에 그는 밤의 어둠을 견뎌 내면서 그 어둠 속에

---

2) 같은 책, 77쪽 참조.

3) M. 하이데거, 〈무엇을 위한 시인인가?〉, 《숲길》, 신상희 옮김, 나남출판, 2008, 400쪽 및 469쪽 참조.

4) M. 하이데거, 〈회상〉, 《횔덜린 시의 해명》, 217쪽 참조.

서 온전하지 않은 것을 온전하지 않은 것으로서 경험하는 가운데, 성
스러운 것의 흔적을 찾는 도상에 있다. 비록 그가 살던 시대가 천상
의 신들이 떠나가 버리고 신성의 빛이 사라졌기에 궁핍하다고는 하더
라도, 그는 세상이 개벽된 이래로 천상적인 것으로 있어온 존재의 신
성한 흔적을 회상하고 도래할 신들을 기다리는 가운데 홀로 고독한
밤 속에 머무르면서, 신들의 언어를 눈짓으로 받아 자기 민족에게 그
눈짓을 '성스러운 존재의 말없는 소리'로 전해줌으로써 한 민족의 역
사적 삶의 세계를 새롭게 열고자 했던 위대한 시인이다. 이런 점에서
그는 〈빵과 포도주〉에 담긴 그 자신의 시어로 표현하면, '성스러운
밤에 이 나라에서 저 나라로 여행하는 디오니소스 신의 성스러운 사
제'를 닮았다고 말할 수 있다.

　이러한 횔덜린의 경험에 따르면, 사라져 버린 신들의 흔적을 세계
의 밤의 어둠 속으로 가져오는 자는 디오니소스 주신이다. 왜냐하면
디오니소스 신은 포도나무와 그 열매 속에 동시에 땅과 하늘의 본질
적인 서로 화동함을 "인간들과 신들을 위한 결혼축제의 장소"[5]로서
참답게 간직하고 있기 때문이다. 여기서 '결혼'은 땅과 하늘, 인간들
과 신들, 이 모든 것이 무-한한 관계의 중심에서, 즉 '위대한 시원'에
서 하나로 어우러지며 친밀해지는 것이기에, 이런 의미에서 결혼은
이미 일체만물의 성스러운 깨어남과 어울림을 위한 축제요, 그 안에
서 각각의 모든 것이 서로가 서로에게 속한 채 자신의 고유한 존재를
획득하면서 조화를 이루게 되는 "무-한한 관계의 제전"[6]이다. 이러
한 제전으로서 의 결혼축제는 성스러운 것이 고유하게 생기하는 사건
이기에, 이렇듯 땅과 하늘, 그리고 죽을 자들과 신적인 것들이 하나

---

5) M. 하이데거, 《회상》(전집 52권), 67쪽 이하 ; 〈무엇을 위한 시인인가?〉,
　　《숲길》, 398쪽 참조.
6) M. 하이데거, 〈횔덜린의 땅과 하늘〉, 《횔덜린 시의 해명》, 344쪽 참조.

로 어우러져 성스럽게 펼쳐지는 **축제의 장소**[7]를 노래하면서, 시인은
이러한 주신의 성스러운 사제로서 신들과 인간들 사이에 홀로 서서,
일체만물의 생생한 활력과 신성한 존재연관들이 그 안에서 무한히 약
동하는 이 사이영역을, 다시 말해 무-한한 관계의 열린 영역을 시어
(詩語)로 꽃피워 낸다. 그러나 시인에게 존재를 수립할 낱말이 발견
되어 활짝 꽃피어나기 전까지, 그는 침묵 속에서 힘겨운 고통의 시간
을 견디어 내야 한다. 그 시간은 천상의 빛을 타고 도래하는 신들과
성스러운 것이 시인의 정신(영혼) 속에 닻을 내리는 시간이요, 따라
서 신성하게 탄생하는 모든 것에 앞서 분만의 고통이 수반하는 성스
럽게 강요된 절박한 시간이다. 성스러운 불빛이 시인에게 갑자기 내
리칠 때, 그 순간 "시인에게는 신성한 충만이 축성된다".[8] 시인이 짓
는 시의 본질은 이렇듯 성스러운 것에 에워싸인 채 신들의 눈짓과 민
족의 소리라는 이중적 법칙 속에서 수립되고 있다.

　그의 시는 신성의 빛이 천지만물 안에서 찬란히 빛나기 시작하는
이러한 사이영역을 열어놓고 이 사이영역 안에 상주하는 성스러운 것
을 시어로 수립하고 있다는 점에서 시의 본질을 근원적으로 시짓고
있다. 시인의 말함은 일찍이 존재의 성스러움 속에 스스로를 감추면
서 머무르고 있던 신들이 자연(φύσις)의 신성한 모습 속에 현존하는
방식으로 나타나 성스럽게 도래하는 비밀을 시로 짓는다. 그는 세상
의 근원 가까이로 귀향하는 가운데 이러한 비밀을 시로 짓되, 그것의
비밀을 벗겨 해체하는 방식으로 시를 짓는 것이 아니라, 오히려 비밀
을 비밀로서 수호하는 가운데 시를 짓는다. 그래서 시인의 시짓는 말

---

7) 이런 점에서 축제의 장소는 땅과 하늘, 그리고 죽을 자들과 신적인 것들을 하
　나로 모으는 사방세계와 같은 것이자, 이 넷이 속해 있는 무-한한 관계의 친밀
　한 중심이다.
8) M. 하이데거, 〈마치 축제일처럼…〉, 《횔덜린 시의 해명》, 136쪽 참조.

함은 비밀스러운 방식으로 가까이 다가오는 신들과 성스러운 자연의
도래를 조용히 부르기 위해 천부적으로 사용되는 명명함이다. 여기
서 천부적으로 '사용되는' 명명함이란, 시인의 말함이 시인 자신의 자
의적 의지에 의해서 일방적으로 이루어지는 것이 아니라는 사실을 함
축한다. 오히려 시인의 시짓는 말함은 '시로 지어져야 할 것 자체'[9]가
그 자신의 본질로부터 시인의 입을 통해 말해지도록 강요하고 있다는
것을 뜻한다. 다시 말해 횔덜린이 그의 시에서 명명하는 저 성스러운
것은 시인의 순결한 영혼을 통해 그 자신이 말해지도록 성스럽게 강
요하고 있는 것이요, 이런 방식으로 성스러운 것이 시인에게 말을 선
사하면서 그 자신이 시인의 시짓는 낱말 속으로 도래해 오는 것이다.
하이데거의 해명에 따르면, 횔덜린이 노래한 이 성스러운 것은 "신들
과 인간들 너머에(über) 존재하는 것"[10]이요, 그것은 "예전의 모든 것
보다 앞서는 최초의 것이요, 차후의 모든 것보다 나중에 오는 최후의
것이며, 모든 것에 선행하는 것이요, 모든 것을 자기 안에 간직하고
있는 것, 즉 시원적인 것이요, 이렇게 시원적인 것으로서 상주하는
것"[11]이다. 이렇게 상주하는 것을 수립하는 횔덜린의 시는 '성스러운
것의 노래'이다.

  그의 시는 이렇듯 성스러운 것에 의해 강요되고 매혹되어 이 성스
러운 것이 스스로 생기하는 존재의 근원 가까이 다가가 이러한 가까
움 속에 친숙해지는 것이요, 성스러운 자연 속에 살고 있는 신들 가
까이에 거주하는 이러한 가까움의 비밀을 낱말에 담아 수호하는 것이
다. 그리하여 그는 근원 가까이에 다가감으로써 고향으로 귀환하는

---

  9) M. 하이데거, 《회상》, 6쪽 이하 참조.
10) M. 하이데거, 〈회상〉, 《횔덜린 시의 해명》, 241쪽 및 〈횔덜린의 땅과 하늘〉,
    《횔덜린 시의 해명》, 362쪽 참조.
11) M. 하이데거, 〈마치 축제일처럼…〉, 《횔덜린 시의 해명》, 123쪽 참조.

것이요, 그래서 시인의 천부적 사명에 몰입하여 충실하게 지어진 그의 모든 노래는 단적으로 "귀향의 시"라고 하이데거는 말한다.12) "횔덜린의 시는 언제나 '귀향'을 근심하는 가운데 머물고 있다. 그것은 인간이 시적으로 거주하기 위한 근원적 장소를 수립하려는 근심이요, 지상에 체류하면서 구원을 애타게 기다리는 고대이다."13)

궁핍한 시대의 시인은 성스러운 것을 노래하는 가운데 멀리 물러서 있는 천상의 신을 부른다. 횔덜린이 귀향하면서 찾고자 했던 귀한 것, 즉 근원 가까이에 머무르는 고향은, 그러나 세계의 밤의 시대에는 신의 결여로 인해 아직은 은닉된 상태로 남아 있다. 그래서 시인은 "신의 결여에 가까이 머무르면서, 결여되어 있는 신에의 가까움으로부터 드높은 자를 명명하는 시원적인 낱말이 허락될 때까지, 〔침묵 속에〕 마련되고 있는 결여에의 가까움 속에서 오랫동안 참고 기다린다".14) 횔덜린에게 '귀향'의 진정한 의미는 근원 가까이로 귀환함이다. 우리는 이렇게 귀향을 노래하는 횔덜린의 시를 청종하면서 근원 가까이로 다가가 존재의 비밀을 수호하는 가운데 고향의 본질을 깨우치려는 사려 깊고 신중한 사유의 자세를 배워야 할 것이다. 그때 우리는 비록 고향땅에서 멀리 떨어져 있을지언정 고향의 친숙한 것과 마주하면서 우리에게 아직도 비축되어 있는 저 성스러운 것 혹은 위대한 시원을 향해 아낌없이 자신을 내맡기고 헌신하며 살아가는 삶의 진정한 동반자가 될 것이요, 그때 비로소 근원 가까이에 머무르는 진정한 귀향은 이루어질 것이다.

귀향의 노래에 대한 하이데거의 해명에 따르면, "시인의 말함은 신

---

12) M. 하이데거, 〈부록〉, 《횔덜린 시의 해명》, 392쪽 참조 ; 《회상》, 188쪽 이하 참조.
13) M. 하이데거, 〈인간의 거주〉, 《사유의 경험으로부터》(전집 13권), 219쪽 참조.
14) M. 하이데거, 〈귀향〉, 《횔덜린 시의 해명》, 54쪽 참조.

들의 도래가 현상하도록 하기 위해 사용되는 것"이요, 또한 거꾸로 "신들은, 자신들의 도래가 현상하기 위해서, 〔그리하여〕 신들이 현상 하는 가운데 비로소 신들 자신으로 존재하기 위해서, 시인의 말을 필 요로 하는 것"이다. 15) "신들이 시인을 필요로 하고 이에 상응하여 시 인이 사용된다고 조심스럽게 말함으로써 횔덜린은 시인의 본분에 대 한 근본경험을" 고백하고 있다. 16) 단적으로 말해서, 사상가가 존재 의 필요에 의해 사용되는 자이듯, 시인은 신들과 성스러운 것의 필요 에 의해 사용되는 자이다. 따라서 궁핍한 시대에 시인이 떠맡아야 할 시인의 본래적 사명은, 신들이 사라져 버린 세계의 밤의 시대에 "신 성에 이르는 흔적으로서의 성스러움"을 조용히 노래하고 이 성스러움 이 현성하는 존재의 진리를 수립하면서 "시의 본질을 고유하게 시짓 는"데에 있다고 하겠다. 17) 이런 점에서 그의 시짓기는 "존재의 수 립"18)이자 "진리의 수립"19)이라고 말할 수 있다.

이러한 진리의 수립으로서의 시짓기에 의해 존재자가 근원적으로 탈은폐되는 존재의 **시원적** 차원은 열리게 된다. 이 새로운 차원은 일 체의 존재자를 넘어서면서 각각의 존재자에게 자신의 현존을 수여해 주는 것이기에, 그것은 넘쳐흐르는 것이다. 이러한 진리의 수립으로 서의 시짓기는, 신성의 빛 안으로 각각의 역사적 민족이 이미 내던져 져 있는 삶의 성스러운 터전을 시원적으로 열어놓는 행위이다. 이러 한 성스러운 터전이 바로 자연적으로 존재하는 천지만물과 함께 그

---

15) M. 하이데거, 〈詩〉, 《횔덜린 시의 해명》, 385쪽 참조.
16) 같은 곳 참조.
17) M. 하이데거, 〈무엇을 위한 시인인가?〉, 《숲길》, 400쪽 및 〈횔덜린과 시의 본질〉, 《횔덜린 시의 해명》, 63쪽 참조.
18) M. 하이데거, 〈횔덜린과 시의 본질〉, 《횔덜린 시의 해명》, 77쪽 참조.
19) M. 하이데거, 〈예술작품의 근원〉, 《숲길》, 110쪽 참조.

민족의 공동체를 지탱해 주고 감싸 주는 한 민족의 대지가 된다. 한 민족의 대지는 거기에서 그 민족이 체류해 왔고 지금도 여전히 체류하고 있으며 또 앞으로도 체류해야 할 공동체적 삶의 시원적 밑바탕이다. 횔덜린의 시는 이러한 민족의 대지를 열어 놓으면서 그 민족이 일체만물과 더불어 역사적으로 체류해야 할 삶의 시원적 밑바탕을 근거 지으면서 정초하고 있다.

이런 점에서 하이데거가 보기에, 횔덜린의 시는 인간존재의 근원적 밑바탕을 환히 열어 밝히면서 이러한 개방된 진리의 터전 안에서 신들과 성스러운 존재 그리고 사물들의 본질을 근원적으로 명명하면서 낱말로 수립하는 사유의 섬세한 작업이다. 그래서 횔덜린의 '사유하는 시'는 '시짓는 사유'의 근원적 장소를 그의 작품 속에 새겨 놓으면서 이러한 장소에 친밀하게 거주하고 있다고 하이데거는 생각한다.[20] 여기서 시짓는 사유의 근원적 장소란, 그때마다 죽을 자들로서의 우리 각자에게 신성의 빛이 존재의 진리로서 스스로 성스럽게 생기하면서 인간들과 신들 사이의 결혼축제의 장소를 열어놓고 세계가 세계화하고 사물이 사물화하는 존재의 환히 트인 터, 즉 우리 자신의 삶의 시원적 밑바탕을 가리킨다.

횔덜린의 시를 조용히 읽다 보면, 우리는 자신도 모르는 사이에 자신의 존재의 근본바탕 안으로 스스로 인도되어 가는 신선한 존재경험을 얻기도 하는데, 그것은 횔덜린의 시가 '인간이 이 땅 위에 시적으로 거주하는' 삶의 차원을 시원적으로 열어놓고 있기 때문일 것이다. 그래서 하이데거는 이렇게 말한다. "시지음은 거주함의 차원을 본래적으로 가늠하는 활동으로서 시원적인 짓기이다. 시지음은 인간의

---

20) 〈무엇을 위한 시인인가?〉, 《숲길》, 401쪽 참조. 횔덜린이 도달한 이 근원적 장소는 "그 자체 존재의 역사적 운명에 속해 있어서 이러한 역사적 운명으로부터 시인에게 부여된 존재의 개방성"이다.

거주함을 비로소 그것의 본질 안으로 들어서게 한다. 시지음은 근원
적으로 거주하게 함이다."21) 시인은 시적인 삶 자체를 가리켜 보이면
서, 그것을 역사적 인류가 그 안에 거주하는 거주함의 차원 속으로 수
립해 나간다. 그런데 시인은, 인간이 실로 이 땅 위에 인간답게 거주
하기 위한 시원적인 삶의 척도를, 동물성의 차원이나 지성의 차원 속
에서 마련하는 것이 아니라, 아직은 알려지지 않은 미지의 신들이 도
래하는 신성(Gottheit)의 차원 속에서 마련하는 가운데, 시를 짓는
다. 시인은 우리에게 친숙한 사물들의 현상들 안에서 보이지 않는 은
닉된 낯선 것을 불러내기도 하고 또 그런 현상들 속으로 불러들이기
도 하면서, 보이지 않는 것을 비밀스러운 방식으로 보이게 한다. 그
리하여 시인이 신성의 빛에 의해 자신을 가늠할 수 있을 때, 그리고
이런 가늠함이 스스로 생기하여 그 자신의 것이 될 때, 시인은 시적
인 삶의 본질로부터 시를 짓는다. 시인이 자신의 것을 소유하게 되자
마자, 그는 천부적으로 소명된 자신의 사명에 더욱 철저해지고, 그리
하여 그는 자신이 짓는 시의 시인으로서 존재하게 된다.

  이렇게 시의 본질을 시원적으로 시짓고 있는 횔덜린의 시를 읽어나
갈 때, 우리에게는 그의 시 속에서 말해진 것 가운데 아직도 여전히
말해지지 않은 것을 냉철하게 사유하면서 경험해 나가려는 자세가 요
구된다. 우리가 이러한 경험의 차원에 이르게 될 때, 우리는 사유함
과 시지음의 '존재사적 대화' 속으로 들어갈 수 있다.22) 그러나 이러
한 존재사적 대화가 제대로 펼쳐지기 위해서는, 우리가 우선 시인의
말에 조용히 귀 기울이면서 그의 시를 회상할 수 있어야 하겠고, 또
한 그러기 위해서는, 무엇보다 먼저 우리 자신이 근원 가까이에 체류

---

21) M. 하이데거, 〈인간은 시적으로 거주한다…〉, 《강연과 논문》, 이기상·신상
   희·박찬국 옮김, 이학사, 2008, 264쪽 참조.
22) M. 하이데거, 〈무엇을 위한 시인인가?〉, 《숲길》, 402쪽 참조.

할 준비를 갖춘 채 근원 가까이에로 모험하면서 다가가는 사유하는 귀향자가 되어야 할 것이다.

2. 시지음과 사유함의 대화

필자는 지금까지 횔덜린의 '사유하는 시'에 관해 해명하는 하이데거의 '시짓는 사유'를 뒤좇으며 숙고했다. 우리는 여기서 묻는다. '시짓는 사유'란 무엇인가? 시를 짓는다는 것은 죽을 자들로서의 인간이 이 땅 위에 그리고 하늘 아래 진정으로 인간답게 거주하는 삶의 근원적 처소, 혹은 달리 말해 존재의 시원적 차원을 열어 놓으면서 이러한 차원 위에 '상주하는 것을 수립하는' 그런 섬세한 사유행위를 가리킨다. 간결하게 말해서, '시지음'은 상주하는 것을 수립하는 '사유함'이다. 따라서 '시짓는 사유'란, 횔덜린이 그의 시에서 선구적으로 수립하고 있듯이, 인간이 인간답게 거주하기 위한 시원적인 삶의 밑바탕을 짓는 창조적 기투행위요, 이런 점에서 시짓는 사유는 인간의 일상적 거주함을 비로소 본래적 거주함으로 존재하게 하는 것이다. 물론 횔덜린이 노래하는 '시적인 거주함'은 하이데거가 사유하는 '존재의 사유'와 똑같은 것은 아니지만, 횔덜린의 시지음과 하이데거의 사유함 사이에는 이 양자의 본질적 차이에도 불구하고 도저히 간과할 수 없는 친밀성이 깃들어 있다.[23] 그래서 이 양자는 동일한 것 속에서 서로 조우한다. 여기서 동일한 것이란 양자의 차이를 배제해 버리는 무차별적인 동일성이 아니라, 서로의 차이를 함축한 채 서로 다른 것이 공속하는 그런 근원적 합일의 차원을 말한다. 시지음과 사유함이

---

23) M. 하이데거, 〈철학 — 그것은 무엇인가?〉, 《동일성과 차이》, 민음사, 신상희 옮김, 2000, 100쪽 이하 참조.

공속하는 이 동일한 차원이란, 인간의 실존을 완수하기 위해 인간이
인간답게 거주하기 위한 본래적 거주함의 근원적 차원이요, 이것은
앞에서 말한 시원적 삶의 밑바탕 혹은 존재의 시원적 차원과 다른 것
이 아니다. 횔덜린에게서 이 차원은 성스러운 것이 도래하면서 현성
하는 본질장소요, 하이데거에게서 이 차원은 존재가 우리에게 말 걸
어오면서 열린 장 속에서 존재자의 존재의 진리로서 시원적으로 생-
기하는 본질장소이다. 횔덜린에게서 '시로 지어져야 할 것'(*das Zu-
dichtende*)은 무엇보다 먼저 신들과 인간들 너머에 있는 저 성스러운
것이요, 이 성스러운 것이 현성하는 본질장소 안에서 상주하는 것을
수립하는 것이 언제나 시인의 시짓는 사명으로 남아 있다면, 하이데
거에게서 '사유되어야 할 것'(*das Zu-denkende*)은 무엇보다 먼저 스스
로를 드러내기도 하고 스스로를 은닉하기도 하는 존재 자체요, 이 존
재가 스스로 고유하게 생기하는 본질장소 안에서 이러한 존재의 진리
를 터-있음의 터(*das Da des Da-seins*) 안에서 근거 짓는 것이 언제나
그가 걸어가야 할 사유의 과제로 남아 있다. 그러나 시인과 사상가는
자신이 시를 짓고 자신이 사유하는 그것을 인간의 주체적 정신영역으
로부터 자의적으로 길어 오는 것이 아니라, 오히려 그들 자신의 본질
이 무엇보다 먼저 시로 지어져야 하는 것과 사유되어야 하는 것으로
부터 일차적으로 결정되고 있다는 점에서, 본질적으로 동일한 장소
안에 거주한다.[24] 그래서 이러한 동일한 본질장소 안에서 시짓는 시
인의 말함은 무상한 것 가운데 상주하는 것을 수립하는 창조적 행위
일 뿐 아니라, '터-있음의 환히 밝혀진 터에서 인간의 시적인 삶(존
재)을 확고히 근거 짓는다는 의미에서의 수립'[25]이라고 하이데거

───────────────────

[24] M. 하이데거, 《횔덜린의 송가 〈이스터〉》, GA Bd. 53, 1983, S. 183(번역서
    229쪽) 참조.
[25] M. 하이데거, 〈횔덜린과 시의 본질〉, 《횔덜린 시의 해명》, 78쪽 참조.

는 생각한다. 인간은 세상 안에 살아가면서 많은 것을 자신의 노력으로 이룩해 내지만, 그가 이룩하는 모든 것이 이 땅 위에 거주하는 거주함의 참다운 본질을 수립하는 것은 아니다. 횔덜린은 인간이 자신의 본질바탕에 있어서 '시적으로' 존재한다고 말한다. 인간이 이 땅 위에 시적으로 거주한다는 것은, 인간이 그 위에서 인간답게 존재하는 터-있음의 터가 환히 밝혀져 생기하는 한에서만 가능하다. 그러나 언제 그리고 어떤 방식으로 터-있음의 터, 즉 인간존재의 본질장소는 개현되어 환히 밝아지는가? 인간은 자신의 자의적인 의지의 행위로 이러한 터를 열어 밝히는 주체일 수 있는가? 아니다. 왜 아닌가? 횔덜린에 따르면, "지상에는 척도가 없기"26) 때문이다. 횔덜린에게서 거주함의 차원을 열어놓는 척도는 성스러운 것 가운데 비호되어 있는 신성(Gottheit)에 의해 주어지는 것이요, 그래서 시인의 시지음의 성취 여부는 이러한 "척도의 획득"27)에 달려 있다. 이러한 점은 하이데거의 사유에도 해당한다. 왜냐하면 존재가 먼저 터-있음의 터에 다가와 이 터를 환히 밝히면서 스스로 개현하지 않는 한, 인간존재의 본질장소는 닫혀 있을 뿐이라고 그는 사유하기 때문이다. 횔덜린에게서 인간의 본래적 거주는 시적인 삶의 본질 안에 바탕을 두고 있고, 이 시적인 삶의 본질은 거주함의 시원적 차원을 열어놓는 저 성스러운 것의 도래에 달려 있다. 무엇보다 먼저 횔덜린이 노래하는 저 성스러운 것은 "오로지 신들이 나타나는 시공간을 열어놓아 이 땅 위에 거주하는 역사적 인간의 삶의 처소를 가리키고 있다".28) 그리하여 성

---

26) 횔덜린, 《슈투트가르트 전집》II, 372 이하 참조. 하이데거의 《강연과 논문》(번역서 253쪽)에서 재인용.
27) M. 하이데거, 〈인간은 시적으로 거주한다…〉, 《강연과 논문》, 번역서 256쪽 참조.
28) M. 하이데거, 〈회상〉, 《횔덜린 시의 해명》, 225쪽 참조.

스러운 것, 신성, 혹은 알려지지 않은 미지의 존재자로서의 신이 시
인에게는 하늘 아래 이 땅 위에서의 인간적인 거주함을 위한 척도가
된다. 그래서 하이데거는 이렇게 말한다. "척도는 미지로 남아 있는
신이 하늘을 통해 이러한 신으로서 드러나는 그 방식 안에 존립한다.
하늘을 통해 신이 현상함은 스스로를 은닉하고 있는 것을 보이게 하
는 드러냄(Enthüllen) 안에 존립한다. 그러나 이러한 드러냄은 은닉된
것을 그것의 은닉으로부터 억지로 밖으로 끌어내려고 시도함으로써
가 아니라, 오히려 은닉된 것을 그것의 자기 은닉 안에 보호함으로써
보이게 한다. 이렇게 미지의 신은 미지의 존재자로서 하늘의 개방가
능성을 통해서 현상한다. 이러한 현상함이 인간이 스스로를 가늠하
는 척도다."29) 그런데 신성 속에 스스로를 비호하고 있는 지고한 자,
즉 신은 우리에게는 부재하는 듯 보인다. 신이 부재하는 듯 보이는
까닭은, 신이 아예 없기 때문이 아니라, 그는 오직 스스로를 은닉함
으로써만 현존하기 때문이다.

신은, 인간에게는 친숙한 것이지만 신 자신에게는 낯설게 남아 있
는 것, 즉 하늘의 모습이나 노래하는 구름 혹은 번개의 모습이나 대
지의 변화무쌍한 모습들을 통해서 자신을 보내오며, 그런 가운데 미
지의 존재자로서 보호받은 채로 남아 있다. 그러나 시인은 하늘의 청
명한 모습이나 천둥소리 또는 물이나 바람이 흐르는 대지의 소리를
노랫말로 담아 부르는 가운데, '스스로를 은닉하고 있는 저 지고한
자'를 '스스로를 은닉하고 있는 것'으로서 노래 속으로 불러들인다.
"시인은 친숙한 현상들 안에서 낯선 것을 부르는데, 여기서의 낯선
것이란 곧 그 안으로 보일 수 없는 〔비범한〕 것이 그 자신으로 존재하
는 바의 그것으로 머물러 있고자 알려지지 않은 미지의 상태로 스스

---

29) M. 하이데거, 〈인간은 시적으로 거주한다…〉, 《강연과 논문》, 번역서 258쪽
참조.

로를 보내오는 그런 것이다. 시인은 그 안으로 미지의 신이 스스로를 보내오는 그런 낯선 것으로서의 하늘의 현상들에 순응하는 가운데 하늘의 모습들을 말함으로써 척도를 획득할 때에만, 시를 짓는다."30)
이와 같이 횔덜린의 시짓기는 성스러운 것을 척도로 삼아 거주함의 차원을 본래적으로 열어놓는 순결한 행위로서의 시원적인 짓기이다. 그런데 하이데거에게서 거주함의 차원은 무엇보다 먼저 터-있음의 환히 밝혀진 터(*das gelichtete Da des Da-seins*)에 존립한다. 하이데거의 사유가 거주함의 시원적 차원으로서의 '환히 밝혀진 터'를 시원적으로 열어놓는 존재의 말 없는 소리에 대한 순수한 응답으로서의 섬세한 사유라고 한다면, 그의 존재사유는 횔덜린의 '사유하는 시'와 마찬가지로 그 근본에 있어서 분명 '시짓는 사유'라고 말할 수 있을 것이다.

---

30) 같은 책, 262쪽 참조.

찾아보기

(용어)

278

찾아보기

(인명)

286

마르틴 하이데거(Martin Heidegger, 1889~1976)

독일 남부 슈바르츠발트의 작은 마을 메스키르히에서 태어나, 프라이부르크대학교에서 신학과 철학을 전공한 후, 마르부르크대학과 프라이부르크대학에서 철학을 가르치다가, 1976년 타계하여 메스키르히에 묻혔다. 그는 플라톤과 아리스토텔레스 이래로 이성 일변도로 치닫던 서구의 전통 철학을 뒤흔든 20세기 사상계의 거장이며, 현대철학 및 정신문화 전반에 걸쳐 가장 커다란 영향을 끼쳤다. 존재론적 차이에 대한 그의 통찰은 데리다의 차연 사상의 모태가 되어, 최근의 포스트모더니즘과 후기 구조주의에게 막강한 영향을 주고 있다. 그의 사상은 문학, 예술론, 언어학, 인간학, 생태학 등에도 상당한 영향을 끼치고 있기에, 그의 사상을 일별하지 않고서는 도저히 20세기 정신문화에 대해 논할 수 없다는 말이 회자될 정도이다. 주요 저서로는 《존재와 시간》, 《철학에의 기여》, 《숲길》, 《이정표》, 《강연과 논문》, 《동일성과 차이》, 《언어로의 도상에서》, 《니체》, 《초연한 내맡김》, 《사유의 경험으로부터》, 《사유의 사태로》 등이 있으며, 1973년부터 그의 강의록이 전집으로 간행되어 현재까지 약 100권이 출간되었다.

지은이 약력

신 상 희

건국대학교 철학과를 졸업하고 독일 프라이부르크 대학에서 철학박사 학위를 받았다. 건국대학교 인문과학연구소 학술연구교수를 지냈다. 주요 저서로 *Wahrheitsfrage und Kehre bei Martin Heidegger*(《하이데거의 진리 물음과 전회》, K&N Verlag, 1993), 《시간과 존재의 빛: 하이데거의 시간이해와 생기사유》(한길사, 2000), 《하이데거와 신》(철학과 현실사, 2007), 《하이데거의 언어사상》(공저) 등이 있으며, 대표논문으로는 "하이데거의 존재사유의 지평에서 근원적 윤리학의 정초", "동굴의 비유 속에 결박된 철학자: 플라톤" 외 다수가 있다. 《동일성과 차이, 초연함》, 《이정표》, 《숲길》, 《언어로의 도상에서》, 《강연과 논문》(공역), 《사유의 사태로》(공역), 《횔덜린 시의 해명》, 《사유의 경험으로부터》 등 하이데거의 주요 저작과 《하이데거》(발터 비멜), 《하이데거의 존재와 시간을 찾아서》(F. W. 폰 헤르만) 등 하이데거 관련 연구서를 우리말로 옮겼다.

이 강 희

서울대 의과대학을 졸업하고 서울대 병원에서 신경정신과 전문의 과정을 수료했다. 용인정신병원, 한일병원 정신과 과장, 강북정신과 의원 원장을 거쳐 2003년부터 형주병원 의무원장으로 8년간 근무했고, 현재 삼천포 한마음병원에 근무 중이다(한국분석심리학회 회원).